Anfangsunterricht Mathematik

Mathematik Primar- und Sekundarstufe

Herausgegeben von
Prof. Dr. Friedhelm Padberg
Universität Bielefeld

Bisher erschienene Bände:

Didaktik der Mathematik

A.-M. Fraedrich: Planung von Mathematikunterricht in der Grundschule (P)
M. Franke: Didaktik der Geometrie (P)
M. Franke: Didaktik des Sachrechnens in der Grundschule (P)
K. Hasemann: Anfangsunterricht Mathematik (P)
G. Krauthausen/P. Scherer: Einführung in die Mathematikdidaktik (P)
F. Padberg: Didaktik der Arithmetik (P)

G. Holland: Geometrie in der Sekundarstufe (S)
F. Padberg: Didaktik der Bruchrechnung (S)
H.-J. Vollrath: Algebra in der Sekundarstufe (S)
H.-J. Vollrath: Grundlagen des Mathematikunterrichts in der Sekundarstufe (S)
H.-G. Weigand/T.Weth: Computer im Mathematikunterricht (S)

Mathematik

F. Padberg: Einführung in die Mathematik I - Arithmetik (P)
F. Padberg: Zahlentheorie und Arithmetik (P)
M. Stein: Einführung in die Mathematik II - Geometrie (P)
M. Stein: Geometrie (P)

H. Kütting: Elementare Stochastik (P/S)
F. Padberg: Elementare Zahlentheorie (P/S)
F. Padberg/R. Danckwerts/M. Stein: Zahlbereiche (P/S)

Weitere Bände in Vorbereitung:

Mathematische Begabung in der Grundschule (P)

Didaktik der Geometrie (S)
Didaktik des Sachrechnens (S)
Didaktik der Analysis (S)

Einführung in die Elementargeometrie (P/S)

P: Schwerpunkt Primarstufe
S: Schwerpunkt Sekundarstufe

Klaus Hasemann

Anfangsunterricht Mathematik

Spektrum Akademischer Verlag   Heidelberg · Berlin

Autor:
Prof. Dr. Klaus Hasemann
Institut für Didaktik der Mathematik und Informatik
Universität Hannover

Bibliografische Information Der Deutschen Bibliothek

Die Deutsche Bibliothek verzeichnet diese Publikation in der Deutschen Nationalbibliografie; detaillierte bibliografische Daten sind im Internet über http://dnb.ddb.de abrufbar.
ISBN 3-8274-1408-3

© 2003 Spektrum Akademischer Verlag GmbH   Heidelberg · Berlin

Der Verlag und der Autor haben alle Sorgfalt walten lassen, um vollständige und akkurate Informationen in diesem Buch zu publizieren. Der Verlag übernimmt weder Garantie noch die juristische Verantwortung oder irgendeine Haftung für die Nutzung dieser Informationen, für deren Wirtschaftlichkeit oder fehlerfreie Funktion für einen bestimmten Zweck. Der Verlag übernimmt keine Gewähr dafür, dass die beschriebenen Verfahren, Programme usw. frei von Schutzrechten Dritter sind.

Alle Rechte, insbesondere die der Übersetzung in fremde Sprachen, sind vorbehalten. Kein Teil des Buches darf ohne schriftliche Genehmigung des Verlages fotokopiert oder in irgendeiner anderen Form reproduziert oder in eine von Maschinen verwendbare Form übertragen oder übersetzt werden.

Wir haben uns bemüht, sämtliche Rechteinhaber von Abbildungen zu ermitteln. Sollte dem Verlag gegenüber dennoch der Nachweis der Rechtsinhaberschaft geführt werden, wird das branchenübliche Honorar gezahlt.

Lektorat: Dr. Andreas Rüdinger / Barbara Lühker
Umschlaggestaltung: Kurt Bitsch, Birkenau
Druck und Verarbeitung: Konrad Triltsch GmbH, Ochsenfurt

Inhaltsverzeichnis

Vorwort vii

1 Die Entwicklung des mathematischen Verständnisses bis zum Schulbeginn 1
  1.1 Übersicht 1
  1.2 Entwicklung der Zählkompetenz 2
  1.3 Entwicklung des Zahlbegriffs 9
      1.3.1   Interne und externe Faktoren 9
      1.3.2   Kognitive Fähigkeiten beim Zahlbegriffserwerb 11
  1.4 Mathematische Aktivitäten im Kindergarten 16
      1.4.1   Voraussetzungen für das mathematische Arbeiten im Kindergarten 17
      1.4.2   Inhalte 19
      1.4.3   Methodisches Vorgehen und Beispiele 22
  1.5 Vorkenntnisse der Kinder am Schulbeginn 27
      1.5.1   Osnabrücker Test zur Zahlbegriffsentwicklung 27
      1.5.2   Arithmetische Vorkenntnisse der Kinder 31

2 Zahlbegriff und Rechnen im Anfangsunterricht 41
  2.1 Mathematische und didaktische Grundlagen 41
      2.1.1   Mathematische Präzisierungen der natürlichen Zahlen 42
      2.1.2   Didaktische Grundlagen 47
      2.1.3   Allgemeine Ziele des Mathematikunterrichts in der Grundschule 53
  2.2 Arithmetischer Anfangsunterricht 55
      2.2.1   Faktoren bei der Konzeption des arithmetischen Anfangsunterrichts 55
      2.2.2   Aufgreifen der Vorkenntnisse 62
      2.2.3   Zahlaspekte 67
      2.2.4   Einführung der Zahlen 70
      2.2.5   Die Null 77
      2.2.6   Einsatz von Material 79

2.2.7	Kleiner-Relation und Aspekte der mathematischen Begriffsbildung	87
2.2.8	Addition und Subtraktion	90
2.2.9	Rechenübungen	101
2.2.10	Erweiterung des Zahlenraums bis 100	106
2.2.11	Einführung von Multiplikation und Division	113

2.3 Spezielle Zielgruppen 119
    2.3.1   Die Bandbreite der mathematischen Kenntnisse im Anfangsunterricht 120
    2.3.2   Förderung von Kindern mit geringeren Lernvoraussetzungen 123
    2.3.3   Förderung von Kindern mit besonders guten Lernvoraussetzungen 133

3 Geometrischer Anfangsunterricht 137
3.1 Geometrische Vorstellungen und Begriffe 138
    3.1.1   Die Entwicklung des geometrischen Denkens 138
    3.1.2   Geometrische Begriffsbildungen 141
3.2 Geometrische Inhalte im Anfangsunterricht 146

4 Größen, Sachaufgaben und mathematisches Verständnis 159
4.1 Größen 160
    4.1.1   Begriffsklärung 160
    4.1.2   Größen im Anfangsunterricht 162
4.2 Sachaufgaben 169
    4.2.1   Typen von Sachaufgaben 169
    4.2.2   Sachaufgaben im Anfangsunterricht 171
4.3 Die Entwicklung des mathematischen Verständnisses 177
    4.3.1   Schwierigkeit der Aufgaben 177
    4.3.2   Mathematisches Verständnis fördern 181

Literatur 193
Index 205

Vorwort

Der mathematische Anfangsunterricht hat für die Lernentwicklung der Kinder richtungweisende Bedeutung. Diese Erkenntnis ist in der letzten Zeit wieder stärker in den Blick der Öffentlichkeit geraten, unter anderem durch die Diskussion über Ergebnisse internationaler Studien wie PISA (Programme for International Student Assessment, vgl. Baumert u.a., 2001) und IGLU (Internationale Grundschul-Lese-Untersuchung, vgl. Bos u.a., 2003). Mathematisches Lernen, Denken und Verstehen beginnt aber nicht erst in der Schule; die Entwicklung beginnt in der frühen Kindheit, und in der Vorschulzeit werden entscheidende Grundlagen für die schulischen Lernprozesse gelegt.

Die Bedeutung und Verwendung von Zahlen erfahren die Kindern bereits in ihren ersten Lebensjahren. Sie sammeln erste geometrische Erfahrungen, wenn sie z.B. auf einen Stuhl klettern um zu sehen, wie die Welt von oben aussieht. Die Kinder machen diese Erfahrungen selbstverständlich und in spielerischer Form. Sie als mathematische Vorerfahrungen bewusst zu machen und damit mathematische Denkweisen vorzubereiten, ist für die Kinder ein wichtiger Teil der Förderung ihrer kognitiven Entwicklung.

In diesem Buch wird deshalb ausführlich auf die Entwicklung des mathematischen Denkens der Kinder im Vorschulalter und auf Möglichkeiten der Förderungen im Kindergarten eingegangen. Den Hauptteil bilden die Inhalte des Anfangsunterrichts in der Schule: Zahlbegriff und elementares Rechnen, geometrische Fragestellungen sowie Größen und Sachrechnen werden beschrieben, aus unterschiedlichen Perspektiven begründet und in praktischen Beispielen für die Umsetzung im Mathematikunterricht konkretisiert.

Ein Leitgedanke ist dabei, dass Bildungsprozesse anschlussfähig sein müssen. Dies gilt nicht nur für den Übergang von der Grundschule zur Sekundarstufe: Bei der Förderung der Kinder in der Vorschulzeit sollte berücksichtigt werden, wie der systematische Unterricht in der Schule aufgebaut ist, und Lehrkräfte sollten wissen, welche Aktivitäten in den Kindergärten üblich sind. Das Buch wendet sich deshalb an Lehrerinnen und Lehrer, Erzieherinnen, Studierende und alle am frühen Mathematikunterricht Interessierten.

Die Entwicklung des mathematischen Verständnisses im Vorschulalter ist das Thema des ersten Kapitels. Darin werden sowohl Erkenntnisse vorgestellt, die als Grundlagen für den Zahlbegriff von Bedeutung sind, als auch Ergebnisse von Untersuchungen über die Entwicklung ihrer Zählkompetenz. Beide Sichtweisen ergänzen sich, stehen aber durchaus auch in Konkurrenz zueinander. Wir stellen deshalb auf der Grundlage eigener empirischer Untersuchungen eine Reihe von Beobachtungen vor, mit denen das tatsächliche Verhalten von Kindern im Vorschulalter beschrieben werden kann. Dazu gehört auch die

Beschreibung eines Tests, mit dem die Zahlbegriffsentwicklung in ihrer ganzen Breite erfasst wird. Schließlich werden Bedingungen, Inhalte und Methoden für mathematische Aktivitäten im Kindergarten behandelt.

In der Schule lernen die Kinder lesen, schreiben und rechnen - diese so genannten Kulturtechniken sind zentrale Ziele. Das Kapitel *Zahlbegriff und Rechnen im Anfangsunterricht* steht deshalb im Mittelpunkt des Buches. Skizziert werden mathematische und didaktische Grundlagen der Zahlbegriffsbildung sowie allgemeine Ziele des Mathematikunterrichts in der Grundschule. Ausführlich und mit vielen konkreten Beispielen und Hinweisen gehen wir darauf ein, wie die Vorkenntnisse der Kinder in der Schule aufgegriffen und für den Unterricht fruchtbar gemacht werden können, welche Möglichkeiten zur Einführung der Zahlen und des Rechnens mit Zahlen es gibt, welche Rolle Materialien und Veranschaulichungsmittel dabei spielen und wie geübt werden kann. Bei den Rechenoperationen stehen die Addition und die Subtraktion im Mittelpunkt, es wird aber auch auf die Multiplikation und die Division eingegangen. Ein besonderer Abschnitt ist *speziellen Zielgruppen* gewidmet. Gemeint sind damit - unter Berücksichtigung der großen Bandbreite in den Vorkenntnissen, den Fähigkeiten und Fertigkeiten - die Kinder mit erhöhtem Förderbedarf sowie die mit besonders guten Lernvoraussetzungen.

Neben Kenntnissen über Zahlen bringen die Kinder am Schulbeginn vielfältige Vorerfahrungen geometrischer Art mit. Im dritten Kapitel zum *geometrischen Anfangsunterricht* wird begründet, warum diese Vorerfahrungen bereits in den ersten Schuljahren aufgenommen und präzisiert werden sollten und an welchen Inhalten und mit welchen Methoden dies geschehen kann.

Sieht man sich die Vielfalt der Zahlen in unserer alltäglichen Umwelt genauer an, so findet man sie häufig zusammen mit einer Maßbezeichnung; man spricht auch von *Größen*. Das Rechnen mit Größen ist Teil des *Sachrechnens*. Allerdings ist das Sachrechnen nicht nur eine Variante des Rechnens mit Zahlen: Die Kinder können dabei erkennen, dass Mathematik sowohl anwendbar ist als auch aus praktischen Fragestellungen heraus entwickelt werden kann. Darüber hinaus ist das Umgehen der Kinder mit Sachaufgaben ein sehr guter Indikator für die Art ihres *mathematischen Verständnisses*. Beispiele dazu aus eigenen empirischen Untersuchungen werden vorgestellt, und es werden Folgerungen für den mathematischen Anfangsunterricht gezogen.

Das vorliegende Buch ist nicht allein das Werk des Autors. Der Anfangsunterricht ist schon seit Jahrhunderten ein spannendes Thema. Viele Erkenntnisse, Ideen und Anregungen, die in der umfangreichen *Literatur*, in praktischen Ratgebern und in Schulbüchern zu finden sind, wurden aufgenommen. Mein besonderer Dank gilt aber den Lehrerinnen und Lehrern, den Studentinnen und Studenten und vor allem den Kindern, die an den empirischen Untersuchungen beteiligt waren.

Hannover, im Juni 2003   Klaus Hasemann

1 Die Entwicklung des mathematischen Verständnisses bis zum Schulbeginn

1.1 Übersicht

Zahlen, ihre Bedeutung und ihre Verwendung lernen die Kinder bereits in ihren ersten Lebensjahren kennen; jedes Kind macht dabei unterschiedliche Erfahrungen. Bauersfeld (1983) spricht deshalb von „Subjektiven Erfahrungsbereichen" (SEB), mit denen er die Gesamtheit des als subjektiv wichtig Erfahrenen und Verarbeiteten, einschließlich der Gefühle, der Körpererfahrung usw., kennzeichnen will.

Kinder bis zum Alter von drei Jahren erfassen die Größe konkreter Mengen mit bis zu vier Gegenständen meist spontan durch „Hinsehen" (durch „simultane Zahlerfassung"). Das Zählen beginnt mit dem Erkennen der Zahlwörter im Alter von etwa zwei Jahren, es folgt die Periode des asynchronen Zählens, d. h. die Kinder können zwar Objekte abzählen, doch kommt es vor, dass sie sie mehrfach zählen oder einige überspringen. Im Alter von etwa fünf Jahren erkennen die Kinder, dass sie beim Zählen mit der Eins beginnen und jedes Objekt genau einmal zählen müssen und dass das letzte Zahlwort die Gesamtzahl der Objekte angibt. Die Entwicklung der Zählkompetenz ist Thema des Abschnitts 1.2.

In Abschnitt 1.3 werden weitere kognitive Fähigkeiten der Kinder behandelt, die für die Entwicklung des Zahlbegriffs (und der Intelligenz insgesamt) bedeutsam sind. Z. B. muss ein Kind die kardinale Invarianz erfassen, also erkennen, dass sich Aussagen wie „mehr als" oder „weniger als" auf die Anzahl der Objekte beziehen und nicht auf deren räumliche Ausdehnung. Grundlegend sind auch Fähigkeiten wie die zur Eins-zu-eins-Zuordnung (durch die man - ohne zu zählen - feststellen kann, ob zwei Mengen „gleich viele" Objekte enthalten) sowie die Fähigkeit, nach verschiedenen Kriterien Reihenfolgen zu bilden.

Entwicklungs- und Lernprozesse beginnen bei Kindern früh, bauen aufeinander auf und beeinflussen sich gegenseitig; angesprochen ist damit auch die notwendige Anschlussfähigkeit der Bildungsprozesse. In Abschnitt 1.4 werden deshalb Empfehlungen für die Arbeit im Kindergarten gegeben; es geht also darum zu klären welche - im weitesten Sinne - mathematische Inhalte im Kindergarten thematisiert werden können - und sollten. Vieles, mit dem die Kinder spielen und mit dem sie sich beschäftigen, beinhaltet mathematische Erfahrungen, die möglicherweise gar nicht als solche wahrgenommen werden. Spiele sollen die Kinder zur aktiven Auseinandersetzung mit mathematischen Gegenständen anregen; die Kinder sollen die Welt der Zahlen mit guten Gefühlen verbinden und sich dieser Welt gern und mit Ausdauer zuwenden. Allerdings gibt es auch Kinder, die in ihrer Entwicklung allem Anschein nach deutlich hinter ihren Altersgenossen zurückbleiben. Gerade zu diesem Aspekt gibt es aus den Niederlanden bemerkenswerte Anregungen, auf die hier eingegangen wird.

Untersuchungen über den Stand der Zahlbegriffsentwicklung bei Schulanfängern sind wichtig und nützlich, zum einen, um falschen Vorstellungen über die Fähigkeiten der Kinder entgegenzuwirken, zum anderen, um möglichen Veränderungen zu erkennen - Veränderungen, die sich im Laufe der Zeit ergeben und deren Ursachen nicht immer klar sind. Die Relevanz solcher Untersuchungen für den mathematischen Anfangsunterricht ist aber offensichtlich. Tatsächlich sind in den letzten Jahren viele solcher Untersuchungen durchgeführt worden, eine Auswahl wird in Abschnitt 1.5 vorgestellt. Bei der Durchsicht dieser Arbeiten fällt auf, dass man bei den Untersuchungen sehr genau auf die Ziele und die Art ihrer Durchführung achten muss, wenn man die Ergebnisse werten und beurteilen will. So haben Schmidt und Weiser ebenso wie Roland Schmidt die (vor allem in den siebziger Jahren) häufig unterschätzte und ignorierte Zählkompetenz der Schulanfängern dokumentiert. Schipper stellte aufgrund dieser und anderer Untersuchungen fest, „dass Schulanfänger *im Durchschnitt* schon einen erheblichen Teil jener Aufgaben zum Zahlverständnis lösen können, zu deren Bewältigung im ersten Schuljahr noch Unterrichtsmaßnahmen für *alle* Kinder in nicht geringem Umfang durchgeführt werden" (1982, S. 103). Es wird sich zeigen, dass diese Aussage auch heute noch gültig ist. Andererseits aber gibt es eine riesige Bandbreite in den Fähigkeiten und Fertigkeiten der Schulanfänger, und diese Unterschiede betreffen nicht nur einzelne Kinder, sondern auch ganze Schulklassen, sogar solche an der gleichen Schule.

1.2 Entwicklung der Zählkompetenz

Eveline, ein fünf Jahre altes Mädchen, wird im Kindergarten gefragt, ob sie schon zählen kann. Sie zählt langsam und bedächtig und benutzt dabei heimlich ihre Finger: „1, 2, 3, 4, 5, 6, 7, 8, 9, 10". Sie wartet eine Weile, schaut dann die Erzieherin keck an und verkündet: „Weiter kann ich nicht!" Als dasselbe Mädchen anschließend 20 Holzwürfel abzählen soll, tippt sie die Holz-

1 Die Entwicklung des mathematischen Verständnisses bis zum Schulbeginn

würfel an und zählt dabei völlig problemlos: „1, 2, 3, 4, 5, 6, 7, 8, 9, 10, 11, 12, 13, 14, 15, 16, 17, 18, 19, 20".

Ist Eveline ein besonders kluges Mädchen? Wie entwickelt sich die Zählkompetenz der Kinder in ihren ersten Lebensjahren bis zum Schulbeginn?

Die *Anzahl* der Objekte in einer Menge kann auf zwei Arten ermittelt werden: Durch *Zählen* oder durch *simultane Zahlerfassung*, d. h. einfach durch „Hinsehen" (in der Literatur wird die Zahlerfassung auch „Mengenschätzung" oder „Subitizing" genannt). Die simultane Zahlerfassung ist allerdings nur möglich, wenn es sich um wenige Objekte handelt (bei Erwachsenen meist um bis zu sechs Objekte, darüber hinaus erfolgt die Erfassung dann nicht mehr „simultan", sondern es sind zusätzliche Strategien wie das Zusammenfassen von Objekten zu neuen Einheiten erforderlich). Einige Psychologen waren der Meinung, dass die simultane Zahlerfassung in Wahrheit ein „blitzartiges" Auszählen der Anzahl ist (vgl. Radatz und Schipper, 1983, S. 52). Eine Vielzahl von Untersuchungen (vgl. z. B. Stern, 1998, S. 62), deutet jedoch darauf hin, dass Zählen und Zahlerfassung zwei deutlich unterschiedliche Verfahren sind und, wichtiger noch, dass sogar schon kleinere Kinder dazu fähig sind. Laut Wynn (1990, S. 169) ist die Zahlerfassung eine angeborene Fähigkeit.

Eins, zwei, drei,
auf der Stiege liegt ein Ei,
wer darauf tritt,
spielt nicht mit.

Abb. 1.1: Ein Abzählreim (Lührs, 1991, S. 32)

Zweifellos hat aber das *Zählen* für die Ermittlung von Anzahlen die größte Bedeutung (wenn wir im Folgenden vom „Zählen" sprechen, dann meinen wir diese Art, eine Anzahl zu bestimmen, und nicht das Aufsagen der Zahlwortreihe, das man ja auch „Zählen" nennt).

Im Alter von etwa zwei Jahren beginnen die Kinder, sich mit der Zahlwortreihe auseinander zu setzen: Sie können die ersten Zahlwörter „eins, zwei" aufsagen und lernen bald, dass mit Zahlwörtern Anzahlen bezeichnet werden: „zwei Bonbons", „drei Blumen" usw. Die Kinder unterscheiden dabei zunächst meist nur zwischen „eins" und „zwei" und „viele"[1], im Laufe der Zeit differenziert sich die Zahlwortreihe immer mehr. Jüngeren Kindern ist der Unterschied zwischen Zahlwörtern und Eigenschaftswörtern möglicherweise nicht immer ganz klar, d. h. es gibt für sie zunächst noch keinen bedeutsamen Unterschied zwischen Aussagen wie „drei Blumen" und „rote Blumen". Es lässt sich aber zeigen (vgl. Stern, 1998, S. 58), dass sie diesen Unterschied sehr schnell erfassen. Dabei hilft ihnen vor allem der sprachliche Kontext, beispielsweise Formulierungen mit und ohne Artikel („Gibt mir drei Bauklötze" im Gegensatz zu „Gib mir *die* roten Blumen").

Zahlwörter können bei beliebigen Objekten verwendet werden; diese Tatsache ist durchaus nicht völlig selbstverständlich. „Der frühe Mensch hat die Zahl anfangs immer als Eigenschaft empfunden. Einige Naturvölker haben die Zahl vollständig mit den Dingen zur Einheit zusammengeschmolzen. „10 Kähne" nennt der Fidschi-Insulaner *bola*, 10 Kokosnüsse *koro*, 1000 Kokosnüsse *saloro*" (Menniger, 1958, Bd. 1, S. 22). In vielen Sprache gibt es auch heute noch „Zählklassen", d. h. verschiedene Dinge - z. B. Lebendiges, runde Dinge oder Tage - werden jeweils in besonderen Zählreihen gezählt. Im Chinesischen gibt es etwa 100 und im Japanischen etwa 50 solcher Zählklassen, im Türkischen zwei: yüz *nefer* asker sind 100 „Mann" Soldaten, aber yüz *tane* at 100 „Stück" Pferde. Zum Beispiel aus babylonischen Texten weiß man (vgl. Damerow, 1990), dass zu jener Zeit bei unterschiedlichen Gegenständen des täglichen Gebrauchs verschiedene Zahlsysteme verwendet wurden (z. B. das Sechzigersystem bei Getreideprodukten und das Einhundertzwanzigersystem bei Bierkrügen). In unserer Sprache verwenden wir gelegentlich altertümliche Zahlwörter in Abhängigkeit von der Art der Objekte, so werden zum Beispiel die Wörter „Dutzend" (12), „Mandel" (15), „Schock" (60) oder „Gros" (12 Dutzend) nur in speziellen Kontexten verwendet. Auch die Bezeichnung „der andere" für das Ordnungszahlwort „der zweite" ist vielleicht noch geläufig (Martin Luthers zweiter Teil seiner Übersetzung des Alten Testaments heißt in der 1524 in Wittenberg erschienenen Ausgabe „Das Andere teyl des alten testaments").

In diesem Zusammenhang stellt sich die Frage, wie und wann sich beim Menschen - oder auch bei anderen Lebewesen - eine Vorstellung von Quantitäten entwickelt. Dehaene (1999, S. 34-46) geht davon aus, dass Tiere (Schimpansen, Ratten, Vögel) in einem gewissen Umfang numerische Quantitäten unterscheiden können, jedoch nicht in dem Sinne, dass sie einzelne Objekte abzählen könnten, sondern dass sie über eine Art „Schätzalgorithmus" verfügten, mit dem sie sogar Anzahlen wie drei und vier unterscheiden könnten.

---

[1] Auch aus der Entwicklung der Sprachen lässt sich nachweisen (Ifrah, 1992, S. 20), dass das Zahlwort „drei" in der Bedeutung von „viele" gebraucht wurde. So besteht ein Zusammenhang in den sprachlichen Wurzel der Wörter „drei" („three", „trois", „tres") und „Trupp" („troop", „troupe", „troppus") in der Bedeutung von „viele".

1 Die Entwicklung des mathematischen Verständnisses bis zum Schulbeginn

Die Fähigkeit zur Unterscheidung von eins, zwei und drei (viele) wird Babys bereits im Alter zwischen sechzehn und dreißig Wochen zugeschrieben (vgl. Wynn, 1992).

Solche Beobachtungen sollten zwar mit einer gewissen Vorsicht interpretiert werden, doch es kann als gesichert gelten, dass die Kinder im Alter von etwa 3 ½ Jahren bereits in einem gewissen Umfang über die ersten drei der so genannten *Zählprinzipien* verfügen, selbst dann, wenn sie die Zahlwortreihe noch nicht sicher beherrschen (Stern, 1998, S. 55ff). Auf diese Prinzipien hatte Kruckenberg bereits 1935 hingewiesen; später wurden sie von Gelman und Gallistel (1978, S. 77ff) wie folgt formuliert:

1. Das Eindeutigkeitsprinzip: Jedem der zu zählenden Objekte wird genau ein Zahlwort zugeordnet.
2. Das Prinzip der stabilen Ordnung: Die Reihe der Zahlwörter hat eine feste Ordnung.
3. Das Kardinalzahlprinzip: Das zuletzt genannte Zahlwort gibt die Anzahl der Objekte in einer Menge an.
4. Das Abstraktionsprinzip: Es kann jede beliebige Menge ausgezählt werden, d. h. es kommt nicht darauf an, welcher Art die Objekte sind, die gezählt werden.
5. Das Prinzip von der Irrelevanz der Anordnung: Die jeweilige Anordnung der zu zählenden Objekte ist für das Zählergebnis nicht von Bedeutung.

Die drei ersten Prinzipien beziehen sich darauf, *wie* gezählt wird, die beiden letzten sind übergeordnete Prinzipien und besagen, *was* gezählt werden kann.

In den Prinzipien 1 und 2 werden Voraussetzungen formuliert, die - man sollte meinen: logischerweise - erfüllt sein müssen, damit ein Individuum zählen kann: Es muss die *Eins-zu-eins-Zuordnung* (vgl. Abschnitt 1.3.2) beherrschen und es muss die Zahlwörter in der korrekten (d. h.: der üblichen) Reihenfolge kennen. Aus *mathematischer* Sicht können die Prinzipien gut formalisiert und in einer Definition zusammengefasst werden, wie dies zum Beispiel bei Bedürftig und Murawski geschehen ist (2001, S. 29). Beobachtungen bei jüngeren Kindern zeigen jedoch, dass es bei der Umsetzung dieser Prinzipien in realen Situationen und in Abhängigkeit vom Zahlenraum große individuelle Unterschiede gibt. Manche Kinder scheinen sich sogar „unlogisch" zu verhalten und kommen dennoch zum richtigen Ergebnis. Dazu einige Beispiele:

Lie (Alter: 5 Jahre, 7 Monate) besucht einen Kindergarten. Im Rahmen einer empirischen Untersuchung (vgl. Abschnitt 1.5.2) wird er von der Interviewerin gebeten zu zählen; er kommt jedoch nur bis zur Sechs. Später im Interview, als er Zahlen schreiben soll, kann er bis 12 zählen, und noch später sogar bis 26. Interessant an dieser letzten Aufgabe ist, dass Lie hier aufgefordert war, eine gewisse vorgegebene Anzahl von Holzwürfel *abzuzählen*. Auch wenn dabei Abzählfehler vorkommen (einige Würfel werden doppel angetippt, andere Würfel übersprungen), so ist Lie nun sicher in der Verwendung der Zahlwortreihe bis 26. Es gibt für dieses Verhalten eine durchaus plausible Erklärung: Manchen Kindern fällt offenbar das „konkrete" (Ab-)Zählen unter Verwendung von Material leichter als das Aufsagen der Zahlwortreihe, das ein rein mentaler Prozess ist.

Abb. 1.2: Zählen (Käpnick, 2000, S. 4)

Eine Untersuchung von Caluori (2003) in der Schweiz liefert eine Reihe von Belegen für die Gültigkeit dieser Erklärung. Einige Kinder – wie die oben erwähnte Eveline – benutzen die Finger als Hilfe, andere stützen das Aufsagen der Zahlwortreihe durch einen Rhythmus, so z. B. Markus (4 ½ Jahre alt) durch gleichmäßiges Klopfen auf den Tisch. Manche Kinder verwenden die Klopftechnik sogar beim Abzählen von Objekten.

Auch bei Aufgaben, in denen nur vorgestellte oder nicht mehr sichtbare Objekte zu zählen sind, kommen viele Kinder auf die Idee, Hilfsmittel wie ihre Finger zu verwenden. Beispielsweise bei der folgenden Aufgabe:

I.: Ich gebe dir ein Bild, das du kurz anschauen sollst.
(Der Interviewer zeigt Sarah für zwei Sekunden ein Bild mit zwei Spielwürfeln mit den Augenzahlen 4 und 5 und nimmt dann das Bild weg.)
Wie viele Punkte waren es zusammen?
Sarah (Sie zählt leise aus der Erinnerung die neun Würfelaugen, wobei sich ihre Lippen bewegen)
9!
(Sie streckt dann mit der einen Hand vier Finger und mit der anderen Hand fünf Finger und schaut sich beide Hände lange an.)
4 und 5.
(Sie stutzt, zeigt mit dem Kopf auf ihre Hände mit den ausgestreckten Fingern und beginnt zu strahlen:)
4 und 5, das ist ja 9!

1 Die Entwicklung des mathematischen Verständnisses bis zum Schulbeginn

Beobachtungen dieser Art sind Beispiele für das rasante und spontane Anwachsen von Einsicht in Zahlbeziehungen bei den Kindern bereits im Vorschulalter. Ein weiteres Beispiel ist Melinda, ebenfalls 6 Jahre alt. Sie kann bei der Aufgabe, in einer dichten Reihe von Blumen auf die achtzehnte Blume zu zeigen, offenbar mit dem Ordnungszahlwort „die achtzehnte" nichts anfangen und betrachtet zunächst völlig ratlos die Reihe der Blumen. Nach einigem Zögern - aber ohne jedes Eingreifen von außen - kommt jedoch die Einsicht in den Zusammenhang zwischen Ordnungszahlwörtern und Zählzahlen. Sie tippt die Blumen der Reihe nach an und ordnet jeder ein Zahlwort zu: „Eins" der ersten, „zwei" der zweiten usw. bis „achtzehn" der achtzehnten.

Gelman und Gallistel (1978) glaubten nachweisen zu können, dass die oben genannten fünf Zählprinzipien im Wesentlichen angeboren sind und nicht gelernt zu werden brauchen. Was ihrer Meinung nach von den Kindern gelernt werden muss, sind die Zahlwörter und wie sie konstruiert werden sowie deren Ordnung. (Man spricht deshalb auch von der „Prinzipien-vorher-Theorie", vgl. Stern, 1998, S. 56, oder Moser Opitz, 2001, S. 67ff; im Gegensatz zu der „Prinzipien-nachher-Theorie", die auf Fuson, 1982, zurückgeht.) Welche Beobachtungen sprechen für Gelman und Gallistels Theorie und wie wird die Zahlwortreihe von den Kindern gelernt?

Gelman und Gallistel berichten von Kindern, die zwar falsch zählten, z. B. 1, 3, 4, 8, aber dennoch auf die Frage, wie viele Objekte es seien, im Sinne des dritten Prinzips mit „8" antworteten (zu beachten ist dabei, dass im zweiten Prinzip nur von einer „stabilen Ordnung" der Zahlwortreihe gesprochen wird, nicht aber von der - im Sinne der Erwachsenen - korrekten). Gelman und Gallistel sahen in dieser bei jüngeren Kindern gemachten Beobachtung eine Bestätigung ihrer Annahme, dass die Prinzipien angeboren sind. Es ist allerdings möglich, dass die Wiederholung des zuletzt genannten Zahlwortes von den Kindern nur im Sinne einer Bestätigung ihres Zählens zu verstehen ist (vgl. Wynn, 1990, S. 162). Überwiegend geht man heute davon aus, dass die oben genannten fünf Zählprinzipien *nicht* angeboren sind, sondern dass sie am Ende eines längeren Lernprozesses stehen, der von den Kindern durchlaufen werden muss („Prinzipien nachher"). Ein Modell für diesen Lernprozess stellt z. B. Moser Opitz (2001, S. 82ff) mit Bezug auf Fuson (1988) und Wynn (1990, 1992) vor.

Die Zählentwicklung bei den Kindern kann danach mit drei zentralen Begriffen gekennzeichnet werden: Sequenz, Zählen und kardinale Bedeutung.

Sequenz: Gemeint ist die Beherrschung der Zahlwortreihe. Erworben wird die Kenntnis der Zahlwortreihe in der ersten Phase durch Nachahmung Älterer und durch Auswendiglernen. Zuerst lernen die Kinder dabei die Zahlwortreihe noch unstrukturiert („einszweidreivier..."), sie kann in dieser Form noch nicht zum Zählen eingesetzt werden. Die Unterscheidung einzelner Zahlwörter ist ein nächster Schritt. Bei etwa 3 ½ -jährigen Kindern gibt es dann eine deutliche Dreiteilung in dem bereits gelernten Bereich der Zahlwortreihe (vgl. auch Padberg, 1992, S. 2): Am Anfang steht eine stabile, korrekte Zahlwortfolge,

z. B. 1, 2, 3, 4; es folgt eine ebenfalls stabile, aber nicht korrekte Folge von Zahlwörtern, die häufig durch das Auslassen von Zahlwörtern gekennzeichnet ist (z. B. 6, 8, 9) und schließlich folgen Zahlwörter, die bei jedem neuen Zählversuch unterschiedlich ausfallen können (z. B. einmal 14, 16, 13, 5 und beim nächsten Mal 12, 15, 16, 13).

Zählen. Gemeint sind die Beherrschung der Zahlwortreihe und die korrekte Eins-zu-eins-Zuordnung, zunächst in einem begrenzten Bereich, der durch simultane Zahlerfassung überschaubar ist, später darüber hinausgehend. Wie schon das Beispiel Eveline am Anfang dieses Abschnitts zeigte, benötigen manche Kinder zum Aufsagen der Zahlwortreihe eine materielle Stütze, z. B. ihre Finger oder irgendwelche Gegenstände.

Kardinale Bedeutung: Es geht um die Fähigkeit zum Ab- und Auszählen[2], also um die Beherrschung der fünf oben genannten Zählprinzipien. Wie bereits dargestellt, ist der Erwerb dieser Fähigkeit ein komplexer Prozess, bei dem einzelne Teilfertigkeiten und -fähigkeiten in vielfältiger Weise miteinander verwoben sind und der bei jedem Kind unterschiedlich verläuft. Laut Wynn (1990, 1992) sind bei den Kindern erste Einsichten in das Kardinalzahlprinzip, wonach das zuletzt genannte Zahlwort die Anzahl der Menge angibt, schon mit etwa 3 ½ Jahren zu erwarten und mit etwa 4 Jahren auch die in die Prinzipien „Abstraktion" und „Irrelevanz der Reihenfolge". Dies bedeutet aber nicht notwendig, dass die Kinder diese Prinzipien nun auch bereits uneingeschränkt und sicher verwenden können.

Die Entwicklung der Zählfertigkeit im Sinne einer prozeduralen Sicherheit der Kinder beim Prozess des Ab- und Auszählens kann im Wesentlichen durch die folgenden Phasen gekennzeichnet werden (vgl. van de Rijt, van Luit und Hasemann, 2001):

- Phase 1 (verbales Zählen): Die Zahlwortreihe ist noch nicht strukturiert, sie wird wie ein Gedicht aufgesagt und kann noch nicht zum Zählen eingesetzt werden. Die einzelne Zahlwörter werden teilweise noch nicht unterschieden und haben keine kardinale Bedeutung.
- Phase 2 (asynchrones Zählen): Im Alter von etwa 3 ½ bis 4 Jahren benutzen die Kinder die Zahlwörter zum Zählen in der richtigen Reihenfolge, jedoch wird oft noch ein Objekt übersehen oder das gleiche Objekt zweimal gezählt. Wenn die Kinder zählen und gleichzeitig auf (genau) ein Objekt zeigen können, spricht man von synchronem Zählen.

---

[2] Bedürftig und Murawski (2001, S. 23 und 25) unterscheiden beim Zählen noch zwischen dem Abzählen von Objekten und dem Auszählen einer Menge: Beim Abzählen geht man - wie zum Beispiel bei Abzählreimen - von der Zahlwortreihe aus und ordnet jedem Zahlwort ein Objekt zu, beim Auszählen von den Objekten in einer Menge, deren Anzahl bestimmt werden soll.

- Phase 3 (Ordnen der Objekte während des Zählens): Wenn ungeordnete Objekte gezählt werden sollen, fangen die Kinder mit etwa 4 ½ Jahren an, die Objekte während des Zählens zu ordnen, zum Beispiel, indem sie die gezählten zur Seite schieben.
- Phase 4 (resultatives Zählen): Im Alter von etwa 5 Jahren wissen die Kinder, dass sie beim Zählen mit der Eins anfangen müssen, dass jedes Objekt nur einmal gezählt wird und dass die letztgenannte Zahl die Anzahl der Objekte angibt. Wichtig ist in dieser Phase, dass den Kindern die eindeutige Entsprechung zwischen den zu zählenden Objekten und den Zahlwörtern klar wird.
- Phase 5 (abkürzendes Zählen): Die Kinder im Alter von 5 ½ bis 6 Jahren erkennen oder bilden in mehr oder weniger geordneten Mengen von Objekten Strukturen, z. B. das Zahlbild der Fünf auf einem Würfel. Sie können von einer Zahl an aufwärts zählen, sie können in Zweierschritten und auch rückwärts zählen. In dieser Phase können die meisten Kinder bereits einfache Rechnungen ausführen (vgl. Abschnitt 1.5.2).

1.3 Entwicklung des Zahlbegriffs

Die Entwicklung der Zählkompetenz und des Zahlbegriffs beim Kind ist ein Prozess, bei dem *interne* Veränderungen des Individuums und *externe* Einflüsse zusammenwirken. Interne Veränderungen, die weitgehend ohne äußere Einwirkungen stattfinden, werden *Reifung* genannt (vgl. Bower und Hilgard, 1983, S. 33). Beim *Lernen* dagegen löst die Interaktion des Individuums mit seiner externen Umgebung die Verhaltensänderungen aus (Stern, 1998, S. 38). Da interne Veränderungen und Lernen einander bedingen, werden wir in diesem Abschnitt einige Faktoren ansprechen, die für die kognitive Entwicklung der Kinder von Bedeutung sind. Im zweiten Teil des Abschnitts behandeln wir spezielle Denkoperationen, die für die Einsicht in den Zahlbegriffs erforderlich sind. Lernen und Lernprozesse der Kinder sind Themen der folgenden Kapitel.

1.3.1 Interne und externe Faktoren

Die Arbeiten der Genfer Schule Jean Piagets hatten insbesondere Ende der sechziger Jahre des vorigen Jahrhunderts einen ungeheuren Einfluß auf die Entwicklung des mathematischen Anfangsunterrichts in Deutschland (West) (vgl. Abschnitt 2.2.1). Piaget war Entwicklungspsychologe. In seinen Untersuchungen hat er sich sehr intensiv mit der natürlichen kognitiven Entwicklung der Kinder befasst. Piaget kam zu dem Schluss, dass die Entwicklung in Stufen verläuft, wobei spätere Stufen die früheren ersetzen. Eine andere, durchaus ähnlich aufgebaute Stufentheorie wurde von Kohlberg (1974, 2000) vorgelegt, während beispielsweise Erikson (1966) die Entwicklung stärker aus der Sicht des Individuums und in „Lebenszyklen" beschreibt.

Laut Piaget müssen die Kinder erst einen bestimmten kognitiven Entwicklungsstand erreichen, bevor sich Lernprozesse fruchtbar auswirken können. Lernen bedeutet für ihn, die bereits aufgebauten kognitiven Strukturen auf neue Inhalte anzuwenden (zur Oeveste, 1987, S. 25). Aufgrund seiner Annahme über die Priorität der Entwicklung glaubte Piaget, von sehr spezifischen Experimenten auf die jeweilige Entwicklungsstufe dieses Kindes schließen zu können.

Im Hinblick auf die Entwicklung des Zahlbegriffs beim Kind geht Piaget davon aus, dass es eine Reihe von kognitiven Fähigkeiten gibt, die notwendige Voraussetzungen für diese Entwicklung sind (es handelt sich dabei vor allem um die Einsicht in die *Invarianz* von Mengen sowie die Fähigkeiten zum Umgang mit *Eins-zu-eins-Zuordnungen,* zur *Klassifikation* und zur *Bildung von Reihenfolgen*; in Abschnitt 1.3.2 gehen wir genauer darauf ein). Piaget betont zwar (1964, S. 57), dass die von ihm genannten Bedingungen (nur) „vom psychologischen Standpunkt ... notwendig sind (ich stelle mich nicht auf den logischen Standpunkt)", doch deuten viele seiner Äußerungen darauf hin, dass er sehr wohl der Meinung ist, gewisse Begriffe könnten von den Kindern keinesfalls gebildet werden, bevor sie nicht gewisse Entwicklungsstufen durchlaufen haben. Gerade für mathematisch Vorgebildete ist diese Denkweise sehr plausibel: Ein Sachverhalt, der aus einem anderen folgt, kann nur wahr sein, wenn auch die Voraussetzung wahr ist. Wir werden jedoch sehen, dass diese logische Banalität nicht ohne weiteres auf die natürliche Entwicklung und das Lernen von Menschen übertragen werden kann.

Piaget nimmt an, dass die Entwicklung der Kinder im Wesentlichen nur durch Mechanismen beeinflusst wird, die *unabhängig* sind von den Inhalten und Fragestellungen, mit denen sich die Kinder beschäftigen. Insbesondere nimmt er an, dass äußere Faktoren keinen Einfluss auf die Einsicht in die Invarianz haben. Diese Annahmen wurden in zahlreichen neueren Untersuchungen angezweifelt. So zeigen sich z. B. bei Aufgaben zur Invarianz von Mengen deutliche Trainingseffekte (vgl. Stern, 1998, S. 40f). Im Hinblick auf die Einszu-eins-Zuordnung werden wir in Abschnitt 1.5.2 sehen, dass nicht nur das Alter der Kinder bedeutsam ist, sondern auch die Anzahl der Objekte, die einander zugeordnet werden.

In neueren entwicklungspsychologischen Arbeiten (wie z. B. von Karmiloff-Smith, 1992) wird gezeigt, dass die Entwicklung von Fähigkeiten sowohl von den spezifischen Inhalten, an denen sie erworben werden, abhängig ist als auch von der Art, wie die Inhalte präsentiert werden. In Abschnitt 4.3.2 werden wir beispielsweise auf Kinder eingehen, mit denen schwierige Sachaufgaben behandelt wurden. Die Kinder, die gelernt haben, in bestimmten Sachsituationen nicht nur auf die Zahlen zu achten, sondern auch die Beziehungen zwischen den Zahlen zu erkennen, sind anderen nicht nur bei den Sachaufgaben überlegen - dies ist zu erwarten -, sondern auch in anderen Bereichen, so z. B. bei reinen Rechenaufgaben.

Die menschliche Intelligenz zeichnet sich aus durch die Fähigkeit, Wissen „umzustrukturieren", also nicht nur zu erweitern, sondern gänzlich neu zu organisieren. Dieses Umstrukturieren ist immer dann erforderlich, wenn neue Sachverhalte mit den alten Erklärungsmustern nicht mehr verstanden werden können. In Abschnitt 2.2.8 werden wir uns z. B. mit Kindern befassen, die lange Zeit glauben, man könne Additionsaufgaben durch „Weiterzählen" lösen. Diese Vorstellung ist aber bei größeren Zahlen nicht tragfähig. Dann helfen auch immer raffinierte Abzähltechniken nicht weiter; die Idee des Weiterzählens muss durch eine ganz andere Vorstellung von der Addition ersetzt werden.

In Abschnitt 2.1.2 wird in einem Modell beschrieben, wie ein solches Umstrukturieren „funktionieren" kann.

1.3.2 Kognitive Fähigkeiten beim Zahlbegriffserwerb

Piagets Folgerungen aus seinen Untersuchungen mit Kindern wird heute nicht mehr uneingeschränkt zugestimmt. Dies bedeutet aber nicht, dass seine Beobachtungen gänzlich wertlos sind.

Einige der von Piaget genannten kognitiven Fähigkeiten (Invarianz und Eins-zu-eins-Zuordnung sowie die logischen Operationen Klassifikation und Bildung von Reihenfolgen) sind für die Entwicklung des Zahlbegriffs wesentlich. Sie sollen hier kurz skizziert werden (ausführliche Darstellungen findet man z. B. bei Piaget und Szeminska, 1975, oder zur Oeveste, 1987, S. 27-42).

Das Prinzip der *Invarianz* (oder „Erhaltung") ist eine Grundlage für das Denken ganz allgemein. Schon in den ersten Monaten seines Lebens macht das Kind Erfahrungen mit der Unveränderlichkeit der Form fester Gegenstände. Untersucht wurde von Piaget bei älteren Kindern die Entwicklung ihrer Einsicht in dieses Prinzip bei physikalischen Größen wie Volumina und Gewichten und bei Mengen von Perlen. In den berühmten Umschüttversuchen (z. B. von Flüssigkeit aus einem Gefäß mit einem kleineren Durchmesser in ein solches mit einem größeren Durchmesser, vgl. Abb. 1.3, Piaget, 1964, S. 53) zeigte sich, dass viele Kinder erst zwischen 6 und 7 Jahren sicher sind, dass sich die Flüssigkeitsmenge beim Umfüllen nicht verändert. Als Grund nennt Piaget, dass das Denken der Kinder erst in dieser Zeit *reversibel* geworden ist. Sie erkennen, dass sich zum einen die Handlung des Umfüllens *umkehren* lässt (möglicherweise auch nur in Gedanken) und dass zum anderen beim Flüs-

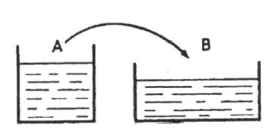

Abb. 1.3: Invarianz von Flüssigkeitsmengen

sigkeitsstand in den Gefäßen ein Ausgleich zwischen Höhe und Breite stattfindet. Entsprechend muss ein Kind bei einer Aufgabe zur Invarianz der Zahl in der Lage sein zu verstehen, dass sich Aussagen wie „mehr als" oder „weniger als" auf die Anzahl der Elemente in einer Menge beziehen und nicht auf die räumliche Ausdehnung dieser Elemente.

Die Einsicht in *Eins-zu-eins-Zuordnungen* zwischen Elementen von endlichen Mengen (vgl. Abschnitt 2.1.1) wird von Piaget als *die* zentrale Grundlage für den Zahlbegriff gesehen, wodurch sich der Zahlbegriff jedoch auf die Aspekte „Kardinalzahl" und „Ordnungszahl" reduziert (vgl. Abschnitt 2.2.3). Das Zählen als Grundlage des Zahlbegriffs wird dabei überhaupt nicht in Betracht gezogen (vgl. zur Oeveste, 1987, S. 36: „Die grundlegende Operation für die Entwicklung der Kardinalzahl ist die Herstellung einer wechselseitigen Entsprechung (Stück-für-Stück-Korrespondenz) zwischen den Elementen zweier Klassen. Diese ist ursprünglicher als die Nummerierung durch Abzählen."[3])

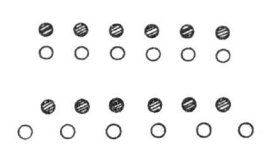

Abb. 1.4: Eins-zu-eins-Zuordnungen

Bei den Versuchen zur Eins-zu-eins-Zuordnung wird den Kindern z. B. eine Reihe von Vasen und eine bestimmte Anzahl von Blumen (mehr Blumen als Vasen) vorgelegt. Die Kinder sollen für jede Vase eine Blume bereitlegen. Anschließend wird die Reihe der Blumen zusammen- oder auseinander gerückt, so dass sich die räumlichen Anordnungen der Blumen und Vasen nicht mehr entsprechen. Die Kinder werden gefragt, ob immer noch genau so viele Blumen wie Vasen vorhanden sind (vgl. Abb. 1.4, Piaget, 1964, S. 55f; Piaget bezieht sich dort auf rote und blaue Knöpfe). Bei größeren Mengen (mit mehr als 6 bis 8 Objekten) können jüngere Kinder die Eins-zu-eins-Zuordnung noch nicht selbstständig herstellen, außerdem beruht ihre Bewertung der Mengen im Sinne von „mehr - weniger - gleich viele" allein auf dem optischen Vergleich der Reihenlängen. Die etwas älteren Kinder können ohne weiteres selbst die Eins-zu-eins-Zuordnung herstellen, aber auch sie noch nicht sicher, dass gleiche viele vorhanden sind, wenn die räumliche Ausdehnung der Objekte verändert wird. D. h. die Zuordnung und das Urteil darüber, ob „gleiche viele" vorhanden sind, bleiben weiterhin an die Anschauung gebunden. Etwa ab

---

[3] Zur Oveste äußert sich an dieser Stelle (1987, S. 36f) übrigens merkwürdig unklar: „Auf dem Wege der Zuordnung kann also die gleiche Extension zweier Klassen ... behauptet werden, ohne dass die Elemente abgezählt werden müssen. Andererseits kann die Extension auch mit einer Zahl bezeichnet werden. In diesem Fall wird durch Abzählen eine wechselseitige Korrespondenz zwischen einer Klasse von Gegenständen und der Klasse der ganzen positiven Zahlen hergestellt." Unklar bleibt hier u. a., was mit der „Klasse der ganzen positiven Zahlen" (mathematisch oder auch psychologisch) gemeint ist und wie diese gebildet wird.

sechs Jahren sind die Kinder in der Lage, die räumliche Verschiebung durch eine nur in Gedanken durchgeführte Handlung wettzumachen. Ihr Denken ist *reversibel* geworden (vgl. zur Oeveste, 1987, S. 37)

Baroody (1987, S. 112) und Sophian (1988, S. 639) haben darauf hingewiesen, dass sich für die Kinder in diesen Versuchen zum Mengenvergleich ein Konflikt ergeben kann zwischen den verschiedenen, ihnen bereits zur Verfügung stehenden Möglichkeiten des Vergleichs: Einerseits können sie die Mengen nach dem Kriterium „mehr/weniger/gleich viele" vergleichen und andererseits die Anzahl der Objekte durch Zählen ermitteln. Mehler und Bever (1967) beispielsweise haben Kindern zunächst gleich lange Reihen mit je vier Bonbons vorgelegt. Anschließend wird eine der Reihen auf sechs Bonbons erweitert, gleichzeitig aber so angeordnet, dass sie kürzer war als die Reihe mit vier Bonbons. Die Kinder werden gefragt, welche Reihe mit Bonbons sie haben wollen, und die meisten Kinder im Alter zwischen 2 ½ und 3 Jahren wählen tatsächlich die *kürzere* Reihe mit *mehr* Bonbons. Etwas ältere (ca. 3 bis 4 ½ Jahre) wählen überwiegend die längere Reihe und noch ältere (mehr als 4 ½ Jahre) wieder die mit mehr Bonbons. „Zusammengefasst: Vorliegende Forschungsergebnisse zeigen, dass zweijährige Kinder Anzahlen korrekt einschätzen können, wenn die Anzahl nicht größer als zwei oder drei ist. Etwas ältere Vorschüler können es bis drei, manche bis vier oder fünf. Über fünf hinaus nimmt die Richtigkeit der numerischen Einschätzung bemerkenswert ab" (Gelman und Gallistel, 1978, S. 46, 55).

Die Fähigkeit der Kinder, eine korrekte Eins-zu-eins-Zuordnung vorzunehmen, hängt also nicht zuletzt davon ab, ob die Kinder die Anzahlen erfassen können oder nicht. (Auf eigene empirische Untersuchungen dazu gehen wir im Abschnitt 1.5.2 ein).

Mit „*Klassifizieren*" wird die Fähigkeit bezeichnet, verschiedene Objekte aufgrund gewisser Merkmale zusammenzufassen. „Jüngere Kinder, die aufgefordert werden, Figuren (die sich z. B. nach Form und Farbe unterscheiden) oder Objekte nach gemeinsamen Merkmalen zu ordnen, neigen mitunter dazu, diese aufgrund der räumlichen Nachbarschaft zu gruppieren. ... Das Zusammenlegen der Gegenstände wird noch nicht durch gemeinsame Eigenschaften geleitet, sondern durch einfache Gestalten und Konfigurationen" (zur Oeveste, 1987, S. 31). Laut Piaget sind die Kinder erst ab etwa 5 ½ Jahren zur einfachen und ab etwa 7 ½ Jahren zur multiplen Klassifizierung in der Lage, gleichzeitig entwickeln sie das Verständnis für Klasseninklusionen (man spricht von *einfacher* Klassifizierung, wenn bei den Objekten nur ein Merkmal - z. B. nur die Form oder nur die Farbe - zu berücksichtigen ist, während bei der *multiplen* Klassifikation die Objekte nach mindestens zwei Merkmalen zugleich in Klassen eingeteilt werden müssen. Unter *Klasseninklusion* wird die Beziehung zwischen über- und untergeordneten Klassen verstanden, z. B. sind alle Hunde Tiere). Die Nachuntersuchungen zur Oevestes (1987, S. 32f), in denen den Kindern nicht nur, wie von Piaget, geometrische Formen, sondern auch Objekte aus ihrer täglichen Umwelt vorgelegt wurden, ergaben übrigens beim durchschnittlichen Alter der Kinder deutlich andere Werte: Einfache Klassifikation ermittelte zur Oeveste ab zwei und multiple Klassifikation ab sechs Jahren, dagegen ein Verständnis für die Klasseninklusion erst ab zehn Jahren.

Beim *Bilden von Reihenfolgen* (auch „Seriation" genannt) werden Objekte nach bestimmten Merkmalen geordnet. Auch hier wird zwischen einfacher und multipler Seriation unterschieden, hinzu kommt der Transitivitätsschluss. In Versuchsanordnungen zur Prüfung der einfachen Seriation werden Kindern verschiedene Objekte dargeboten, die sich z. B. in der Länge oder im Gewicht voneinander unterscheiden. Die Kinder werden dann aufgefordert, die Objekte nach ihrer Länge oder ihrem Gewicht in einer Reihe anzuordnen. Bei der multiplen Seriation wird die Reihenbildung nach zwei Merkmalen zugleich verlangt. Die schwierigste Ordnungsoperation ist der transitive Schluss, wenn das Kind (im Kopf) z. B. von „A ist kürzer als B" und „B ist kürzer als C" auf „A ist kürzer als C" schließen muss.

Interessant ist in diesem Zusammenhang ein aus den Arbeiten zur Oevestes resultierendes Diagramm (Abb. 1.5), in dem wechselseitige Beziehungen dargestellt sind zwischen den Entwicklungssträngen bei der Seriation, der Klassifikation und bei geometrischen Einsichten (auf die wir im Abschnitt 3.1.1 eingehen). Interessant sind diese Ergebnisse vor allem deshalb, weil in ihnen von der Möglichkeit *unterschiedlicher Entwicklungsstränge* ausgegangen wird.

Man kann erwarten, dass die kognitive Entwicklung bei den einzelnen Kindern nicht nur unterschiedlich schnell, sondern auch mit individuellen Abweichungen bei der Art und der Stärke ihrer Ausprägung verläuft. Wie wir in eigenen Untersuchungen feststellen konnten, gilt dies auch für ganze Gruppen von Kinder. Bei der Erprobung des „Osnabrücker Tests zur Zahlbegriffsentwicklung" in den Niederlanden und in Deutschland (vgl. Abschnitt 1.5.1) zeigten sich in einigen Bereichen deutliche Unterschiede zwischen den beiden Ländern. Beispielsweise bei einfachen Aufgaben zur Klassifikation fiel es den deutschen Kinder sehr leicht, geometrische Figuren (Quadrate und Dreiecke) zu unterscheiden, während die niederländischen leichter Gegenstände aus ihrer täglichen Umwelt klassifizieren konnten („Was kann fliegen?"). Noch deutlicher war der Unterschied zwischen den Kindern in diesen beiden Ländern bei Aufgaben zur Bildung von Reihenfolgen. Beim Vergleich zweier Reihen (großen Hunden sollten lange Stäbe und kleinen Hunden kurze Stäbe zugeordnet werden, vgl. Abb. 1.14 in Abschnitt 1.5.2) waren die deutschen Kindern im Durchschnitt deutlich besser als die niederländischen. Genau umgekehrt war das Ergebnis jedoch bei einer Aufgabe, in der die Kinder mehrere Stapel mit Brotscheiben in die richtige Reihenfolge bringen sollten. Diese Aufgabe war für fast alle deutschen Kinder unlösbar, während viele niederländische sie bewältigten. (Über die Gründe für diese Unterschiede soll hier nicht spekuliert werden. Es ist aber naheliegend zu vermuten, dass sich Unterschiede in den Bildungssysteme der Ländern hier auswirken, vgl. Abschnitt 1.4.1.)

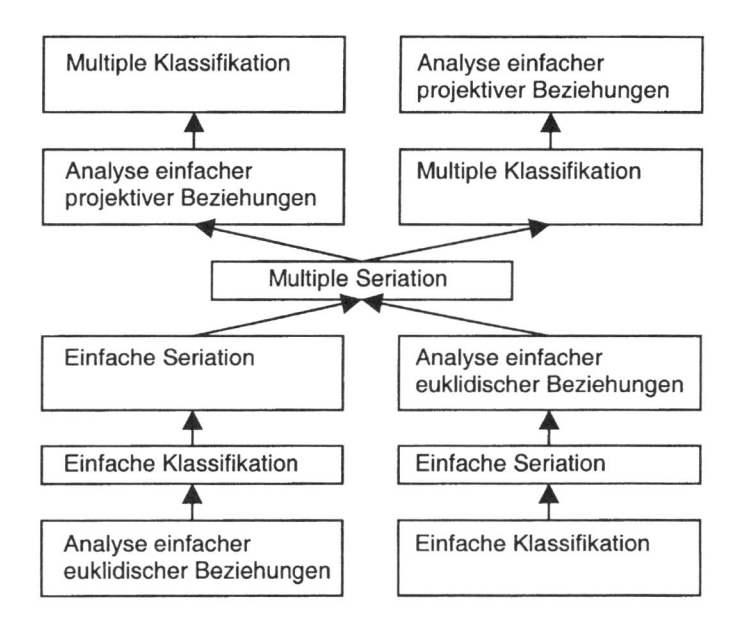

1 Die Entwicklung des mathematischen Verständnisses bis zum Schulbeginn 15

```
┌─────────────────────┐        ┌─────────────────────┐
│ Multiple            │        │ Analyse einfacher   │
│ Klassifikation      │        │ projektiver         │
│                     │        │ Beziehungen         │
└──────────▲──────────┘        └──────────▲──────────┘
┌─────────────────────┐        ┌─────────────────────┐
│ Analyse einfacher   │        │ Multiple            │
│ projektiver         │        │ Klassifikation      │
│ Beziehungen         │        │                     │
└──────────▲──────────┘        └──────────▲──────────┘
            ┌─────────────────────────┐
            │   Multiple Seriation    │
            └──▲──────────────────▲───┘
┌─────────────────────┐        ┌─────────────────────┐
│ Einfache Seriation  │        │ Analyse einfacher   │
│                     │        │ euklidischer        │
│                     │        │ Beziehungen         │
└──────────▲──────────┘        └──────────▲──────────┘
┌─────────────────────┐        ┌─────────────────────┐
│ Einfache            │        │ Einfache Seriation  │
│ Klassifikation      │        │                     │
└──────────▲──────────┘        └──────────▲──────────┘
┌─────────────────────┐        ┌─────────────────────┐
│ Analyse einfacher   │        │ Einfache            │
│ euklidischer        │        │ Klassifikation      │
│ Beziehungen         │        │                     │
└─────────────────────┘        └─────────────────────┘
```

Abb 1.5: Darstellung alternativer Entwicklungsverläufe in Bezug auf Klassifikation, Seriation und geometrische Einsichten (zur Oeveste, 1987, S. 130) [4]

Wir werden auf die in hier angesprochen Ergebnisse in Abschnitt 2.2.2 bei der Behandlung des Anfangsunterrichts über Zahlen zurückkommen. Für die Planung dieses Unterrichts sind sie in doppelter Hinsicht wichtig: Zum einen gibt es individuelle Unterschiede in der Entwicklung, zum anderen aber zeigt das Diagramm, welche kognitiven Fähigkeiten grundlegend sind und welche auf diesen Grundlagen aufbauen. Im Anfangsunterricht sollte also für jedes einzelne Kind überprüft werden, ob bestimmte Fähigkeiten, die benötigt oder vorausgesetzt werden, auch tatsächlich vorhanden sind. In den Abschnitten 2.2.2 und 2.3.2 werden wir ausführlich darauf eingehen, wie dies im Unterricht praktisch geschehen kann.

---

[4] Mit „euklidischen Beziehungen" sind solche geometrischen Eigenschaften von Figuren gemeint, die sich auf Längen, Winkel oder Parallelität beziehen, während „projektive Beziehungen" auf Lagebeziehungen zwischen Figuren und die Beachtung der Perspektive in Zeichnungen hinweisen; vgl. Abschnitt 3.1.2).

1.4 Mathematische Aktivitäten im Kindergarten

Betrachtet man behördliche Vorschriften zur Einrichtung von Kindertagesstätten[5], so findet man im Hinblick auf die Förderung der kognitiven Entwicklung der Kinder häufig nur recht lapidare Hinweise wie die, dass Kindertagesstätten „den natürlichen Wissensdrang und die Freude am Lernen pflegen" sollen (Neufassung des Nds. Gesetzes über Tageseinrichtungen für Kinder vom 25.9.95, §2(1)). Bei der Arbeit in den Kindergärten dominiert der „Situationsansatz", d. h. ausgehend von den Lebenssituationen der Kinder werden Qualifikationen ermittelt und dazu passende Lernsituationen entworfen (Faust-Siehl, 2001a, S. 59).

In den Informationsschriften einzelner Kindergärten aus den neunziger Jahren sind die von den Erzieherinnen selbst gesetzten Ziele ihrer pädagogischen Arbeit durch hohes persönliches und deutlich emotionales Engagement gekennzeichnet. So sollen die Kinder Zeit und Muße haben zum Staunen, Üben, Wiederholen und Versinken. Sie sollen Ernst genommen werden, und es soll ihnen das Recht zugestanden werden, ihre Gefühle und Bedürfnisse zu äußern. Zwar soll den Kindern auch Wissen zu den vielfältigsten Bereichen vermittelt werden, damit sie gesellschaftliche, öffentliche und gewerbliche Zusammenhänge erfahren. Doch im Hinblick auf die Schule beschränkt sich die Förderung auf Konzentration, Ausdauer und Eigenständigkeit. Aktivitäten zur Förderung kognitiver Fähigkeiten, speziell Aktivitäten, die sich im weitesten Sinne auf prä-mathematische Inhalte beziehen, kommen ebenso wenig vor wie z. B. die Förderung der sprachlichen Fähigkeiten.[6]

Nach einer Untersuchung von Naumann wird vor allem das letzte Kindergartenjahr dem „nur wenig eingeschränkten ,Genuss der Gegenwart' gewidmet, damit die Kinder Erinnerungen mitnehmen, die sie stark machen für den Neuanfang" in der Schule (Faust-Siehl, 2001a, S. 73). Die pädagogische Arbeit im Kindergarten scheint geleitet von einem Wunsch, der über allem steht: Die Kinder glücklich zu sehen. Dagegen ist kaum etwas zu einzuwenden, doch stellt sich die Frage stellen, ob zur Entwicklung der Persönlichkeit der Kinder und insbesondere des Selbstwertgefühls nicht auch das Ansprechen ihrer kognitiven Fähigkeiten gehört. Außerdem „ist inzwischen im Blick, dass sich die Kompetenzen der Heranwachsenden in Zeiträumen entfalten, die in der frühen Kindheit beginnen und weit über die Grundschule hinausreichen. Dies

---

[5] *Krippen* für Kinder bis zu drei Jahren, *Kindergärten* für Kinder bis zur Einschulung und *Horte* für Schülerinnen und Schüler bis zum 14. Lebensjahr.
[6] Das bis dahin in den Kindergärten des Kantons Zürich geltende Lese-, Schreib- und Rechen*verbot* wurde erst 2002 aufgehoben (Parlamentsbeschluss des Kantons Zürich zur Einführung der Grund- bzw. Basisstufe vom 28.5.2002).

gilt sowohl für Basiskompetenzen, z. B. die metakognitive Steuerung des eigenen Lernens, als auch für die spezifischen Lernvoraussetzungen. Paradebeispiele dafür sind die phonologische Bewusstheit, dem Forschungsstand nach eindeutig eine Schlüsselqualifikation für den Schriftspracherwerb, und die frühe Zahlbegriffsentwicklung. Während der Kindergartenzeit entwickeln sich die entscheidenden Vorläuferfähigkeiten für die schulischen Lernprozesse" (Faust-Siehl, 2001a, S. 74). In mehreren Längsschnittstudien (Stern, 1997; Grüssing, 2002) wurde nachgewiesen, dass es einen engen Zusammenhang zwischen der numerischen Kompetenz der Kinder am Schulanfang und ihren Fähigkeiten beim Lösen von Sachaufgaben in den späteren Schuljahren gibt.

1.4.1 Voraussetzungen für das mathematische Arbeiten im Kindergarten

In den vorigen Abschnitten haben wir dargestellt, dass bei den Kindern aufgrund ihrer natürlichen Entwicklung sehr unterschiedliche mathematische Kenntnisse zu erwarten sind. Wenn hier im Folgenden mögliche Aktivitäten für das Kindergartenalter beschrieben werden, so sollen diese Aktivitäten keinesfalls eine Vorwegnahme von Inhalten des Anfangsunterrichts bedeuten. Da aber bei allen Kindern nicht nur Neugier und ein natürlicher Entdeckungsdrang, sondern auch Kenntnisse über und Fähigkeiten im Umgehen mit Mengen, Zahlen und geometrischen Objekten vorausgesetzt werden können, sollten diese Kenntnisse und Fähigkeiten ebenso wenig ignoriert werden wie die individuellen Unterschiede zwischen den Kindern in diesen Bereichen. Gelingen kann die Einführung oder vertiefende Behandlung neuer Inhalte und Methoden im Kindergarten jedoch nur, wenn sie nicht im Widerspruch zu den bisher üblichen Vorgehensweisen steht, sondern diese ergänzen und erweitern (Preiß, 2002, S. 1f).

Selbstverständlich können die Unterschiede im individuellen Entwicklungstempo so groß sein, dass bereits am Schulbeginn darauf reagiert werden muss. Dies kann auf verschiedenen Weisen geschehen. Eine Möglichkeit ist das Zurückstellen der Einschulung um ein Jahr, eine andere besteht in einer grundlegenden Veränderung der Schuleingangsphase. In Baden-Württemberg läuft seit 1997 ein groß angelegter Versuch „Schulanfang auf neuen Wegen", bei dem der Schulbeginn zweimal im Jahr (im Frühjahr und im Herbst) möglich ist. Die Kinder in den Klassen sind nicht mehr im Wesentlichen gleich alt, sondern altersgemischt, die Einschulung ist abhängig von der individuellen Entwicklung und bereits mit fünf Jahren möglich (zur neuen Schuleingangsstufe in verschiedenen Bundesländern vgl. Faust-Siehl, 2001b, S. 194-252).

Ein anderer Weg wurde in den Niederlanden gewählt. Dort beginnt die Vorschulpflicht mit fünf Jahren, außerdem besuchen die meisten der Kinder bereits im Alter zwischen vier und fünf Jahren einen Kindergarten bzw. die

Vorschule. Ähnlich wie in Deutschland beginnt der (formale) mathematische Anfangsunterricht erst, wenn die Kinder in der (Alters-) „Gruppe 3" das sechste Lebensjahr vollendet haben. Mathematische Aktivitäten sind jedoch schon in den beiden voraus gehenden Jahren üblich. Man legt großen Wert darauf zu verhindern, dass einzelne Kinder in ihrer Entwicklung deutlich hinter der ihrer Altersgenossen zurückbleiben; gegebenenfalls werden spezielle Förderprogramme eingesetzt. Begründet wird dies mit der Erkenntnis, dass solche Lücken im Laufe der Zeit durchaus nicht „von selbst" kleiner, sondern immer größer werden.

Ein solches Programm ist z. B. „De rekenhulp voor kleuters" (van Luit und van de Rijt, 1995; „kleuters" sind Kinder im Vorschulalter). Dieses Programm bietet gezielte Hilfen an für die (nach niederländischen Untersuchungen) etwa 25 % der 5- bis 6-jährigen Kinder, deren Vorkenntnisse im Hinblick auf Zahlen so gering sind, dass sie dem (formalen) mathematischen Anfangsunterricht voraussichtlich nicht werden folgen können; wir gehen in Abschnitt 1.4.3 noch genauer darauf ein.

Bei den mathematischen Aktivitäten im Kindergarten kann von folgenden Voraussetzungen ausgegangen werden:

- Die Einsicht in die Invarianz von Mengen, Sicherheit bei der Eins-zu-eins-Zuordnung und Fähigkeiten in den Bereichen Klassifikation und Seriation entwickeln die 4- bis 6-jährigen Kindern parallel zur Zählkompetenz. Die Fähigkeiten in beiden Bereichen scheinen sich gegenseitig zu bedingen (vgl. Abschnitt 1.3.2).
- Ebenfalls eng verknüpft mit diesen Fähigkeiten ist die Entwicklung der Einsicht in geometrische Sachverhalte und Beziehungen (vgl. Abschnitt 3.1).
- Die meisten 6-jährigen Kinder unterscheiden bei relationalen Begriffen wie „mehr", „höher" oder „größer" sehr genau die jeweiligen Referenzbereiche, d. h. diese Begriffe sind zunächst an die zu vergleichenden Objekte bzw. die spezifische Art des Vergleichs gebunden und werden nicht automatisch analog auf anderen Bereiche übertragen. Allerdings sind die Kinder aufgrund dieser Unterscheidung durchaus in der Lage, an denselben Objekten Vergleiche unter verschiedenen Aspekten vorzunehmen und dabei sogar zwischen Zeichen und Bezeichnetem zu unterscheiden (wir gehen darauf in Abschnitt 1.5.2 noch genauer ein).
- Die Strategien der 4- bis 6-jährigen Kinder beim elementaren Rechnen und bei Zahlzerlegungen, aber auch beim Zählen, sind noch an reale Gegenstände oder Bilder gebunden und nicht als abstrakte Operationen zu verstehen; dies gilt entsprechend für das Erkennen von Mustern (z. B. bei Zahlbildern auf dem Würfel). Bei Kindern dieses Alters dominiert der direkte, optische Eindruck (vgl. Abschnitt 1.5.2).

1.4.2 Inhalte

Bei Kindern im Alter bis etwa drei Jahren geht es im Wesentlichen darum, dass sie eigene, sinnliche Erfahrungen sammeln

- in Bezug auf den eigenen Körper z. B. im Hinblick auf die Reichweite der Arme bzw. auf die Position im Raum (z. B. auf den Stuhl klettern und die Welt „von oben" anschauen) sowie bei Bewegungsspielen,
- mit Gegenständen sowohl im Raum als in Bezug auf deren Eigenschaften (z. B. dass der Ball wegrollt),
- mit geometrischen Formen von Spielmaterialien und mit deren Benennungen,
- mit Zahlen in Spielen und in sprachlicher Form, z. B. in Abzählreimen.

Im Kindergartenalter (also mit etwa 4 bis 6 Jahren) sollen die Kinder diese Erfahrungsbereiche erweitern und vertiefen. Da nichts vorausgenommen werden soll, was Inhalt des mathematischen Anfangsunterrichts ist, beschränken sich die Aktivitäten im Wesentlichen auf die oben angesprochenen Grundlagen des Zahlbegriffs sowie auf elementare Strategien beim Gewinn von Erkenntnissen oder Einsichten. Hinzu kommt das Umgehen mit Schreibgeräten, Scheren und anderen Hilfsmittel. Insbesondere geht es um

- den Umgang mit Raum- und Lagebeziehungen (lang, kurz, oben, unten, vorn, hinten, dazwischen, daneben, innen, außen, rechts, links),
- das Kennen und Benennen von räumlichen Körpern (Kugeln, Würfel, Quader, Säulen) und ebene Figuren (Kreise, Quadrate, Rechtecke, Dreiecke) anhand von konkreten Gegenständen oder geeignetem Material,
- das Erkennen von Figuren und Körpern nicht nur an ihrer äußeren Gestalt, sondern zunehmend auch an den Merkmalen und Eigenschaften (rund, eckig, Anzahl der Ecken und Kanten),
- das Vergleichen, Klassifizieren und Ordnen von Objekten und Materialien nach unterschiedlichen Kriterien,
- die Einsicht in die Invarianz von Größen und Mengen,
- das Erfassen der Anzahl von Objekten (von Gegenständen, aber z. B. auch von Tönen) „mit allen Sinnen",
- den Gebrauch von Zahlwörtern und das Ab- und Auszählen von Objekten,
- das Erkennen von Zahlen in der alltäglichen Umwelt der Kinder,
- das Zusammenfassen und Gliedern von Mengen von Objekten im Sinne eines gegenständlichen Rechnens (z. B. drei Bonbons und zwei Bonbons sind zusammen fünf Bonbons),
- das Erkennen von Mustern (z. B. der Zahlbilder auf dem Würfel oder das Fortsetzen von Reihen),

- das Erfassen und Wahrnehmen von Größen (Längen und Längenmessung, Gewichte und Abwägen, Volumina, Zeit, Umgang mit Geld),
- (verbales) Beschreiben dieser Sachverhalte, Gemeinsamkeiten, Unterschiede und um den Aufbau mentaler Bilder; bei einigen Kindern auch schon die Einsicht in Beziehungen zwischen Objekten und um das Übertragen von Erkenntnissen auf andere inhaltliche Bereiche oder in andere Darstellungsformen (Transfer),
- (fein)motorische Fertigkeiten wie Falten, Schneiden, Zeichnen, Ausmalen usw.

Einige der hier aufgelisteten Punkte sollen noch etwas genauer erläutert werden:

Bei den *geometrischen* Vorerfahrungen der Kinder können wir zwischen Raum- und Lagebeziehungen einerseits und dem Erkennen bzw. Benennen von räumlichen Körpern und ebenen Figuren unterscheiden. Die Kinder sollten am Schulbeginn sicher sein im Umgang mit den genannten Begriffen wie lang, kurz, innen, außen, rechts, links usw.. Sie sollten anhand konkreter Gegenstände und Plättchen zu unterscheiden lernen zwischen Kugeln, Würfeln, Quadern und Säulen sowie zwischen Kreisen, Quadraten, Rechtecken und Dreiecken. Noch nicht wichtig sind dabei die in der Geometrie üblichen Bezeichnungen oder formale Beziehungen zwischen den Objekten (wie die, dass alle Würfel auch Quader und alle Quadrate auch Rechtecke sind). Die Kinder erkennen und unterscheiden die Objekte zunächst an ihrer äußeren Gestalt, erkennen aber zunehmend auch Merkmale (z. B. rund, eckig, die Anzahl der Ecken bzw. Kanten).

Die Betrachtung geometrischer Objekte und Beziehungen „leistet einen wichtigen Beitrag für die Fähigkeitsentwicklung des einzelnen Kindes, seine Lebens- bzw. Erfahrungsumwelt zu erschließen. Ein wesentlicher Aspekt der Umwelt ist ihre vorwiegend geometrische Struktur, die ohne Kompetenzen einer Raumvorstellung oder der visuellen Informationsaufnahme und Informationsverarbeitung nur schwer erkannt oder durchdrungen werden kann. Diese notwendigen Fähigkeiten entwickeln sich nicht vor selbst. Es bedarf dafür der Anregung, der Förderung und insbesondere der geometrischen Erfahrungen sowie Übungen im Vor- und Grundschulalter" (Radatz und Rickmeyer, 1991, S. 7).

Das *Vergleichen*, das *Klassifizieren* und das *Ordnen* kann sowohl nach qualitativen als auch nach quantitativen Merkmalen erfolgen: Man *sieht*, dass ein Kind *größer* ist *als* das andere, ein Stab *länger* ist *als* der andere oder ein Indianer *mehr* Federn hat *als* der andere; man *fühlt*, dass eine Kugel *schwerer* ist *als* die andere; man *hört*, dass ein Ton *lauter* ist *als* der andere, usw. Auch sieht, fühlt oder hört man, welches Kind das größte oder das kleinste ist, welche Stab der längste oder der kürzeste ist, welcher Indianer die meisten oder die wenigsten Federn hat und welcher Ton der lauteste und der leiseste ist.

Beim *Klassifizieren* geht es zunächst um die Klassifikation von Gegenständen nach *einem* Merkmal, z. B. aus einer Menge von Gegenständen die herauszufinden, die rot sind, oder in einem Bild mit Tieren die, die nicht fliegen können. Die multiple Klassifikation nach *mehr als einem* Merkmal fällt den Kindern deutlich schwerer (vgl. Abschnitt 1.3.2), wenn beispielsweise aus einer Schachtel die Plättchen herausgesucht werden sollen, die klein und blau sind (vgl. auch Abb. 1.8 in Abschnitt 1.5.2).

Einige Stäbe sollen der Länge nach *geordnet* werden. Wie geht man vor? Sucht man zuerst den kleinsten und unter den übrig gebliebenen wieder den kleinsten usw.? Oder nimmt man zwei Stäbe und vergleicht und ordnet sie, und nimmt dann einen weiteren Stab und prüft, ob er kürzer ist als die beiden oder länger als die beiden oder ob er in die Mitte (bzw. bei noch mehr Stäben in die Reihe) gehört? In Abschnitt 1.3.2 haben wir gesehen, dass der Transitivitätsschluss (wenn „A ist kürzer als B" und „B ist kürzer als C" dann ist auch „A ist kürzer als C") von Kindergartenkindern noch nicht erwartet werden kann; die Aktivitäten soll ja gerade dazu beitragen, ihnen die Erfahrungsgrundlage zu geben, auf der solche Einsichten möglich sind. Auch deshalb ist es erforderlich, die Handlungen zunehmend sprachlich zu begleiten und sie erklären zu lassen. Dies gilt entsprechend für Aktivitäten zum Vergleich zweier Reihen mit unterschiedlich großen Objekten, die einander zugeordnet werden sollen (vgl. Abb. 1.9 in Abschnitt 1.5.2).

Einige der Experimente zur *Invarianz* und zu *Eins-zu-eins-Zuordnungen* haben wir in Abschnitt 1.3.2 beschrieben (z. B. Umfüllversuche mit Wasser sowie die Eins-zu-eins-Zuordnung von Gegenständen), sie können in vielen Varianten wiederholt und mit den Kinder durchgeführt werden. Interessant ist es dabei zu prüfen, in wie weit bei einzelnen Kindern die Fähigkeit zur Eins-zu-eins-Zuordnung tatsächlich von der Anzahl (oder auch von der Art) der Objekte abhängt, die einander zugeordnet werden sollen. Es ist zu erwarten, dass bei Anzahlen, die die Kinder „simultan erfassen" können, sehr viel früher Sicherheit beim Erkennen der Invarianz der Mengen vorhanden ist als bei größeren Mengen, die nicht unmittelbar überschaut werden können und bei deren Vergleich logische Operationen erforderlich werden. Bei diesen Mengen verlassen sich die Kinder häufig auf ihren optischen Eindruck (vgl. die Diskussion in Abschnitt 1.3.2 sowie Abschnitt 1.5.2).

Beim *Mengen erfassen* geht es zum einen darum, konkrete Mengen zu bilden. Dies bedeutet, Objekte zu einem Ganzen zusammenzufassen und diese Ganzheit als ein neues Objekt zu erkennen, und es bedeutet, die einzelnen Objekte in dieser Menge zu sehen, aussondern und entscheiden zu können, welche Objekte dazu gehören und welche nicht. Dabei ist es hilfreich, zunächst Mengen mit gleichartigen Elemente zu bilden (z. B. Mengen von Äpfeln *oder* von Birnen und nicht Mengen mit Äpfeln *und* Birnen im Sinne von „Obst", vgl. Leuschina, 1962, S. 19-28). Zum anderen geht es darum, die Mächtigkeit solcher Mengen im Sinne von „enthält mehr / weniger / gleich viele Objekte" zu vergleichen bzw. durch simultane Zahlerfassung oder durch Zählen die

Anzahl der Objekte zu bestimmen. Hilfreich sind geordnete oder strukturierte Mengen wie z. B. die Punktemuster auf dem Spielwürfel oder andere Zahlbilder, die den Kinder vertraut sind oder vertraut werden und ihre Fähigkeiten zum Mustererkennen fördern (vgl. unten).

Die Entwicklung der *Zählkompetenz* der Kinder haben wir in Abschnitt 1.2 ausführlich dargestellt; auf entsprechende Aktivitäten hierzu im Kindergarten gehen wir im nächsten Abschnitt noch ein.

Das *Erkennen und Herstellen von Figuren und Mustern* erfolgt experimentell und spielerisch. Dabei können die Kinder vorgegebene Muster nachlegen, sie können Reihen fortsetzen oder Fehler in solchen Reihen finden, sie können aus einigen ähnlichen Figuren die zur Vorlage genau gleichen herausfinden sowie „Schau genau"-Spiele durchführen, Melodien und Rhythmen (wieder-) erkennen und nachspielen usw.

Auf den engen Zusammenhang zwischen Denken und Sprechen hat schon Vygotsky (1969) hingewiesen; wir benutzen die Sprache nicht nur, um uns mit anderen zu verständigen, sondern auch in der Form eines „inneren Sprechens" (Galperin, 1972), um geistige (mentale) Vorstellungen über die Sachverhalte und deren Beziehungen aufzubauen. Das *verbale Beschreiben* von Sachverhalten, Gemeinsamkeiten, Unterschieden usw. dient sowohl der Verständigung miteinander als auch der individuellen Entwicklung von Sprachkompetenz und der Präzisierung von Erfahrungen und Einsichten, die zuvor „mit allen Sinnen" gemacht wurden.

Die Entwicklung und das Training *motorischer Fertigkeiten* sind selbstverständliche Inhalte der Arbeit im Kindergarten; darüber hinaus gibt es aber aus neuerer Zeit eine Reihe von Erkenntnissen über den Zusammenhang zwischen der physischen Beweglichkeit der Kinder und dem Erwerb der Kulturtechniken Lesen, Schreiben und Rechnen. Naheliegend ist beispielsweise der Zusammenhang zwischen der Entwicklung des sog. „Körperschemas" bei den Kindern (also ihrer Vorstellung von den Ausmaßen des eigenen Körpers wie z. B. der Armlänge) und der Entwicklung von Größenvorstellungen in der alltäglichen Umwelt, aber auch von Maßen wie „1 m"; auch erscheint plausibel, dass Kinder, die nicht rückwärts laufen können, Schwierigkeiten haben beim Rückwärtszählen. Auf solche Zusammenhänge soll hier aber nicht im Einzelnen eingegangen werden kann (vgl. z. B. Eggert und Bertrand, 2002, und den Beitrag von S. Gärtner in Milz, 1994, S. 127ff).

1.4.3 Methodisches Vorgehen und Beispiele

Bei allen Aktivitäten im Kindergarten ist zu berücksichtigen, dass die Kinder die mathematische Sprache nicht sozusagen „nebenbei" lernen wie ihre Muttersprache; der Zugang zur Mathematik öffnet sich nur durch organisiertes Lernen. Allerdings soll dabei nicht ein „Mehr" an Stoff bearbeitet, sondern ein bewussterer Umgang mit den einzelnen Situationen angestrebt werden. Denn vieles mit dem die Kinder spielen und was sie bearbeiten, beinhaltet mathematische Vorerfahrungen, die möglicherweise nicht als solche wahrgenommen werden. Andererseits müssen die Gegenstände und Situationen, mit denen sich die Kinder bei einer mathematischen Frühförderung beschäftigen, nicht unbedingt der unmittelbaren Lebenswelt der Kinder entnommen sein: Die Kinder sollen zwar dort „abgeholt" werden, wo sie sind, aber es ist auch wichtig, sie dorthin zu führen, wo sie noch nicht sind.

Dem Alter der Kinder entsprechend müssen sich die mathematischen Inhalte den Kindern praktisch und konkret darbieten, d. h. es besteht die Notwendigkeit, die Mathematik für Kinder sinnlich erfahrbar zu gestalten. Spiele sollen die Kinder zur aktiven Auseinandersetzung mit mathematischen Gegenständen anregen; dabei ist darauf zu achten, dass Kinder mit unterschiedlichen Kompetenzniveaus miteinander spielen können. Es wird angestrebt, dass die Kinder die Welt der Zahlen mit guten Gefühlen verbinden, aber sie sollen auch lernen, sich ihr gezielt und mit Ausdauer zuzuwenden (vgl. Preiß, 2002; Müller und Wittmann, 2002).

G. Preiß (2002) hat einen Vorschlag zum Aufbau des Zahlbegriffs entwickelt und in Kindergärten praktisch erprobt, der vier Erfahrungs- und Handlungsfeldern umfasst. Er nennt die Felder das „Zahlenhaus", den „Zahlenweg", „Zahlenländer" und den „Zahlengarten". Im Zahlenhaus hat jede Zahl ihre feste Wohnung mit einer Nummer, z. B. der Vier, und diese Wohnung ist mit entsprechenden Bildern und Objekten zur Vier ausgestattet. Die Ausstattungen der einzelnen Wohnungen werden im Laufe der Zeit natürlich immer reichhaltiger; auf diese Weise lernen die Kinder die einzelnen Zahlen „als Freunde" kennen. Auf dem Zahlenweg nähert man sich den Zahlen Schritt für Schritt; hier ist das Zählen das wichtigste Hilfsmittel. Als Material können z. B. Teppichfliesen verwendet werden, auf denen die Zahlen von 1 bis 10 bzw. von 1 bis 20 aufgemalt wurden; die 5, 10, 15 und 20 sind farblich hervorgehoben. Man kann den Weg vorwärts und rückwärts gehen, und man kann an markanten Stellen verweilen.

Die Zahlenländer sollen Sinne und Gedanken der Kinder anregen: Was gibt es nur einmal, was kommt immer doppelt vor? Wie viele Beine hat ein Stuhl, eine Katze, ein Vogel, eine Spinne? Zu den Aktivitäten im Zahlenland gehören auch Abzählreime und Zahlenrätsel. Der Zahlengarten schließlich dient der geometrischen Darstellung von Zahlen und dem ganzheitlichen Lernen in der Natur. Der Zahlengarten ist eingebettet in die Umgebung des Kindergartens, in ihm werden Zusammenhänge zwischen Zahlen, geometrischen Formen und der Natur hergestellt, hier „sieht man sich um". Der Zahlengarten fördert auf diese Weise auch die differenzierte Wahrnehmung.

Caluori (2003) beschreibt die mathematische Förderung von Kindern in einer „Werkstatt" zum Thema „Ostern", die in einem Kindergarten in der Schweiz von den Erzieherinnen selbst eingerichtet wurde. Die Kinder arbeiten in den einzelnen Stationen der Werkstatt in Gruppen weitgehend selbstständig und in Eigenverantwortung miteinander; alle erhalten einen „Werkstattpass", auf dem ihre Aktivitäten festgehalten werden. Caluori beschreibt, wie sich die Kinder bei ihren Tätigkeiten gegenseitig halfen und unterstützten: „Als Gesamteindruck erweckte die Schar der Kinder einen fröhlichen und entspannten, aber immer konzentrierten Eindruck bei der Arbeit in dieser Werkstatt zum Thema Ostern."

Beispielsweise sind in einer Station der Werkstatt Eierpaare mit unterschiedlicher Oberflächenstruktur in einer Wanne unter Spreu versteckt. Ein Kind zieht aus der Wanne ein Ei, es selbst oder ein anderes Kind ertastet unter der Spreu das dazu passende Ei; die Kinder klassifizieren auf diese Weise Eier mit taktil gleicher Oberflächenstruktur. In der „Eierfabrik" sind Knetmasse, Kärtchen mit Bildern verschieden vieler Eier sowie Kärtchen mit Ziffern vorgegeben. Die Kinder suchen verschiedene Eierkärtchen aus und formen entsprechend viele Eier aus der Knetmasse. Anschließend legen sie die passenden Ziffernkärtchen dazu, oder sie wählen zwei Eierkärtchen und formen die Summe der dort abgebildeten Eier aus dem Knetmaterial. In dieser Station lernen die Kinder die Mächtigkeit einer Menge in unterschiedlichen Darstellungsformen kennen und sie dem Zahlzeichen zuzuordnen, außerdem erfahren sie handelnd die Addition.

Es ist offensichtlich, dass die Aktivitäten der Kinder in einer solchen „Werkstatt" reflektiert werden müssen. Wenn die Kinder zusammen arbeiten und sich gegenseitig helfen, können sie sich gegebenenfalls korrigieren oder um Rat bitten; wichtig ist aber auch der „Werkstattpass", in den die Aktivitäten eingetragen und auch von den Eltern kommentiert werden können. Dadurch ist ein Rückbezug und eine Rückbesinnung auf verschiedenen Ebenen möglich: Die Kinder lernen, über das Erlebte und Erfahrene zu sprechen, und es erfolgt ein bewusster Umgang mit den einzelnen Situationen. Darüber hinaus ist die Erzieherin gefordert, vorhandene Schwierigkeiten zu klären, die Erfahrungen zu systematisieren und die Tätigkeiten zu strukturieren.

Das „kleine Zahlenbuch" (das kein „Buch", sondern ein Kasten mit Materialien ist) wurde von Müller und Wittmann (2002) „bewusst so gestaltet, dass Kinder bereits mit geringen Zahlvorkenntnissen zählen oder mitspielen und dabei von Kindern, die schon weiter sind, lernen können. Ganz kleine oder schüchterne Kinder können zuerst auch nur zuschauen, wie andere Kinder spielen, und sich durch ‚Abgucken' Kenntnisse aneignen, die sie in die Lage versetzen, sich zu einem späteren Zeitpunkt, den sie selbst bestimmen können, aktiv zu beteiligen" (Begleitheft, Allgemeine Hinweise). Konkret kann dies wie folgt aussehen: In bildlicher Form werden Anregungen zum „Spielen und Zählen" gegeben, z. B. sind lineare und flächige Muster aus roten und blauen Plättchen zu sehen, die die Kinder sinngemäß fortsetzen sollen. Verwenden können sie dabei Streifen bzw. Quadrate aus Pappe sowie Plättchen, die ebenfalls mitgeliefert werden, sie können die Muster aber auch frei auf dem Tisch legen. Dabei sind die vorgegebenen Muster als Anregungen für die Kinder gedacht, selbst Muster zu erfinden; z. B. kann sich ein Kind eine Regel zur Erzeugung eines Musters ausdenken und den Anfang legen, die anderen sollen das Muster erraten. Dies wird um so einfacher, je weiter das Muster fortgesetzt wird. Dabei ist es auch möglich, dass die Kinder die Regel sprachlich ausdrücken. Spannend wird dies vor allem dann, wenn die begonnenen Muster sich auf unterschiedliche Weisen fortsetzen lassen, so dass neben der handelnden Darstellung der Muster auch Begründungen (Argumente) auf unterschiedlichem Niveau möglich oder sogar erforderlich sind.

Das Programm „Rekenhulp voor kleuters (Van Luit und Van de Rijt, 1995) wird, wie in 1.4.1 bereits angesprochen, in der Niederlanden zur gezielten Förderung von Kindern eingesetzt, die in ihrer Zahlbegriffsentwicklung deutlich hinter der ihrer Kameraden zurückbleiben. Es ist also nicht - wie die bisher genannten Beispiele - als Anregung für die reguläre Arbeit im Kindergarten zu verstehen. Zur Ermittlung möglicher Defizite bei den Kindern wird die niederländische Version des „Osnabrücker Tests zur Zahlbegriffsentwicklung" (vgl. Abschnitt 1.5.1) verwendet.

Das Programm ist in Lektionen unterteilt und wird in Kleingruppen mit höchstens fünf Kindern eingesetzt; eine Lektion dauert etwa 30 bis 40 Minuten. Das Programm soll hier am Beispiel einer Lektion zum Thema „Familie: Menschen in der Familie" kurz vorgestellt werden.

Ziel dieser Lektion ist es, dass die Kinder ihre Fertigkeiten im Umgang mit den Zahlen von 1 bis 5 verbessern, insbesondere im Hinblick auf

- das Zählen,
- den Gebrauch der Zahlen als Kardinal- und als Ordnungszahlen,
- den Vergleich von Mächtigkeiten von Mengen,
- das Rückwärtszählen,
- das Bilden von Reihenfolgen,
- das Erkennen der Zahlbilder auf dem Würfel,
- das Erkennen der Ziffern von 1 bis 5.

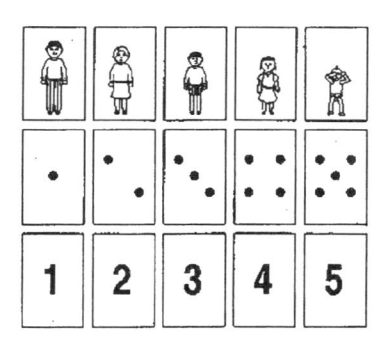

Abb. 1.6: Kärtchen aus dem Programm „Rekenhulp voor kleuters"

Verwendet werden die in Abb. 1.6 abgebildeten Kärtchen, aber auch konkrete Objekte, von denen jeweils fünf gleichartige vorhanden sein sollen.

Die Erzieherin sagt den Kindern, dass es heute um die Familie geht; sie sollen erzählen, wer bei ihnen zu Haus in der Familie wohnt: Vater, Mutter, Brüder, Schwestern? Wie viele Personen wohnen bei ihnen zu Haus? Dann wird auf die Kärtchen verwiesen (Abb. 1.6): Wie viele Personen gibt es in dieser Familie? Das Kind soll sagen, wie es die Anzahl festgestellt hat. Anhand der Kärtchen, die vor den Kindern auf dem Tisch liegen, wird besprochen, wie man sie abzählen kann (z. B. kann man sie in einer Reihe hinlegen, man kann beim Zählen die Kärtchen berühren, beiseite schieben oder gezählte umdrehen). Falls Kinder Schwierigkeiten beim Zählen haben, legt die Erzieherin die Kärtchen in eine Reihe, nimmt die erste, sagt das Zahlwort „eins" und legt das Kärtchen beiseite, dann das zweite Kärtchen, sagt „zwei" usw.; anschließend sollen die Kinder selbstständig genauso vorgehen.

Im nächsten Schritt werden die Kärtchen geordnet, z. B. gibt es auf den Kärtchen große und kleine Leute. Man kann die Kärtchen so hinlegen, dass die abgebildeten Personen von groß nach klein geordnet sind: Welches ist die größte Person? Wie kann man erkennen, welches die größte Person ist? (Z. B. indem man die Kärtchen so hinlegt, dass ihre Unterkanten gleich hoch liegen, gegebenenfalls kann dann die Größe der Personen mit einem Stift oder Lineal verglichen werden.)

Eine andere Übung: Man legt die Kärtchen mit der größten Person als erstes in die Reihe, dann das mit der nächstkleineren Person usw. und fragt, an welcher Stelle ein bestimmtes Kind liegen müßte. An der geordneten Reihe der Kärtchen kann außerdem die Zuordnung der Zahlbilder auf dem Würfel zu den Gliedern dieser Reihe vorgenommen werden (vgl. Abb. 1.6).

Weitere Übungen bestehen darin, die Reihe rückwärts zu betrachten bzw. Zahlbilder, Zahlzeichen (Ziffern) sowie Mengen (gleichartiger) Objekte einander zuzuordnen.

Insgesamt haben alle Lektionen im Wesentlichen den gleichen Aufbau: Sie haben ein Thema und eine Ausgangssituation, die den Kindern vertraut ist, in der aber auch gewisse Fertigkeiten genannt werden, die die Kinder zu Beginn dieser Lektion bereits beherrschen sollen (wenn dies nicht der Fall ist, muss zunächst auf vorhergehende Lektionen zurückgegriffen werden). Genannt werden für die Erzieherin die Ziele, die die Kinder in den jeweiligen Lektionen erreichen sollen; diese beziehen sich stets auf konkrete Handlungen in einem bestimmten Zahlenraum. Die Lektionen sind in allen Fällen so aufgebaut, dass die Kinder im ersten Schritt angeregt werden, die Einstiegsfragen selbstständig zu beantworten. Sind sie dazu noch nicht in der Lage, so stellt die Erzieherin weitere (offene) Fragen, die die Kinder zu einer Lösung hinführen sollen. Gelingt auch dies nicht, so werden weitere Anleitungen gegeben (vgl. das Beispiel oben: Gegebenenfalls wird von der Erzieherin vorgeführt, wie man zählt). Das wesentliche Ziel ist es immer, dass die Kinder die Struktur der jeweiligen Aufgaben bzw. der Handlungen erfassen (die Autoren sprechen von „strukurvermittelnder Unterweisung").

Abschließend soll noch auf das für das Kindergartenalter geeignete Montessori-Material verwiesen werden, mit dem sich eine große Zahl von Aktivitäten nicht nur zu den Grundlagen des Zahlbegriffs, sondern auch zum Aufbau geometrischer Vorstellungen durchführen lässt. Eine detaillierte und anschauliche Beschreibung des Materials und möglicher Aktivitäten findet man z. B. bei Milz (1994, S. 158ff).

1.5 Vorkenntnisse der Kinder am Schulbeginn

In den vorausgegangenen Abschnitten wurde mehrfach auf Ergebnisse aus empirischen Untersuchungen mit Kindern im Vorschulalter Bezug genommen. Die Ergebnisse solcher Untersuchungen sind keineswegs immer eindeutig und ihre Interpretation und Bewertung erfordert sowohl die Kenntnis der Bedingungen, unter denen die Untersuchung durchgeführt wurde (Wie alt waren die Kinder? Wie lautete die genaue Fragestellung und welches Material wurde verwendet? Wie wurden die Handlungen und Äußerungen der Kinder dokumentiert? und vieles mehr) als auch die Kenntnis des theoretischen Hintergrundes, vor dem die Experimente oder Beobachtungen konzipiert und interpretiert wurden (Waren es eher entwicklungspsychologisch oder kognitions- bzw. denkpsychologisch orientierte Arbeiten oder argumentieren die Forscher eher aus einem pädagogischen oder didaktischen Blickwinkel?). In diesem Abschnitt sollen einige neuerer Untersuchungen etwas genauer vorgestellt und kommentiert werden.

1.5.1 Der Osnabrücker Test zur Zahlbegriffsentwicklung

Ergebnisse aus der Entwicklungspsychologie und aus dem Bereich Zählen und Umgehen mit Zahlen wurden in einem Test berücksichtigt, der unter dem Namen „Utrechtse Getalbegrip Toets" (UGT) in den Niederlanden entwickelt und später auch in Deutschland erprobt wurde. Die deutsche Version des Tests, der „Osnabrücker Test zur Zahlbegriffsentwicklung (OTZ)" wurde von van de Rijt, van Luit und Hasemann (2001) vorgelegt. Mit Hilfe dieses Tests kann die Zahlbegriffsentwicklung bei Kindern zwischen 4 ½ und 7 Jahren eingeschätzt werden, insbesondere ist der Test geeignet, bereits vor oder beim Schulbeginn diejenigen Kinder herauszufinden, deren Zahlbegriffsentwicklung relativ zu der ihrer Altersgenossen verzögert ist. Außerdem lässt sich feststellen, in welchen Bereichen gegebenenfalls besondere Stärken oder Defizite vorliegen. Der OTZ umfaßt 40 Aufgaben, sie werden mündlich gestellt und die Kinder lösen sie anhand von Bildern oder unter Verwendung von Material. Jede Aufgabe wird mit „richtig" oder „falsch" bewertet. Von den 40 Aufgaben des Tests lassen sich je fünf folgenden acht Bereichen zuordnen:

(1) Qualitatives Vergleichen
(2) Klassifizieren
(3) Eins-zu-eins-Zuordnungen herstellen
(4) Reihenfolgen erkennen

(5) Zahlwörter gebrauchen
(6) Zählen mit Zeigen
(7) Zählen ohne Zeigen
(8) Einfaches Rechnen

In den ersten vier Teilbereichen werden Fähigkeiten getestet, die in den Arbeiten Piagets als wesentlich für die Zahlbegriffsentwicklung der Kinder genannt sind, während es im fünften bis siebten Teilbereich um die Zählfertigkeiten geht. Allerdings ist den Kindern bei *allen* Aufgaben die Vorgehensweise bei der Lösung ausdrücklich freigestellt, d. h. sie dürfen zählen wann immer sie wollen, auch bei Aufgaben zur Eins-zu-eins-Zuordnung (einige Beispielaufgaben sowie Lösungen von Kindern werden in Abschnitt 1.5.2. genauer betrachtet).

Der Test wurde sowohl in den Niederlanden als auch in Deutschland mehrfach erprobt, insbesondere in Deutschland mit 330 Kindergartenkindern (168 Jungen und 162 Mädchen), als diese etwa fünf Monate vor ihrem Schulbeginn standen (T 1), dann kurz vor dem Schulbeginn (T 2) und schließlich noch einmal, nachdem sie etwa die Hälfte ihres ersten Schuljahres absolviert hatten (T 3). In der folgenden Tabelle 1.1 sind die Mittelwerte und Bandbreiten richtiger Lösungen für diese Kinder angegeben (die Unterschiede in den Ergebnissen der Mädchen und Jungen waren so gering, dass sie hier vernachlässigt werden können):

Tabelle 1.1: Mittelwerte richtiger Lösungen und Durchschnittsalter bei der Erprobung des OTZ

Testdurchgang	Richtige Lösungen (bei insgesamt 40 Aufgaben)			Durchschnittsalter
	Mittelwerte	Bandbreite von	bis	
T 1	23,7	5	39	6 Jahre, 2 Monate
T 2	26,3	5	40	6 Jahre, 5 Monate
T 3	32,9	12	40	7 Jahre, 2 Monate

1 Die Entwicklung des mathematischen Verständnisses bis zum Schulbeginn

In dieser Tabelle fällt auf, dass noch in der Kindergartenzeit die Anzahl richtiger Lösungen in den etwa 3 ½ Monaten zwischen dem ersten und dem zweiten Testdurchgang von durchschnittlich knapp 24 auf mehr als 26 (bei jeweils 40 möglichen) stieg. Dieser Zuwachs ist in gleicher Weise für alle Teilgruppen von Kindern und Teilbereiche des Tests zu beobachten Er zeigt auch, wie rasant die Entwicklung in dieser Zeit verläuft. Für einen Teil der Kinder war der Test am Schulbeginn bereits zu leicht, nach einem halben Schuljahr war er für fast alle Kinder (aber eben nicht für alle!) *viel* zu leicht. Wie die Beispiele in Abschnitt 1.5.2 zeigen werden, sind die im OTZ gestellten Aufgaben durchaus nicht einfach, im Gegenteil, sie wurden vielfach von Erzieherinnen und Grundschullehrerinnen als teilweise viel zu schwierig eingeschätzt. Auf diese *Unterschätzung* der Fähigkeiten der Mehrzahl der Kinder am Schulanfang sogar von Experten hat bereits Selter (1993, 1995) hingewiesen. Das Diagramm in Abb. 1.7 mit der Verteilung der Anzahl richtiger Lösungen beim ersten Testdurchgang zeigt deutlich, dass der Test für Kinder knapp ein halbes Jahr vor Schulbeginn genau den richtigen Schwierigkeitsgrad hat.

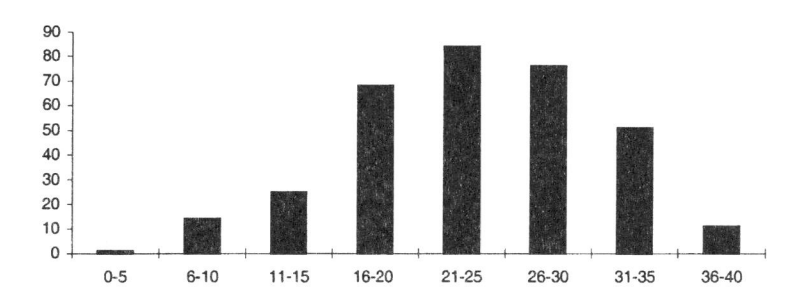

Abb. 1.7: Verteilung der Anzahl richtiger Lösungen im ersten Testdurchgang

Allerdings zeigen die in Tabelle 1.1 genannten Bandbreiten auch die gewaltigen Unterschiede in der Zahlbegriffsentwicklung bei den einzelnen Kindern. Zum Beispiel gab es im ersten Testdurchgang Kinder, die nur 5 der 40 Aufgaben richtig lösen konnten, und andere, die bis zu 39 dieser Aufgaben bewältigten. Solche Unterschiede wurden auch in anderen Untersuchungen mit Schulanfängern ermittelt, so zeigten zum Beispiel Grassmann u. a. (1995) sowie Hengartner und Röthlisberger (1995), dass sich selbst Schulklassen des gleichen Jahrganges an ein- und derselben Grundschule in ihren durchschnittlichen Vorkenntnissen erheblich unterscheiden können. Schipper (1998, S. 138) bemerkt, dass „genauere Analysen der vorliegenden Studien ... vor allem auf die extrem große Leistungsheterogenität und damit auf das alte Differenzierungsproblem aufmerksam machen". Diese Unterschiede in den Vorkenntnissen zeigen sich bei beim OTZ sehr deutlich.

Im Folgenden sind für den zweiten Testdurchgang (also unmittelbar vor Schulbeginn) die Mittelwerte richtiger Lösungen für die acht Teilbereiche des Tests aufgeführt, zusätzlich ist noch aufgelistet, wie viele richtige Lösungen (bei maximal 5 richtigen) das im Test stärkste Viertel der Kinder („Q 1"), die Gesamtgruppe ohne das schwächste Viertel („Q 1-3") und das schwächste Viertel („Q 4") im Durchschnitt hatten[7]:

Tabelle 1.2: Mittelwerte (MW) richtiger Lösungen (max. 5 pro Teilbereich) bei Gruppen mit unterschiedlichen Testleistungen.

Teilbereich:	Vergleichen	Klassifizierung	Eins-zu-eins-Zuordnung	Reihenfolgen
MW Gesamtgruppe	4,6	3,7	3,6	2,7
MW Q 1	4,9	4,3	4,6	4,4
MW Q 1-3	4,8	3,9	3,9	3,2
MW Q 4	4,0	3,0	2,7	1,1

Teilbereich:	Zahlwörter	Zählen mit Zeigen	Zählen ohne Zeigen	Einfaches Rechnen
MW Gesamtgruppe	2,9	3,3	2,5	3,1
MW Q 1	4,4	4,4	3,7	4,5
MW Q 1-3	3,4	3,7	3,0	3,5
MW Q 4	1,2	1,9	1,2	1,1

Die Unterschiede zwischen den relativ starken und schwachen Kindern sind zu erwarten. Auffällig sind aber die Differenzen die zwischen dem schwächsten Viertel Q 4 und dem Rest (Q 1-3): In den fünf schwierigsten der acht Teilbereiche des Tests beträgt die Differenz richtig gelöster Aufgaben durchschnittlich zwei (von fünf) Aufgaben (für die schwächsten 10% der Kinder beträgt diese Differenz gegenüber dem Rest sogar fast 3 Aufgaben). Das bedeutet, dass die schwächsten gegenüber der Mehrzahl (also auch gegenüber dem Durchschnitt) der Kinder beträchtliche Defizite aufweisen. Es ist also ein

---

[7] Die Bildung der hier angesprochenen Leistungsgruppen Q 1 bis Q 4 erfolgt rein statistisch aufgrund der Ergebnisse der (über 300) Kinder, die am zweiten Testdurchgang T2 teilgenommen haben. Kinder ausländischer Herkunft waren in allen vier Gruppen etwa gleich stark vertreten. Über mögliche *Ursachen* für die individuelle Leistungsstärke wird mit dieser Einteilung nichts ausgesagt. Abb. 1.10 zeigt, dass der Test - bezogen auf die gesamte Stichprobe - nicht zu schwer war.

1 Die Entwicklung des mathematischen Verständnisses bis zum Schulbeginn   31

großes pädagogisches und didaktisches Geschick der Lehrerin erforderlich, um die Kinder mit diesen Defiziten angemessen zu fördern ohne gleichzeitig die Mehrzahl zu unterfordern (vgl. dazu Abschnitt 2.3).

Tabelle 1.2 zeigt außerdem, dass die Mehrzahl der Kinder (Q 1-3) vor dem Schulbeginn bereits erhebliche arithmetische Vorkenntnisse aufweist. Es wäre abwegig, diese Vorkenntnisse der Kinder im mathematischen Anfangsunterricht zu ignorieren (vgl. dazu Abschnitt 2.2).

1.5.2 Arithmetische Vorkenntnisse der Kinder

Die folgenden Beispiele stammen zum Teil von Kindern unmittelbar nach Schulbeginn, zum Teil aber auch von Kindern in ihrem letzten Kindergartenjahr; in allen Fällen wurden den Kindern die Aufgaben in Einzelinterviews vorgelegt. Bei den Aufgaben aus den Testbereichen (2), (3) und (4) des OTZ (Aufgaben zur Klassifikation, zur Eins-zu-eins-Zuordnung und zum Bilden von Reihenfolgen) zeigen viele der schwächeren Kinder genau die Verhaltensweisen, die auch schon von Piaget bei jüngeren Kindern beobachtet wurden Es gibt allerdings speziell bei Aufgaben zur Eins-zu-eins-Zuordnung auch Ergebnisse, die eine andere Interpretation als die Piagets nahelegen.

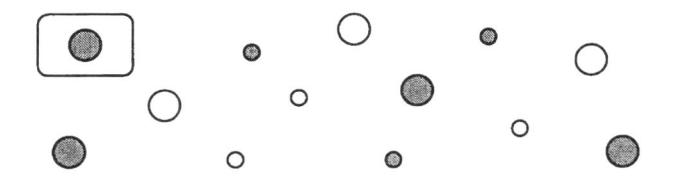

Abb. 1.8: Klassifikation nach zwei Merkmalen (Größe und Farbe): Die Kinder sollen alle Objekte finden, die genau so aussehen wie die Figur in dem Kasten oben links.

Bei einer Aufgabe zur Klassifikation (ähnlich zu der in Abb. 1.8) sollten die Kinder zwölf Zeichnungen von Äpfeln mit einem vorgegebenen Modell vergleichen. Die Zeichnungen unterschieden sich im Hinblick auf zwei Merkmale: Es gab Äpfel mit oder ohne Blätter und solche mit oder ohne Wurm. Die Fehler bei dieser Aufgabe wurden ausschließlich dadurch verursacht, dass die Kinder auf nur *ein Merkmal* (die Blätter oder den Wurm) achteten, in der Piagetschen Terminologie ausgedrückt: Sie nahmen eine einfache, aber keine multiple Klassifikation vor.

Dies gilt ganz ähnlich für die Reihenfolgen und auf den ersten Blick auch für die Eins-zu-eins-Zuordnung (Beispiele in Abb. 1.9 und 1.10): Ein typischer Fehler, der beim Vergleich zweier Reihen auftritt, ist in Abb. 1.9 zu sehen, hier hat das Kind jeweils nur unmittelbare Nachbarn, nicht aber *alle* Hunde bzw. Stäbe verglichen. Bei einer der Zuordnungsaufgaben (Abb. 1.10) ließen sich sehr viele Kinder vom optischen Eindruck der angebotenen Bilder dazu verleiten, eine Lösung wie in Abb. 1.13 anzufertigen.

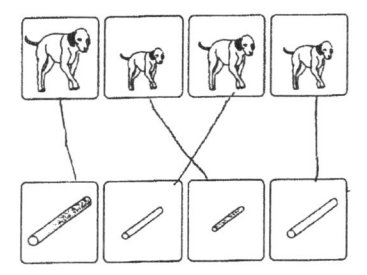

Abb. 1.9: Zuordnung von großen Hunden zu langen Stäben und kleinen Hunden zu kurzen Stäben

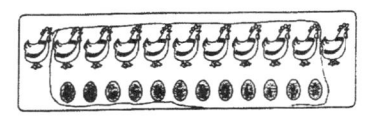

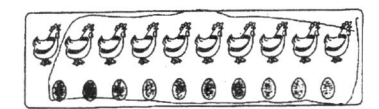

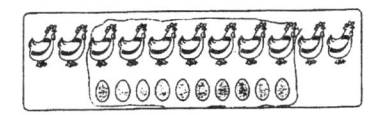

Abb. 1.10: Gesucht ist das Bild mit genau gleich vielen Hühnern und Eiern

Wenn eine Aufgaben zur Eins-zu-eins-Zuordnung hingegen (wie die in Abb. 1.11) so beschaffen ist, dass die Zuordnungen durch simultane Zahlerfassung oder durch Zählen hergestellt werden können, dann fällt Kindern am Schulbeginn die Lösung deutlich leichter.

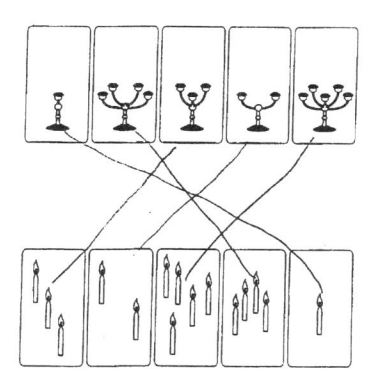

1 Die Entwicklung des mathematischen Verständnisses bis zum Schulbeginn

Abb. 1.11: Zuordnung der Kerzen zu den passenden Kerzenhaltern

Ohne Zweifel spielt das Zählen beim Herstellen von Eins-zu-eins-Zuordnungen in konkreten Situationen eine wichtige Rollen; andererseits haben wir in Abschnitt 1.2. bei der Auflistung der Zählprinzipien festgestellt, dass das Zählen die Eins-zu-eins-Zuordnung voraussetzt. Es scheint also so zu sein, dass die Einsicht in die kardinale Korrespondenz (also die Fähigkeit, Eins-zu-eins-Zuordnungen herzustellen und zu erkennen, wann zwei Mengen gleich mächtig sind) und die Entwicklung der Zählfertigkeiten parallel verlaufen und sich gegenseitig beeinflussen. Aufgaben wie die in Abb. 1.10, die zum einen ein schnelles Auszählen der einander zuzuordnenden Reihen - oder gar die simultane Zahlerfassung - nicht zulassen und zum anderen durch ihre bildliche Gestaltung die Kinder dazu verleiten, sich auf den optischen Eindruck zu verlassen, stellen einen „Härtetests" bei der Eins-zu-eins-Zuordnung dar. Das Verhalten von Kindern wie dem in Abb. 1.10 bedeutet aber keineswegs, dass sie noch gar keine Einsicht in die kardinale Korrespondenz hätten. Wir werden noch sehen, dass sowohl die visuelle Wahrnehmung als auch die Art der Fragestellung bei den Aufgaben großen Einfluss darauf hat, ob die Kinder die Aufgaben richtig (im Sinne der Fragesteller, also der Erwachsenen) lösen.

Auch wenn die natürliche Entwicklung und das Entwicklungstempo eine große Rolle spielen, so reichen sie als alleinige Erklärung für die individuellen Unterschiede zwischen den Kindern nicht aus. Man kann bei den Schulanfängern Unterschiede in den Lösungsstrategien beobachten, die auf Unterschiede in der Art ihres Denkens hindeuten. Dies wird zum Beispiel bei folgender Aufgabe sehr deutlich: Die Kinder sollten aus vier Kästen mit unterschiedlich vielen Punkten den mit sieben Punkten herausfinden (in einem der Kästen waren sechs Punkte wie beim Würfelbild angeordnet, in einem anderen sieben Punkte wie in Abb. 1.12, schließlich gab es je einen Kasten mit sieben bzw. acht Punkten in entsprechender Anordnung).

Abb. 1.12: Sieben Punkte in besonderer Anordnung

Die Fehlerquote bei dieser Aufgabe war sehr gering, es gab aber gewaltige Unterschiede in der Zeit, die die Kinder zur Lösung benötigten. Während die stärkeren Kinder allesamt entweder das Muster des Würfelbildes erkannten (7 = 6 + 1) oder eine Zahlzerlegung vornahmen (7 = 3 + 3 + 1), verwandten die schwächeren überwiegend aufwendige Zählstrategien; teilweise zählten sie die Anzahl der Punkte in allen Kästen ab, auch wenn sie den Kasten mit sieben Punkten bereits gefunden hatten. Die überwiegende Mehrheit der Schulanfängern ist in diesem Zahlenraum völlig sicher beim Zählen. Doch sind einige Kinder offensichtlich auch schon vor dem Beginn des regulären Anfangsunterricht in Mathematik in der Lage, sog. „heuristische Strategien" (vgl. Radatz und Schipper, 1983, S. 65) zu verwenden, also auf Lösungstrategien, bei denen sie auf bekannte Muster und Kenntnisse zugreifen und diese in neuartigen Situationen flexibel verwenden. Das Vorhandensein dieser Fähigkeit zeigt sich um so deutlicher je schwieriger eine Aufgabe ist.

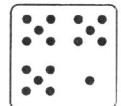

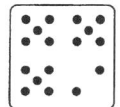

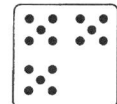

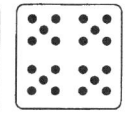

Abb. 1.13: Kästen mit 16, 17, 15 und 20 Punkten

Eine sehr schwierige Aufgabe für Kinder dieses Alters ist z. B. die folgende: Man zeigt den Kindern ein Bild mit 15 Luftballons, die das Bild vollständig ausfüllen, und sagt ihnen, dass dies 15 Ballons sind. Sie sollen dann aus einer Reihe von Kästen mit Punkten (vgl. Abb. 1.13) den herausfinden, in dem genau so viele Punkte wie in dem ersten Bild Luftballons.

Diese Aufgabe war für schwächere Kinder nicht lösbar, sie erfordert eine geschickte Organisation der Zählprozedur oder die Verwendung einer Rechenstrategie: 5 + 5 + 5 oder 3 x 5 (im Sinne von „drei Fünfen"), beide Vorgehensweisen kamen bei stärkeren Kindern mehrfach vor. Die schwächeren Kinder verließen sich bei dieser Aufgabe ganz auf ihren optischen Eindruck und zeigten auf den Kasten mit den *meisten* Punkten („weil der ganze Kasten voll ist" oder „weil hier am meisten drin sind").

Es soll hier noch einmal darauf verwiesen werden, dass es sich bei den Kindern, auf die hier Bezug genommen wird, um Schulanfänger unmittelbar nach Schulbeginn handelt, also Kinder, die noch keinen systematischen Mathematikunterricht absolviert hatten. Man kann deshalb davon ausgehen, dass die genannten heuristischen Strategien von den Kindern selbstständig entwickelt worden waren. Selbstverständlich werden die Kinder bereits im Elternhaus oder im Kindergarten unterschiedlich gefördert. Doch aus den Beobachtungen kann geschlossen werden, dass die Kinder, die solche „klugen" Strategien verwenden, diese Strategien selbst gefunden haben. Die oft geäußer Vermutung, dass es sich dabei nur um ein Nachplappern von „Belehrungen" Erwachsener oder älterer Geschwister handelt, ist höchstens in Einzelfällen gerechtfertigt.

Es muss allerdings auch berücksichtigt werden, dass sich die Strategien der Kinder auf *Bilder* (wie denen in den Abb. 1.12 und 1.13) beziehen, d. h. es handelt sich um ein Erkennen von Mustern (z. B. beim Würfelbild). Auch die genannten Zerlegungen (wie 7 = 3 + 1 + 3) wurden von den Kindern in Bildern wahrgenommen, sie sind also noch *nicht* als abstrakte Zahlzerlegungen zu verstehen.

Bei diesen Aufgaben bestätigt sich die Feststellung Sieglers (vgl. Stern, 1992, S. 104), wonach es einen deutlichen Zusammenhang zwischen Aufgabenschwierigkeit und der Art der Rechenstrategie gibt: Bei Aufgaben, die sie für schwierig halten, greifen die Kinder eher auf eine elementarere - sicherere - Strategie zurück, während sie bei leichteren eine anspruchsvollere - in der praktischen Anwendung bequemere - verwenden. Selbstverständlich können die Kinder eine anspruchsvollere (mathematisch elegantere) Strategie nur dann einsetzen, wenn sie sie wenigstens im Prinzip beherrschen.

Die Unterschiede zwischen stärkeren und schwächeren Schulanfängern bei den Aufgaben zum Zählen und zum Rechnen können wie folgt zusammengefasst werden: Die stärkeren Kinder sind flexibel und sicher im Umgang mit der Zahlwortreihe und können weiter- und rückwärtszählen. Sie verfügen bereits über effektive Rechenstrategien und können - zumindest anhand von Bildern - Zahlen additiv zerlegen, und sie sind in der Lage, die jeweils sicherere Lösungsstrategie auszuwählen. Die schwächeren Kinder addieren durch Zusammenzählen und verlassen sich bei Aufgabenlösungen eher auf den optischen Eindruck. Effektive Lösungsverfahren und Techniken zur Sicherung von Verfahren (wie das Wegschieben von Klötzen bei schwierigen Zählprozeduren) stehen ihnen häufig noch nicht zur Verfügung.

Viele dieser Unterschiede in den Strategien der Kinder deuten nicht auf Unterschiede im Entwicklungstempo, sondern in der *Art ihres Denkens* hin. Gray, Pitta und Tall (1997, S. 117) vermuten, „dass die unterschiedliche Art der *Wahrnehmung* der mathematischen Objekte (eher als *mentale* oder eher als *physikalische* Objekte) den zentralen Unterschied in der Art des Denkens ausmacht, der über Erfolg oder Mißerfolg in der elementaren Arithmetik entscheidet". Sie beziehen sich bei ihrer Aussage auf Kinder im 1. oder 2. Schuljahr und auf ihre Experimente bei Sachaufgaben: Was stellen sich die Kinder vor, wenn sie solche Aufgaben bearbeiten? Wie repräsentieren sie die in den Aufgaben vorkommenden - mathematischen oder nicht mathematischen - Objekte? Erkennen sie Strukturen oder betrachten sie die Objekte eher als reale Gegenstände? Wenn beispielsweise die Aufgabe lautet: „Tina und ihre Freundin Katja haben rote und gelbe Plastikbälle. Zusammen haben sie 8 Bälle, 5 davon sind rot. Wie viele Bälle sind gelb?", so gibt es Kinder, die sich bei einer solchen Sachaufgabe hauptsächlich für die *realen* Personen und *realen* Gegenstände interessieren und entsprechende Assoziationen herstellen (Wie heißen die genannten Kinder? Aus welchem Material sind die Bälle und welche Farbe haben sie? Ich kenne ein Mädchen, das auch Tina heißt, und gestern haben wir auch mit einem roten Ball gespielt!).

Kinder, die in einer Sachsituation ihre Aufmerksamkeit auf diese oder ähnliche äußere Aspekte richten, zeigen bei diesen Aufgaben (und, wie Gray, Pitta und Tall gezeigt haben, in der Arithmetik insgesamt) deutlich schlechtere Leistungen als Kinder, die in dieser selben Situation ihre Aufmerksamkeit spontan auf die Zahlen und ihre Beziehungen richten, also auf die mathematische Struktur, die der Aufgabe zugrunde liegt,. Es dürfte eine der wichtigsten Fraugen im mathematischen Anfangsunterricht überhaupt sein, wie auf diese Unterschiede zu reagieren und wie mit ihnen umzugehen ist; in den folgenden Kapiteln gehen wir ausführlich auf diese Frage ein.

Greeno (1989) hat für die jeweilige Art, wie ein Individuum eine Situation in seinem Kopf repräsentiert, den Begriff „mentales Modell" geprägt (wir sprechen auch von „mentalen Bilder"). Dieser Begriff ist Teil eines Ansatzes zur Beschreibung der Wissensrepräsentation und -verarbeitung, in dem nicht die Existenz abstrakter Wissensstrukturen postuliert wird, die beim Individuum vorhanden sein müssen um gewisse Aufgaben bewältigen zu können, sondern bei dem es um die Frage geht, welche konkreten *Anforderungen* in einer konkreten Situation gestellt werden und welche Voraussetzungen erfüllt sein müssen, damit diese Anforderungen bewältigt werden können. Unter einem „mentalen Modell" versteht Greeno die vom Individuum unter Verwendung des vorhandenen Wissens im Geist *konstruierte Repräsentation der Situation*.

Einige Beispiele aus Interviews mit Kindern im letzten Kindergartenjahr, mehr als ein halbes Jahr vor Schulbeginn, sollen die Bedeutung der mentalen Situationsmodellierungen weiter verdeutlichen.

[Vl. zeigt ein Bild mit einer Geburtstagstorte, Abb. 1.14 (im Original größer und farbig)] „Kathrin hatte gestern Geburtstag. Sie wurde neun. Für Kathrins Geburtstagsfeier hatte ihre Mutter eine Torte gebacken und neun Kerzen darauf gesteckt." [Vl. zeigt auf die Torte mit neun Kerzen.] „Auf der Feier wurden die Kerzen angezündet und Kathrin durfte sie am Ende auspusten. Nach einmal pusten brannten [mit Betonung] noch fünf Kerzen. Wie viele Kerzen hat Kathrin ausgepustet?"

Bei dieser Aufgabe gab es deutliche Unterschiede zwischen stärkeren und den schwächeren Kindergartenkinder. Während keines der schwächeren diese Aufgabe lösen konnte, sind fast alle der stärkeren Kinder zum richtigen Ergebnis ge-

Abb. 1.14: Geburtstagstorte mit 9 Kerzen

kommen. Wesentlich ist dabei allerdings, welche Lösungsstrategien verwendet wurden. Zwei Kinder meinten, dass gar keine Kerze ausgepustet sei, sie gingen also auf das gestellte Problem gar nicht ein, sondern orientierten sich am Bild (auf dem ja tatsächlich alle Kerzen brennen). Andere nannten als Anwort eine Zahl aus der erzählten Geschichte: Die Neun (die Gesamtzahl der Kerzen) oder die Fünf (die genannte Teilmenge). Die meisten Kinder versuchten jedoch, die Lösung anhand des Bildes durch Zählen zu finden. Diese Vorgehensweise ist durchaus sachgemäß, die Tücke der Aufgabe besteht darin, dass es ohne zusätzliche Maßnahmen sehr schwierig ist, die fünf noch brennenden von den nicht mehr brennenden zu trennen. Die Lösung der Aufgabe erfordert also die mentale Modellierung der Situation *nach dem Pusten* und, daraus abgeleitet, eine Abzählstrategie, die die sichere Trennung der brennenden und nicht mehr brennenden Kerzen ermöglicht.

Ein Kind versuchte mehrfach die Kerzen zu zählen. Es zählte dabei aber ungenau und tippte zum einen beim Nennen der Sieben auf zwei Kerzen (eine Zahl pro Silbe: sie-ben) und zählte zum anderen die zuerst gezählte Kerze doppelt. Da es fast unmöglich ist, die im Kreis aufgestellten Kerzen nur mit den Augen zu zählen, ist diese Strategie wenig angemessen. Auf die Idee, die Stelle zu markieren, an der sie mit dem Zählen begonnen hatten, kamen tatsächlich sehr viele Kinder, indem sie z. B. einen Stift auf das Bild mit der Torte legten und auf diese Weise die brennende von den (fiktiv) nicht mehr brennende Kerzen trennten.

Auf der Frage, wie viele Kerzen nach dem Pusten noch brennen, antwortete

Thomas So viele.
I.   Wie viele genau? Ich kann das nicht erkennen.
Thomas Das sind 4. Die Mitte ist hier. [Er zeigt mit seinem Stift auf die Mitte.] Sie hat ausgepustet und hinterher brannten nur noch 5.
I.   Und wie viele meinst du jetzt - vielleicht müsstest du mal selber zählen - wie viele Kerzen sie jetzt ausgepustet hat? Wir wissen ja, das noch 5 Kerzen brennen.
Thomas [Als er dann noch mal zählte, verrutschte sein Stift.] 3.

Andere Kinder zählten zunächst fünf Kerzen ab, markierten die erste und die letzte Kerze mit Fingern oder mit dem Bleistift und zählten dann die restlichen vier Kerzen ab. Eine andere Möglichkeit ist das Rückwärtszählen. Torsten beispielsweise deckte nacheinander fünf Kerzen ab und zählt dabei rückwärts: „9,8,7,6,5; vier Kerzen bleiben übrig".

Eine weitere Variante ist das Rechnen mit den Fingern.

I.   ...und wie viele Kerzen hat sie ausgepustet?
Arnika [Sie guckt lange auf die Torte] 4.
I.   Wie hast du das so gut ausgerechnet?

Arnika Das habe ich mit den Händen gemacht.
I. Unter dem Tisch gezählt! Dann sehen wir doch gar nichts. Das kannst du ruhig zeigen. Zeige noch mal wie du das gemacht hast.
Arnika: Dann habe ich zuerst die neun gemacht [sie hält 9 Finger hoch]. Dann habe ich ... dann habe ich die 5 weggemacht. Und dann habe ich hinterher gezählt.

Im Hinblick auf die spontane Entwicklung von Lösungsstrategien besonders interessant sind die Kinder, die zum Zählen die Fingern verwendet haben. Denn sie verschafften sich *Repräsentanten* für zu zählenden Objekte, die nicht unmittelbar dem Bild zu entnehmen waren. Sie haben damit einen wichtigen Schritt hin zu einer verallgemeinungsfähigen Lösung solcher Probleme bewältigt, da die Lösung auf diese Weise ohne *direkten* Zugriff auf konkrete oder bildlich dargestellte reale Objekte möglich wird. Weitere Schritte auf diesem Weg sind der Aufbau rein mentaler Situationsmodellierungen, die Repräsentation der Situation als Beziehung zwischen Zahlen und schließlich die Formalisierung in einer Rechenaufgabe, z. B. $9 - 5 = \square$ oder $5 + \square = 9$.

Die Schwierigkeiten vieler Kinder mit dieser Aufgabe können mehrere Ursachen haben. So ist es möglich, dass sich diese Kinder den geschilderten Vorgang nicht vorstellen können. Sie fangen an das Problem zu lösen, indem sie zählen, dabei vergessen sie die restlichen Beziehungen oder die eigentliche Aufgabenstellung: Es fehlt die Problemrepräsentation im Kopf. Außerdem ist es möglich, dass die Zählstrategien der Kinder noch nicht präzise genug oder zu wenig organisiert sind.

Für schwächere Kinder wäre es sicher angebracht, mit kleineren Zahlen (z. B. mit fünf Kerzen) zu beginnen und nur eine Kerze zu löschen; auch wäre am Anfang eine rechteckige Form statt der runden Torte vermutlich einfacher. Hilfreich könnte es sein, wenn die Kindern die Gelegenheit hätten, solche und ähnliche Aufgaben zunächst handelnd, also mit konkreten Materialien zu lösen. Sie könnten dann die Ausgangssituation und den in der Geschichte beschriebenen Ablauf verfolgen. Im mathematischen Anfangsunterricht in der Schule ist es jedoch erforderlich, über solche Konkretisierungen hinaus zu gehen, d. h. es ist erforderlich, *gezielt* (und nicht nur implizit) auf mentale Situationsmodellierung einzugehen. Gerade die schwächeren Kinder benötigen auf diesem schwierigen und für sie mühsamen Weg zur mentalen Repräsentation der Situationen die Hilfe der Lehrerin (vgl. dazu Abschnitt 4.3.2).

Bei einer anderen Aufgabe wurden für die Kinder derselben Kindergartengruppe drei Häuschen aus Klötzen gebaut (Abb. 1.15). Erzählt wurde dazu die folgende Geschichte: „Ich baue Dir drei Zwergenhäuschen. Stelle Dir jetzt mal vor, dass in jedem Häuschen ein Zwerg wohnt. Die Zwerge lebten immer ganz gemütlich und friedlich zusammen, aber heute gibt es Streit! Zwerg Rotnase sagt, dass sein Häuschen am größten ist. Zwerg Blaumütze sagt: ‚Das stimmt nicht, mein Häuschen ist am größten'. Und Zwerg Gelbzipfel meint, dass sein

1 Die Entwicklung des mathematischen Verständnisses bis zum Schulbeginn

Häuschen am größten ist. Was meinst Du? Welches Häuschen ist am größten und warum?"

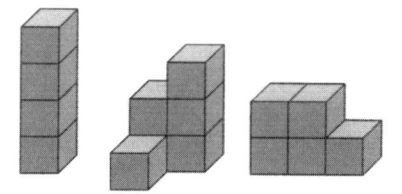

Abb. 1.15: Zwergenhäuschen

Bei der Frage: „Welches Häuschen ist am größten?" haben alle Kinder Häuschen a) gewählt. Das Kriterium „Höhe" hat also in dieser Altersgruppe die höchste Priorität. Zur Begründung gaben die Kinder verschiedene Argumente:

- Weil das ein Turm ist.
- Weil hier mehr Steine auf einem Stapel sind.
- Weil es am längsten ist.
- Weil es höher ist.
- Weil hier ein Bauklotz mehr ist.
- Weil man das so sieht.
- Weil da vier auf einander sind.

Manche Kinder wollten beweisen, dass a) am größten ist, indem sie ihren Stift an Häuschen a) anlegten und damit zeigten, dass die andere Häuschen kleiner (bzw. niedriger) sind.

Da dieses Ergebnis zu erwarten war, wurde anschließend die Frage gestellt: „Welches Häuschen hat am meisten Zimmer?", dabei wurde deutlich gemacht, dass jeder Klotz ein Zimmer ist. Bei dieser Frage war für fast drei Viertel aller Kinder klar, dass b) die meisten Zimmer hat. Einige gaben diese Antwort ohne sichtbares Zählen, also möglicherweise durch simultane Zahlerfassung, die meisten aber nach Abzählen der Klötze.

Später in demselben Interview wurden den Kindern *Bilder* von diesen „Zwergenhäuschen" vorgelegt; die Antworten der Kinder waren im Wesentlichen dieselben wie vorher: Bei der Frage nach dem *größten* Bauwerk bezogen sich die Kinder auf die Höhe (Antwort a)), bei der, welches Bauwerk *am meisten* Klötze hat, überwog die Antwort b).

Es scheint so, dass die Kinder bei den Fragen sehr genau zuhören und die Fragen wörtlich nehmen, so dass ihnen andere, bei Erwachsenen mitschwingende Bedeutungen (wie etwa die, dass das „größte" Haus das mit den meisten Zimmern ist) noch gar nicht in den Sinn kommen. Diese Bezugnahme

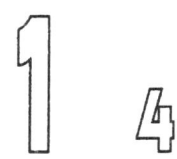

Abb. 1.16: Welche Zahl ist größer: Die Eins oder die Vier?

der Kinder auf die genaue Fragestellung haben wir bei einer anderen Aufgabe sogar im Hinblick auf die Bedeutung von Symbolen beobachtet (vgl. Abb. 1.16; die Idee zu diese Aufgabe geht auf Kool, 1998, zurück).

Bei dieser Aufgabe sagten die Kindergartenkinder übereinstimmend, dass die Eins die größere Zahl sei. Auch hier war die „Höhe" des Zahlzeichens für die Kinder das wichtigste Entscheidungskriterium: Die Eins ist größer „weil die Eins einen größeren Stock hat; weil die Eins so groß gemalt ist; weil die Vier so klein ist und die Eins größer; weil die Eins größer geschrieben ist; weil die Vier eingeschrumpft ist, die Eins nicht". Dass vier *mehr* ist als eins wurde von den Kindern nicht in Betracht gezogen; sie wurden deshalb anschließend gefragt: „Was ist *mehr*, eins oder vier?

Erstaunlicherweise (?) wußten fast alle befragten Kinder, dass 4 *mehr* ist als 1 (nur eines der schwächeren Kinder meinte, dass 1 mehr ist als 4 , „weil die Eins so groß gemalt ist"; für dieses Kind blieb die Größe der Schreibfigur entscheidend). Auch bei dieser Aufgabe wurde also von der Mehrzahl der Kinder die Frage nach der *größeren* Zahl auf das Zahlzeichen, die Frage nach dem *Mehr* aber auf die Anzahl, d. h. auf die *Bedeutung* des Zeichens, bezogen.

Auch wenn die Unterschiede und die Bandbreite in den Fähigkeiten der Kinder keineswegs vernachlässigt werden sollen, so lässt sich aus diesen letzten Beispielen schließen, dass viele Kinder am Schulanfang mehr Einsicht in die Bedeutung von Zahlen und Zeichen haben als man vielleicht glaubt. Um dies zu erkennen reicht es aus, den Kindern einfach nur genauer zuzuhören.

Zusammenfassung der Ergebnisse bei diesen Aufgaben:

- Die Wortwahl bei der Fragestellung ist von entscheidender Bedeutung. Die meisten Kinder unterscheiden sorgfältig zwischen „ist größer als" (hier im Sinne von „höher") und „ist mehr als" (im Sinne der Anzahl).
- Auffällige Unterschiede zwischen stärkeren und schwächeren Kindern gibt es bei der Art der Begründungen: Während die schwächeren Kinder entweder gar keine Begründung für ihre Entscheidungen geben („darum") oder auf den optischen Eindruck verweisen, entscheiden die stärkeren Kinder meist aufgrund rationaler Argumente.

Auch bei diesen Aufgaben zeigt sich, dass einige Kinder ihre Aufmerksamkeit allein auf die reale Darstellung der Objekte richten, während andere zwischen Darstellung und Bedeutung unterscheiden können. Insgesamt gesehen ist jedoch die Sensibilität dieser 5- bis 6-jährigen Kinder für die Art der Fragestellung („größer" oder „mehr") so beeindruckend, dass sie in jedem Fall im mathematischen Anfangsunterricht stärker als bisher berücksichtigt werden muss.

2 Zahlbegriff und Rechnen im Anfangsunterricht

2.1 Mathematische und didaktische Grundlagen

Der Zahlbegriff hat viele intuitive Grundlagen. Die beiden wichtigsten - das Zählen und den Vergleich von Mengen im Sinne von „mehr/weniger/gleich viele" - haben wir im vorigen Kapitel betrachtet. Beide lassen sich mit mathematischen Begriffen präzisieren, und es gibt damit zwei sehr unterschiedliche Möglichkeiten zu erklären, was unter den Zahlen 1, 2, 3, ... verstanden werden soll. Man kann beweisen, dass beide Wege zu denselben Zahlen führen, nämlich denen, die wir üblicherweise die „natürlichen Zahlen" nennen.[1] Die Art der Definition dieser Zahlen hat jedoch erheblichen Einfluss darauf, wie das Umgehen und das Rechnen mit ihnen zu begründen ist. Im mathematischen Anfangsunterricht stellt sich damit für die Lehrerin und den Lehrer die Frage, welche mathematischen Begriffsbildungen sich hinter dem jeweiligen didaktischen und methodischen Vorgehen verbergen; schon deshalb lohnt es, die mathematischen und didaktischen Grundlagen des Zahlbegriffs genauer zu betrachten.

Die Präzisierung intuitiven Wissens ist bereits im Vorschulalter Teil der natürlichen Zahlbegriffsentwicklung der Kinder. Dies wird deutlich, wenn man sich die in 1.2. formulierten fünf Zählprinzipien und insbesondere die letzten beiden, das Abstraktionsprinzip und das Eindeutigkeitsprinzip, ansieht: Hier werden allgemeine Einsichten zusammengefasst, die sich nicht mehr nur auf spezielle Verfahren oder Situationen beziehen. Wenn also die Kinder im mathematischen Anfangsunterricht angeregt werden, diesen Prozess der Präzisierung ihres intuitiven Wissens fortzuführen, so ist dies nichts wirklich Neues für sie.

---

[1] Der Mathematiker Leopold Kronecker (1823-1891) soll einmal geäußert haben, dass die natürlichen Zahlen Gott gemacht habe, alle anderen seien Menschenwerk.

2.1.1 Mathematische Präzisierungen der natürlichen Zahlen

Wenn Kronecker bei den natürlichen Zahlen höhere Mächte bemüht, heißt dies, dass ihre Definition nicht ganz einfach sein kann. Aus mathematischer Sicht müssen die Zahlen „aus dem Nichts" geschaffen werden, also ohne Rückgriff auf Objekte, über die man schon etwas weiß. Man bedient sich in solchen Fällen der axiomatischen Methode, d. h. es werden Grundannahmen (Axiome) formuliert, mit denen zwar nicht gesagt wird, was die Objekte *sind*, wohl aber, *welche Eigenschaften* sie haben sollen. Selbstverständlich ist dann später zu zeigen, dass es Objekte mit den so definierten Eigenschaften tatsächlich gibt, dass man also nicht über „nichts" (d. h. die leere Menge) redet. Diese Methode bewährt sich auch bei der Definition der natürlichen Zahlen, wenn man von den Eigenschaften ausgeht, die diese Zahlen bei ihrer Verwendung zum Zählen haben sollen.

Unsere erste Annahme besagt, dass es überhaupt eine Menge gibt, in der sich zu jedem Element ein weiteres, seinen „Nachfolger", finden lässt. Außerdem soll die Menge mindestens ein Element enthalten, das wir (der Einfachheit halber) „eins" nennen wollen. Die „Eins" und die Nachfolgerbildung kann man sich wie das Fortschreiben einer Strichliste vorstellen: Es gibt einen ersten (!) Strich |, dem man einen weiteren hinzufügen kann | |, und so weiter: Immer, wenn man eine Strichliste hat, z. B. | | | | | | |, kann man sie durch einen weiteren Strich verlängern: | | | | | | | |, die Strichliste (bzw. die Zahlwortreihe) hört nie auf.

Allerdings ist das Zählen damit noch längst nicht präzise genug beschrieben. Wir müssen, unter anderem, noch ausschließen, dass die Zählreihe (oder die Strichliste) noch einen anderen Startpunkt hat als die „Eins"; wir müssen erreichen, dass sie sich nicht verzweigt (dass also nicht an einer Stelle zwei verschiedene Nachfolger auftreten), und wir müssen ausschließen, dass wir bei der Nachfolgerbildung irgendwann auf ein Objekt stoßen, dass vorher bereits in der Liste vorkam, so dass wir im Folgenden sozusagen im Kreis herum laufen. Schließlich soll es zu unserer Zählreihe/Strichliste keine weitere, parallele Reihe/Liste geben. Werden alle diese Eigenschaften in mathematischer Terminologie aufgeschrieben, so erhält man ein System von Axiomen, das Giuseppe Peano (1858-1932) zugeschrieben wird. Man spricht deshalb von den Peano-Axiomen für die natürlichen Zahlen (vgl. Padberg, Danckwerts und Stein, 1995, S. 26; dort ist auch ausführlicher erläutert, warum diese Axiome tatsächlich eine Präzisierung unserer intuitiven Vorstellungen über das Zählen sind).

2 Zahlbegriff und Rechnen im Anfangsunterricht

Definition der natürlichen Zahlen durch die Peano-Axiome:
Eine Menge IN zusammen mit einer Abbildung n: IN→ IN (der Nachfolgerbildung) heißt Menge der natürlichen Zahlen, wenn die folgenden vier Axiome gelten:

(P1) $1 \in$ IN.
 Das heißt: Die Eins ist eine natürliche Zahl.
(P2) Für alle $x \in$ IN gilt: $n(x) \neq 1$.
 Das heißt: Die Eins ist nicht Nachfolger irgendeiner natürlichen Zahl.
(P3) Für alle $x \in$ IN und $y \in$ IN gilt: Aus $x \neq y$ folgt $n(x) \neq n(y)$.
 Das heißt: Verschiedene Zahlen haben verschiedene Nachfolger.
(P4) Sei M eine Teilmenge von IN und es seien die folgenden beiden Aussagen (i) und (ii) wahr:
 (i) $1 \in$ M.
 (ii) Für alle $x \in$ IN gilt: Wenn $x \in$ M, dann auch $n(x) \in$ M.
 Dann ist M = IN.

Das heißt: Eine Teilmenge M von IN ist gleich der Menge IN, wenn sie die 1 enthält und wenn mit jeder Zahl x, die in M enthalten ist, auch deren Nachfolger n(x) in M enthalten ist. Dieses Axiom bewirkt, dass die Menge IN der natürlichen Zahlen nicht zu groß wird, sondern dass die oben mit den Strichlisten veranschaulichte Vorstellung tatsächlich alle natürlichen Zahlen liefert, darüber hinaus aber auch keine weiteren. Ausgehend von der Eins bekommt man alle natürlichen Zahlen, wenn man zu einer Zahl jeweils ihren Nachfolger bildet und mit diesem Prozess nie aufhört.

Man nennt P4 das Induktionsaxiom; dieses Axiom ist bei Beweisen von Aussagen über natürliche Zahlen sehr nützlich (vgl. Padberg, Danckwerts und Stein, 1995, S. 11ff).

Im ersten Satz der oben aufgeführten Definition wurde gefordert, dass die Nachfolgerbildung eine *Abbildung* von IN in IN ist. Da bei einer Abbildung n dem Element x immer *eindeutig* ein Element n(x) zugeordnet wird, ist durch diese Forderung bereits ausgeschlossen, dass die Zahlenreihe sich verzweigt, denn eine Zahl x kann damit nicht zwei verschiedene Nachfolger n(x) haben.

Auf der Grundlage dieser Definition können wir von der Menge der natürlichen Zahlen sprechen. Wir kennen bereits einige Eigenschaften dieser Menge, insbesondere die, dass es unendlich viele natürliche Zahlen gibt.[2] Was wir allerdings, genau genommen, noch nicht wissen, ist, ob es eine solche Menge IN, in der die Axiome P1 bis P4 erfüllt sind, überhaupt gibt. Man könnte versuchen, die Strichlisten als eine solche Menge zu interpretieren, doch waren diese Strichlisten nur als Veranschaulichung unserer intuitiven Vorstellungen über das Zählen gemeint und nicht als mathematische Objekte. Tatsächlich ist

---

[2] „Unendlich viele" ist hier im Sinne von „beliebig viele" gemeint, d. h. zu jeder natürlichen Zahl gibt es noch eine weitere, nämlich den Nachfolger dieser Zahl.

es aber relativ einfach, eine solche Menge zu finden, nämlich die Menge der (endlichen) Kardinalzahlen. Bevor wir darauf eingehen, wollen wir kurz ansprechen, wie sich mit Hilfe der Peano-Axiome die Rechenoperationen bzw. die Rechenregeln für die natürlichen Zahlen definieren bzw. beweisen lassen (eine genauere Darlegung findet man bei Padberg, Danckwerts und Stein, 1995, S. 28ff).

Beispielsweise können wir bei der Definition der Addition wieder auf ein intuitives Zählverfahren von Kindern zurückgreifen: das Addieren durch Weiterzählen. Eine Aufgabe wie zum Beispiel 3 + 4 = ☐ lösen viele Kinder, indem sie von der Drei aus vier Schritte weiterzählen: drei, vier, fünf, sechs, *sieben*. Auf die Problematik dieses Verfahrens als ein Rechenverfahren der Kinder soll hier noch nicht eingegangen werden (vgl. dazu Abschnitt 2.2.8); es geht zunächst nur um seine mathematische Präzisierung. Hätten wir nicht 3 + 4, sondern 3 + 1 betrachtet, so könnten wir die Summe leicht durch Weiterzählen um 1 bekommen, also in der oben eingeführten Terminologie durch Bildung des Nachfolgers von 3. Bei 3 + 4 könnte man nun so vorgehen: 4 ist der Nachfolger von 3; wenn wir schon wüssten, was 3 + 3 ist, so wäre 3 + 4 = 3 + 3 + 1, also der Nachfolger von 3 + 3; entsprechend ist 3 + 3 der Nachfolger von 3 + 2, 3 + 2 der Nachfolger von 3 + 1, und 3 + 1 kennen wir bereits. Man kann also die Addition auf eine Folge von Nachfolgerbildungen (Weiterzählen um 1) zurückführen. (Das Unangenehme an der Sache ist, dass man beim konkreten Rechnen auf diese Weise die Summe nur sehr mühsam bestimmen kann, da ja gleichzeitig mit dem Weiterzählen die Anzahl der Zählschritte registriert werden muss. Wir werden noch sehen, dass Kinder, die in der Grundschule durch Weiterzählen addieren, genau dieses Problem haben.)

Definition der Addition (Padberg, Danckwerts und Stein, 1995, S. 30):
Für zwei beliebige natürliche Zahlen x und y wird festgesetzt
(i) $x + 1 = n(x)$
(ii) $x + n(y) = n(x+y)$

Es ist recht mühsam, aber allein unter Verwendung der Peano-Axiome lässt sich beweisen, dass durch diese beiden Festsetzungen nicht nur die Addition natürlicher Zahlen sinnvoll definiert ist, sondern dass auch alle die Rechenregeln so gelten, wie wir sie intuitiv verwenden. Darüber hinaus lassen sich auch alle weiteren Rechenoperationen (Subtraktion, Multiplikation und Division) sowie die Kleiner-Relation definieren und die entsprechenden Regeln beweisen.

Eine andere Möglichkeit zu erklären, was natürliche Zahlen sind, ist der Vergleich von Mengen. Wie in Abschnitt 1.3.2 angesprochen, war Piaget der Meinung, Kinder könnten den Zahlbegriff überhaupt nur auf diesem Weg erwerben: Durch Eins-zu-Eins-Zuordnung stellt das Kind fest, dass - beispielsweise - „gleich viele" rote wie blaue Plättchen auf dem Tisch liegen, und es lässt sich bei dieser Feststellung auch nicht mehr durch Veränderungen in der

2 Zahlbegriff und Rechnen im Anfangsunterricht

räumlichen Verteilung verwirren. Diese (und einige weitere) Einsichten führen schließlich zum Zahlbegriff. Eine mathematische Präzisierung dieses Zugangs ist der Begriff der *Kardinalzahl*, der allerdings ganz wesentlich auf dem Begriff der Menge beruht.

Nun ist die axiomatische Begründung des allgemeinen Mengenbegriffs eher noch schwieriger als die Begründung der Zahlen mit Hilfe der Peano-Axiome. Deshalb wird auch bei rein mathematischen Erörterungen der Kardinalzahlen häufig auf die axiomatische Klärung verzichtet und eine „Definition" von Georg Cantor (1849-1918) zugrunde gelegt: „Unter einer Menge versteht man jede Zusammenfassung M von bestimmten wohlunterschiedenen Objekten unserer Anschauung oder unseres Denkens, welche Elemente von M genannt werden, zu einem Ganzen" (vgl. Bigalke und Hasemann, 1978, S. 78, oder Bedürftig und Murawski, 2001, S. 40). Hierbei handelt es sich jedoch ganz offensichtlich nicht um eine mathematische Definition im üblichen Sinne, denn der zu erklärende Begriff „Menge" wird nur durch den ebenso wenig erklärten Begriff „Zusammenfassung zu einem Ganzen" ersetzt. Solange nur endliche Mengen (Mengen mit endlich vielen Elementen) betrachtet zu werden brauchen, ist dieses Vorgehen durchaus zu rechtfertigen, weil dabei unsere intuitive Vorstellung ausreicht.

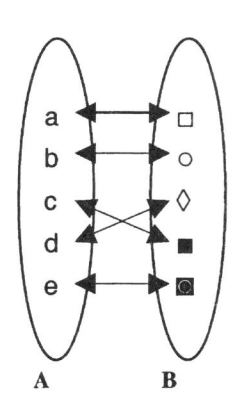

Abb. 2.1: Gleichmächtige Mengen

Die Eins-zu-Eins-Zuordnung findet ihre mathematische Präzisierung im Begriff der bijektiven Abbildung. Es wurde schon darauf hingewiesen, dass bei der Abbildung einer Menge A in eine Menge B jedem Element von A *genau ein* Element von B zugeordnet wird; „bijektiv" ist eine Abbildung, wenn dies auch umgekehrt gilt, wenn also wie in Abb. 2.1 auch jedem Element von B genau ein Element von A zugeordnet ist (vgl. Padberg, 1997, S. 164). Zwei Mengen, die man in dieser Weise bijektiv aufeinander abbilden kann, heißen *gleichmächtig*, die Mengen A und B in Abb. 2.1 sind also gleichmächtig. Wenn wir uns als eine weitere Menge C die der Finger einer Hand vorstellen, so ist diese Menge ebenfalls zu A und zu B gleichmächtig. Die Gleichmächtigkeit ist eine *Äquivalenzrelation*, d. h. insbesondere: Wenn A zu B gleichmächtig ist und B zu C, dann auch A zu C. Die Mengen A, B und C haben demnach eine gemeinsame Eigenschaft: ihre Gleichmächtigkeit, die eine Eigenschaft dieser Mengen ist (und nicht ihrer Elemente). Diese Eigenschaft kann man den Mengen nun wie ein Etikett anhängen, man nennt sie ihre Kardinalzahl. Die Mengen A, B und C haben deshalb die gleiche Kardinalzahl, während beispielsweise die Menge der Wochentage D = {Montag, Dienstag, Mittwoch, Donnerstag, Freitag, Samstag, Sonntag} eine andere Kardinalzahl hat, weil C und D (und damit auch A und D sowie B und D) nicht gleichmächtig sind.

Zu beachten ist zum einen, dass wir die Gleichmächtigkeit der Mengen nicht etwa durch Zählen, sondern durch Eins-zu-Eins-Zuordnungen (bijektive Abbildungen) festgestellt haben, und zum anderen, dass wir immer noch nicht wissen, wie die Kardinalzahlen der Mengen A (oder B oder C) und D heißen; man kann auf die beschriebene Weise nur feststellen, ob zwei Mengen gleiche oder verschiedene Kardinalzahlen haben. Eine Möglichkeit, Mengen bestimmte Kardinalzahlen zuzuordnen, besteht darin, von *Standardmengen* auszugehen, also unter den jeweils gleichmächtigen Menge eine auszuwählen, die sich besonders gut dazu eignet, eine bestimmte Kardinalzahl zugeordnet zu bekommen. Beispielsweise kann man, ausgehend von den Fingern einer Hand, die Menge I = {Daumen} nehmen und ihr (und damit allen zu ihr gleichmächtigen Mengen) die Kardinalzahl „eins", im Zeichen: 1 zuordnen; der Menge II = {Daumen, Zeigefinger} die Kardinalzahl „zwei", im Zeichen: 2 usw.; der Menge C (und damit auch den Mengen A und B) würde dann die Kardinalzahl „fünf", im Zeichen: 5 zugeordnet. Dieses Verfahren ist zwar sicher ganz anschaulich, es stößt aber schnell an seine Grenzen. Aus rein mathematischer Sicht lässt es sich präzisieren, indem man die Standardmengen systematisch aufbaut: Der *leeren Menge* (im Zeichen: { } oder $\emptyset$) ordnet man die Kardinalzahl „null" (im Zeichen: 0) zu, und der Menge {0}, die genau diese eben definierte Kardinalzahl als Element enthält, wird „eins" zugeordnet. Da die Mengen { } und {0} nicht gleichmächtig sind, sind die Kardinalzahlen 0 und 1 verschieden, man kann als nächstes also die Menge {0, 1} betrachten, der die „Zwei" zugeordnet wird, usw. Es ist offensichtlich, dass dieses Verfahren nicht abbricht, und auch die Vermutung, dass die so definierten Kardinalzahlen mit den zuvor auf der Grundlage der Peano-Axiome definierten natürlichen Zahlen übereinstimmen, ist naheliegend. Tatsächlich kann man beweisen, dass in der Menge der Kardinalzahlen mit der angesprochenen Nachfolgerfunktion die Peano-Axiome gelten (vgl. z. B. Lenz, 1976, S. 33ff), wir bekommen also auf beiden Wegen dieselben natürlichen Zahlen. Damit ist dann gleichzeitig nachgewiesen, dass es die natürlichen Zahlen - auch aus mathematischer Sicht - wirklich gibt: die Kardinalzahlen *sind* ein Modell für die natürlichen Zahlen.

Ein Unterschied im Ergebnis der beiden Zugänge zu den natürlichen Zahlen bleibt dennoch: Die oben definierte Menge IN enthält die Zahlen 1, 2, 3, ..., während bei unserer Definition der Kardinalzahlen noch die Null hinzukommt. Dieser Unterschied ergibt sich aus den intuitiven Grundlagen: Beim Zählen beginnt man selbstverständlich mit der Eins, während es bei den Kardinalzahlen günstig ist, mit der leeren Menge und damit der Null zu beginnen. Man kann aber die Peano-Axiome ohne weiteres so abwandeln, dass in P1 statt der Eins die Null als Element der Menge gefordert wird (deren Nachfolger die Eins ist). Für den mathematischen Anfangsunterricht ist dieser Unterschied durchaus von Bedeutung: Es stellt sich zum einen die Frage, ob man die Null von vorne herein zu den natürlichen Zahlen hinzu nimmt oder nicht, und zum anderen, von welcher intuitiven Grundlage aus sich die Kinder den Zahlbegriff erarbeiten, ob sie also eher vom Zählen oder eher von Vorstellungen über „mehr/ weniger/gleich viele" ausgehen (vgl. dazu Abschnitt 2.2.4).

Abschließend wollen wir noch untersuchen, wie die Addition natürlicher Zahlen zu definieren ist, wenn wir die Kardinalzahlen zugrunde legen. Als Beispiel sei wieder die Summe 3 + 4 betrachtet. Wir wählen eine Menge A mit der Kardinalzahl 3 und eine Menge B mit der Kardinalzahl 4; weiterhin setzen wir voraus, dass die Mengen A und B *disjunkt* sind, also keine gemeinsamen Elemente haben, z. B. A = {a, b, c} und B = {○, □, ◊, ■}. Die Summe 3 + 4 der Zahlen 3 und 4 ist nun einfach die Kardinalzahl der Vereinigungsmenge A ∪ B = {a, b, c, ○, □, ◊, ■}. Der Vergleich mit einer Standardmenge (*nicht* Abzählen, wenn wir im Rahmen der Kardinalzahlen bleiben wollen!) ergibt, dass diese Menge die Kardinalzahl 7 hat.

Wir wollen an dieser Stelle nicht darauf eingehen, wie im Kontext der Kardinalzahlen die Subtraktion, Multiplikation und Division definiert werden können (vgl. Padberg, Danckwerts und Stein, 1995, S. 49ff, oder Padberg, 1997, S. 195ff).

2.1.2 Didaktische Grundlagen

Am Ende ihrer Vorschulzeit haben die Kinder bereits einen ungeheuren Vorrat an Wissen angesammelt, Erfahrungen gemacht und Wege gefunden, um Phänomene der sie umgebenden Umwelt zu erklären. Auf diesem Wissen, diesen Erfahrungen und diesen Erklärungsmustern baut die Schule auf - sie sollte es jedenfalls. Man sollte also bei der Planung des mathematischen Anfangsunterrichts nie aus den Augen verlieren, dass der Geist eines Kindes kein „unbeladenes Schiff"[3] ist und dass wir keinen „Nürnberger Trichter" zu Verfügung haben, mit dem wir diesen Geist füllen könnten. Wittmann (1998, S. 149) hat diesen Sachverhalt so beschrieben: „Die Lernenden müssen mathematische Begriffe in einem fortlaufenden sozialen Prozess re-konstruieren, in einem Prozess, bei dem sich elementare und nur teilweise effiziente kognitive Strukturen, die zudem mit Fehlvorstellungen durchsetzt sind, allmählich hin entwickeln zu differenzierteren, klaren und miteinander verknüpften Strukturen, die sich immer besser zum Problemlösen eignen. Lehrer können nicht erwarten, dass die Begriffe einfach vom Lehrer zum Schüler übertragen werden."

M. van den Heuvel-Panhuizen (2003, S. 96; vgl. auch Abschnitt 3.1.2) stellt deshalb zu Recht die Frage, wie wir eigentlich Lernende veranlassen können,

---

[3] „Der Geist ist kein Schiff, das man beladen kann, sondern ein Feuer, das man entfachen muss" (Plutarch, 46-120 n.Chr.).

auf der Basis ihres vorhandenen Wissens neues Verständnis aufzubauen. Es soll hier zunächst eine einfache Lerntheorie skizziert werden, die beschreibt, wie Lernen „funktionieren" kann und unter welchen Bedingungen die von Wittmann genannten Prozesse bei den Kindern angeregt werden können. Im Zusammenhang mit den konkreten Inhalten und Fragestellungen werden wir diese Theorie später immer weiter ausbauen.

Man kann sich die im Gedächtnis eines Menschen gespeicherten Wissensstrukturen wie ein Netz (vgl. Abb. 2.2) vorstellen: In den Knoten des Netzes stehen Begriffe, Beispiele, Bilder, Situationen usw., die Maschen kennzeichnen die Verbindungen (Beziehungen) zwischen diesen Begriffen, Beispielen usw. Selbstverständlich ist diese Vorstellung von einem Netz als Metapher zu verstehen, d. h. wenn man über „Netze" spricht und versucht, Wissensstrukturen von Individuen mit Hilfe von Netzen darzustellen, so sind dies Hypothesen über die interne Speicherung dieses Wissens. Niemand wird behaupten, dass sie getreue Abbilder der Wissensrepräsentation im Kopf seien. Klar ist aber, dass die Lernenden ihre Wissensstrukturen selbst aufbauen müssen: „Darum ist Begriffsbildung auch ganz und gar die Sache des Begriffsbildners. Niemand kann ihm diese Aufgabe abnehmen" schreibt zum Beispiel Hans Aebli (1981, S. 99), und Fischbein (1990, S. 7), speziell auf die Mathematik bezogen: „Mathematik lernen heißt Mathematik konstruieren".

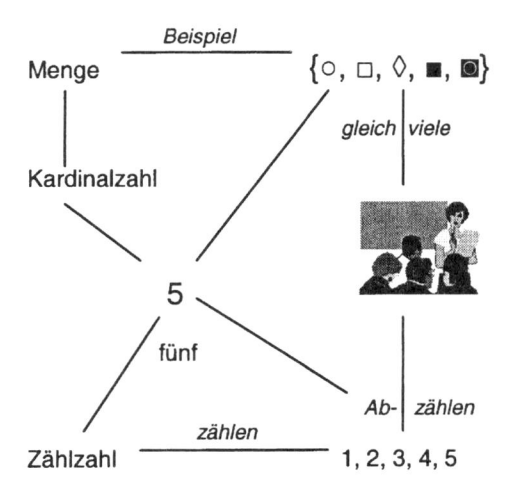

Abb. 2.2: Hypothetisches Wissensnetz zur Zahl 5.

Wie *„funktionieren"* nun *Lernen* und *Verstehen* gemäß diesem Modell? Richard Skemp (1979, S. 144f) hat dazu ein anschauliches Bild entworfen,

2 Zahlbegriff und Rechnen im Anfangsunterricht

indem er dieses beim Individuum vorhandene Wissensnetz mit einer Landkarte verglich: Nehmen wir an, wir hätten eine Landkarte, wüssten aber nicht, wo genau wir uns gerade befinden, welcher Punkt auf der Landkarte den eigenen, gegenwärtigen Standort repräsentiert. Kennen wir diesen Punkt nicht, so wissen wir nicht, wo wir sind - „wir sind verloren" -, es sei denn, wir können den aktuellen Standort aus der Karte rekonstruieren. Übertragen auf Wissensnetze heißt das: Wird man mit einem neuen Begriff oder einem neuen Sachverhalt konfrontiert, der nicht zu den bereits vorhandenen Wissensstukturen passt oder sich mit ihnen erklären lässt, so kann man mit diesem Begriff oder diesem Sachverhalt zunächst nichts anfangen. Begriffserwerb (und das heißt: Verstehen, was der Begriff bedeutet oder was sich hinter dem Sachverhalt verbirgt) geschieht nach diesem Modell durch Verknüpfen des neuen Sachverhaltes mit dem bereits bestehenden Wissensnetz. Anders ausgedrückt: „Lernen" bedeutet die *Erweiterung oder Umstrukturierung des bestehenden Wissensnetzes.*

Wir wollen dieses Modell noch um einen Aspekt erweitern. Das Wissensnetz eines Menschen ist viel zu umfangreich als dass es in einer bestimmten Situation als Ganzes verwendet werden könnte. „Aktiviert" wird stets nur ein kleiner Teil des Wissensnetzes. Walter Kintsch (1988) hat den Begriff „assoziatives Netz" geprägt: Welcher Teil aktiviert wird, hängt von der Situation ab und wie vertraut man mit ihr ist (und was man mit ihr „assoziiert"). Manchmal hängt die Aktivierung auch von bestimmten Reizen ab (so z. B. bei Sachaufgaben von bestimmten Reiz- oder Schlüsselwörtern wie „mehr" oder „weniger" oder „gibt ab"; vgl. Abschnitt 4.2.2). Nur mit diesem Teil des Wissensnetzes kann man die Situation erfassen und ihre Bedeutung oder ihren Sinn erkennen. Falls sich dieses Erfassen und Erkennen jedoch als nicht möglich erweist, so muss ein anderer Teil des Wissensnetzes aktiviert (eine andere Sichtweise eingenommen) werden, oder es muss das Netz erweitert oder sogar teilweise neu strukturiert werden - diesen Prozess nennen wir - siehe oben - „Lernen". Dies bedeutet:

- Die Aufmerksamkeit des Lernenden wird beim Erwerb neuen Wissens von den bei ihm bereits vorhandenen Wissenstrukturen gesteuert.
- Dieses bereits vorhandenen Wissen bildet beim Einarbeiten des neuen Wissens den verständnisstiftenden Rahmen.
- Neues verstehen kann man nur mit Hilfe des bereits Verstandenen.
- Für das Individuum ist die Bedeutung der Begriffe, die es erwirbt, deshalb zunächst abhängig von dem Kontext, in dem es die Begriffe erworben hat.

Seiler nennt diesen Sachverhalt die „Bereichsspezifität" des Wissens. Für den pädagogischen Prozess hat er die Forderung abgeleitet, dass „der Lehrer deshalb an die persönliche Erfahrung und die individuelle Lerngeschichte des Einzelnen anzuknüpfen" hat (1973, 279f; vgl. auch 2001, S. 215). Die praktischen - didaktischen und methodischen - Konsequenzen beschreibt Bauersfeld (1983), der dafür den Begriff „subjektive Erfahrungsbereiche" geprägt hat. Die Lernenden (die „Subjekte") machen in einem bestimmten Bereich Erfahrungen, z. B. indem sie Handlungen ausführen. In der sozialen Interaktion mit anderen (z. B. mit Mitschülern und der Lehrerin) bekommen diese Handlungen für die Lernenden einen Sinn, sie erkennen, welche *Bedeutung* diese Handlungen haben. Im Mathematikunterricht sind diese Bedeutungen eng mit dem verwendeten Veranschaulichungsmittel, dem Material und den Einstiegsbeispielen, verbunden. Wenn z. B. durch das Wegnehmen von drei Klötzen aus einer Menge mit sieben Klötzen die Subtraktion 7 − 3 veranschaulicht werden soll, so wird das mathematisch Gemeinte durch diese Handlung nicht einfach abgebildet, sondern muss vom Lernenden durch aktive, eigene geistige Handlungen entdeckt werden: „Daher hängt die subjektive Sinnkonstruktion eng ... zusammen mit dem eigenen Handeln und ... an den als Vorbild wahrgenommenen relevanten Handlungen von Lehrer, Mitschülern und anderen Personen (sowie) an deren Kommentaren" (Bauersfeld, 1985, S. 15).

Bauersfeld hat damit die Bedeutung der Handlungen und der Darstellungen für das Lernen von Mathematik herausgestellt, aber auch die des kommunikativen Prozesses: Der Sinn der Handlungen und Darstellungen erschließt sich dem Individuum durch eigenes geistiges Tun in der Interaktion mit anderen.

Laut Piaget (1967) erfolgt die Entwicklung des logischen Denkens beim Kinde in mehreren Entwicklungsstufen: Vom *senso-motorischen* Stadium (im Alter von 0 bis etwa 1 ½ Jahren) über das *prä-operative* (1 ½ bis 7 Jahre) und das *konkret-operative* (7 bis 12 Jahre) hin zum *formal-operativen* Stadium. Der zentrale Begriff in dieser Theorie Piagets ist der der „Operation": Operationen (auch „Denkhandlungen" genannt) entwickeln sich beim Individuum durch seine aktive Auseinandersetzung mit der Umwelt (durch „Adaption"). Sie werden im Geist in kognitiven Strukturen („Schemata") organisiert. Bei diesem aktiven Tun des Individuums spielen die *konkreten* Handlungen eine zentrale Rolle, aus ihnen entstehen die Denkhandlungen durch *Verinnerlichung* der konkreten Handlungen. Jedoch sind die Kinder im konkret-operativen Stadium nur zu solchen Denkhandlungen fähig, die sie - wenigstens im Prinzip - auch als konkrete Handlungen ausführen könnten. (Ein Beispiel ist die in Abschnitt 1.3.2 - Abb. 1.4 - angesprochene Einsicht der Kinder in die Äquivalenz von Mengen auch bei Veränderungen in der räumlichen Ausdehnung der Objekte. Kinder auf dieser Stufe der Entwicklung sind in der Lage, die Veränderung mit Hilfe einer Denkhandlung rückgängig zu machen: ihr Denken ist *reversibel* geworden.)

Vor dem Hintergrund der Theorie Piagets bekam in den vergangenen Jahrzehnten ein einzelner Aspekt aus einer Unterrichtstheorie von Bruner (1972) geradezu den Status eines Dogmas für den Mathematikunterricht in der Grundschule, das so genannte. *EIS-Prinzip*. Dabei stehen die Buchstaben E, I und S für drei verschiedene Arten der Darstellung von Sachverhalten und von Wissen: *enaktiv* (d. h. durch Handlungen), *ikonisch* (d. h. durch Bilder) und

2 Zahlbegriff und Rechnen im Anfangsunterricht

symbolisch (d. h. durch Zeichen aller Art, insbesondere auch durch Sprache). Da sich Schulanfänger - gemäß Piaget - im konkret-operativen Stadium befinden, muss nach dem EIS-Prinzip jede mathematische Erörterung mit Handlungen beginnen, die die Kinder mit konkreten Objekten selbst durchführen. Der (mathematische) Kern, also die mit oder in den Handlungen gemeinten mathematische Beziehungen, werden anschließend bildlich dargestellt. Dabei wird teilweise oder ganz von den für den mathematischen Sachverhalt unwesentlichen Eigenschaften der konkreten Objekte abgesehen. Schließlich erfolgt die Darstellung des Sachverhaltes mit Zeichen, sei es sprachlich oder mit mathematischen Zeichen. Wesentlich bei diesem Prozess ist allerdings, dass bereits in den konkreten Handlungen der mathematische Kern des zu erarbeitenden Sachverhaltes enthalten sein muss. Der Übergang von den Handlungen zu den Bildern und schließlich den Symbolen geht einher mit der Verinnerlichung der konkreten Handlungen zu Denkhandlungen und mit dem Aufbau oder der Erweiterung der kognitiven Strukturen beim Kind. Man kann auch sagen: dieser Prozess begleitet und stützt den Abstraktionsprozess. Entsprechend muss das Kind in der Lage sein, den Prozess rückwärts zu durchlaufen, also zu den mathematischen Zeichen passende Bilder oder Handlungen zu (er-) finden.

Als Beispiel für die verschiedenen Arten der Darstellung eines mathematischen Sachverhaltes betrachten wir die Aufgabe „Tina hatte 3 Murmeln, sie gewann beim Spiel mit Jonas einige dazu, jetzt hat sie 7 Murmeln. Wie viele Murmeln hat sie gewonnen?" Diese Situation lässt sich auf mehrere Weisen durch Handlungen darstellen, so können zwei Kinder sie unmittelbar nachspielen, aber sie kann z. B. auch mit Kugeln, Plättchen oder Stäben auf dem Tisch dargestellt werden. Die bildliche Darstellung kann ein - mehr oder weniger - getreues Abbild der Spielsituation sein. Sie kann aber auch ein Diagramm sein, aus dem nur noch der Kern der Denkhandlung, nämlich das Ergänzen von 3 zu 7 Murmeln zu entnehmen ist (vgl. Abb. 2.3). Mögliche symbolische Darstellungen sind „3 + □ = 7" oder der Satz „Welche Zahl muss man zu 3 ergänzen, um 7 zu bekommen?" (*Nicht* direkt zu der Sachsituation passen würde dagegen die Darstellung „7 − 3 = □", da diese Zeichenkette das Anziehen ausdrückt und nicht das Ergänzen.) Abb. 2.3 zeigt im übrigen sehr deutlich, dass die bildliche Darstellung für sich genommen keineswegs eindeutig ist und von einem unvoreingenommenen Betrachter auch völlig anders interpretiert werden kann.

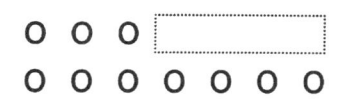

Abb. 2.3: Ergänzen von 3 zu 7

Auch wenn das EIS-Prinzip nicht starr und unreflektiert eingesetzt werden sollte (vgl. dazu auch Abschnitt 4.3.2), steht doch außer Frage, dass *Materialien* aller Art - konkrete Objekte ebenso wie Bilder, Tafeln und Diagramme - eine wichtige Funktion im mathematischen Anfangsunterricht haben. Krauthausen und Scherer (2001, S. 210) weisen darauf hin, dass es eine fast unübersehbare Fülle solchen Materials auf dem Markt gibt und dass damit für die Lehrerin und den Lehrer die Auswahl immer schwieriger wird. Es stellt sich die Frage nach ihrem Wert: In welchen Unterrichtssituationen und mit welchen Intentionen können die Materialien eingesetzt werden und was können sie bewirken? Aus unseren Überlegungen wurde bereits deutlich, dass es *das* geeignete Material nicht gibt. Die Wirkung jedes Arbeitsmittels hängt sowohl ab von der spezifischen didaktischen Situation, in der das Material eingesetzt wird, als auch davon, was das Kind damit tut, wie es zu seinem Vorwissen, seinen Erfahrungen, aber auch seinen Vorlieben bei der Verwendung von Arbeitsmitteln passt (vgl. Abschnitt 2.2.6).

Zu beachten ist außerdem, dass Erfahrungen mit dem einen Arbeitsmittel nicht unmittelbar auf ein anderes übertragen werden können: So „ist ein Addieren oder ein Subtrahieren mit Perlen, mit Steckwürfeln, mit Fingern oder mit Rechengeld jeweils ein Operieren in einer anderen ‚Mikrowelt', zwischen denen nicht einfach eine abstrakte (mathematische) Beziehung besteht" (Radatz, 1991, S. 49). Krauthausen und Scherer (2001, S. 216ff) weisen deshalb zu Recht darauf hin, dass auch korrektes Umgehen mit einem Arbeitsmittel keine Garantie für die Verinnerlichung der mathematischen Ideen, Strukturen oder Begriffe bedeutet. Das Arbeiten am konkreten Material kann sogar zum „Selbstzweck" werden (2001, S. 224). Wie wir noch sehen werden, ist die Unfähigkeit sich vom Konkreten zu lösen eines der Hauptprobleme gerade der schwächeren Schülerinnen und Schüler im Mathematikunterricht (Abschnitt 4.3.2).

Dennoch: „Eine verfrühte Abkehr von anschaulichen Darstellungen bevor wirklich tragfähige mentale Bilder vom Kind konstruiert und genutzt werden können, kann als der Kardinalfehler des Anfangsunterricht bezeichnet werden" (Krauthausen und Scherer, 2001, S. 217). Anschauliche Darstellungen sind für das Kind eine Hilfe bei der Konstruktion mentaler Bilder und damit beim Begriffserwerb durch Verknüpfung der neuen Sachverhalte mit dem bereits bestehenden Wissensnetz. Die Darstellungen sollen den Blick der Kinder auf die strukturellen Beziehungen richten und ihnen helfen, beispielsweise Rechenstrategien zu erklären: „Eine wünschenswerte Einstellung der Kinder gegenüber Arbeitsmitteln und Veranschaulichungen kann sich nur dann entwickeln, wenn die eingesetzten Materialien das Ausnutzen effektiver Strategien auch nahe legen" (vgl. Krauthausen und Scherer, 2001, S. 224; vgl. auch Abschnitt 2.2.6). Kurz gesagt: Entscheidend für den Lernprozess des Kindes ist der „Übergang vom Blick zum Durchblick" (Winter, 1998, S. 76).

2.1.3 Allgemeine Ziele des Mathematikunterrichts in der Grundschule

Am Ende des zweiten Schuljahres sollen die Kinder im Zahlenraum bis 100, am Ende des vierten Schuljahres im Zahlenraum bis 1.000.000 sicher rechnen können. Diese Ziele sind verbindlich - sie sind nicht nur festgelegt in Richtlinien, sondern sie sind ein Recht der Kinder: Lehrerinnen und Lehrer haben dafür zu sorgen, dass die Kinder, die ihnen anvertraut sind, die Grundrechenarten beherrschen (ebenso, wie sie lesen und schreiben können müssen).

Die Frage ist nur, auf welche Weise dieses Ziel am besten erreicht wird - und zu welchem „Preis": Welche Kenntnisse, Fertigkeiten und Fähigkeiten sollen die Kinder im Mathematikunterricht der Grundschule außerdem noch erwerben? Ist reines Üben - „Pauken" - der Grundrechenarten eine geeignete Methode zur sicheren Beherrschung, und welche Einstellung zur Mathematik entwickeln die Kinder dabei?

Eine andere Frage ist die nach der *Anschlussfähigkeit* der Bildungsprozesse: Entwicklungs- und Lernprozesse der Kinder beginnen früh, sie bauen aufeinander auf und beeinflussen sich gegenseitig. Im mathematischen Anfangsunterricht müssen die Vorkenntnisse der Kinder ebenso berücksichtigt werden wie im Kindergarten auf die Schulfähigkeit der Kinder hinzuarbeiten ist (vgl. Abschnitt 1.4). Im Mathematikunterricht der Grundschule sollte bedacht werden, dass in dieser Zeit wichtige Grundlagen für mathematische Denkweisen gelegt werden. Solche Denkweisen werden in der Sekundarstufe gefordert; ihre Ausbildung kann aber durch eine zu enge, allein auf die Bedürfnisse der Grundschule zugeschnittene Betrachtungsweise behindert werden. So scheitern die Kinder beispielsweise in der Bruchrechnung, wenn sie die Zahlen ausschließlich als Anzahlen kennengelernt haben (vgl. z. B. Hasemann, 1995, und Kapitel 4). Ein anderes Beispiel sind Begriffe wie Kongruenz und Symmetrie, bei denen sich die Kinder im Laufe der Zeit von der Betrachtung von Figuren lösen müssen, um zu einer Vorstellung von Abbildungen zu kommen (vgl. Abschnitt 3.1).

Allgemeine Ziele des Mathematikunterrichts sind nach 1970 insbesondere von Bigalke (1976) formuliert worden; für die DDR z. B. in dem Buch „Allgemeinbildung und Lehrplanwerk" (1988; speziell für die Grundschule vgl. dazu Franke, o.J.).

Unsere heutigen Vorstellungen über die Ziele des Mathematikunterrichts in der Grundschule haben sich im Wesentlichen auf der Grundlage der Arbeiten zum „Entdeckenden Lernen" von Winter (1975, 1991) entwickelt. Winter formulierte acht allgemeine Ziele, drei davon benennen Haltungen und Fähigkeiten der Kinder, fünf betreffen geistige Grundtechniken. Diese Ziele wurden von Wittmann und Müller (1994b, S. 6) im Lehrerband zu ihrem Lehrgang „Das Zahlenbuch 1" in knapper und griffiger Form in vier Zielen zusammengefasst. Danach ist mit der „Erarbeitung inhaltlicher Lernziele ... die Förderung der folgenden *allgemeinen Lernziele (Grundfähigkeiten)* organisch verbunden ... (nämlich die)

- Fähigkeit, reale Situationen in die Sprache der Mathematik zu übersetzen, mathematisch zu lösen und das Ergebnis für die reale Situation zu interpretieren (Mathematisieren),
- Fähigkeit, Situationen experimentierend zu erforschen, Beziehungen und Strukturen zu entdecken, Strukturen zu erfinden (Entdecken),
- Fähigkeit, mathematische Sachverhalte zu begründen (Argumentieren),
- Fähigkeit, Beobachtungen, Überlegungen, Begründungen, Einschätzungen zu mathematischen Sachverhalten mündlich und schriftlich auszudrücken (Darstellen)."

Eine ausführliche Diskussion dieser allgemeinen Ziele findet man bei Krauthausen und Scherer (2001, S. 143ff.), sie sollen deshalb hier mit Blick auf den mathematischen Anfangsunterricht nur kurz erläutert werden: Das Mathematisieren umfasst den weiten Bereich der Anwendungen von Mathematik, auf dieser Schulstufe vor allem im Alltag der Kinder (später auch in der Technik und in anderen Bereichen der Wissenschaften). Umgekehrt erwachsen mathematische Fragestellungen aus alltäglichen Situationen. Damit zeigt sich auch, dass die Mathematik nicht „fertig", sondern historisch gewachsen ist. Dieser Aspekt ist ebenfalls im „Entdecken" (oder „Explorieren") enthalten. Jedoch sind es vor allem *innermathematische* Fragestellungen und Situationen, mit denen und in denen die Kinder frei und ohne Scheu vor Fehlern experimentieren, vermuten und Hypothesen bilden können sollen. Beim Argumentieren geht es um jede Art von Begründungen: „Aufgedeckte Strukturen oder Muster lassen sich aber nicht nur beschreiben, sondern - mit den den Lernenden zur Verfügung stehenden Mitteln - auch erklären und argumentativ begründen" (Krauthausen und Scherer, 2001, S. 145). Dieses Ziel umfasst damit, ebenso wie das „Darstellen" (oder „Formulieren"), die Förderung der sprachlichen Ausdrucksfähigkeit der Kinder. Darüber hinaus erfordert die Mathematik die sachgemäße Verwendung der Fachsprache, von Zeichen und Symbolen sowie von Tabellen, Diagrammen und anderen grafischen Darstellungen. Die Kinder sollen behutsam zu einer adäquaten Verwendung der mathematischen Sprache hingeführt werden, dazu können z. B. auch Lerntagebücher im Sinne von Gallin und Ruf (1993; vgl. auch Selter, 1994) beitragen.

2.2 Arithmetischer Anfangsunterricht

Üblicherweise geht man davon aus, dass die Kinder am Ende ihres ersten Schuljahres sicher sind beim Rechnen im Zahlenraum bis 20. *Wie* man dieses Ziel am besten erreicht, ist auch - oder gerade - unter Experten durchaus strittig. Welches Konzept für den arithmetischen Anfangsunterricht favorisiert wird, hängt von vielen Faktoren ab, zu denen bildungspolitische Überzeugungen ebenso gehören wie akzeptierte wissenschaftliche Ergebnisse, persönliche Erfahrungen, aber auch aktuelle Strömungen und Schwerpunkte der öffentlichen Diskussion.

Die facettenreiche „Geschichte des Mathematikunterrichts" etwa von der Zeit Adam Ries' (1492-1559) bis zum Beginn des Computerzeitalters wurde von Radatz und Schipper (1983, S. 26-47) ausführlich nachgezeichnet. Im folgenden Abschnitt sollen einige der Faktoren diskutiert werden, die die heutigen Konzepte des arithmetischen Anfangsunterrichts beeinflusst haben.

2.2.1 Faktoren bei der Konzeption des arithmetischen Anfangsunterrichts

Betrachtet werden

- bildungspolitische
- pädagogische und
- psychologische Faktoren.

Bildungspolitische Faktoren
Bildungspolitische Faktoren haben den Rechen- und später den Mathematikunterricht etwa seit der Zeit der Aufklärung beeinflusst. Während das Rechnen vorher eher als ein „notwendiges Übel" betrachtet wurde, das man gern einer Zunft von Rechenmeistern überließ, war für Heinrich Pestalozzi (1746-1827) das wichtigste Ziel die „Entwicklung der geistigen Kräfte aller Menschen". Aus einem Rechenunterricht, in dem es um den mechanischen Erwerb von Regeln ging, sollte das „Denkrechnen" werden. Pestalozzi hatte mit seinen Vorschlägen erheblichen Einfluss auf die Entwicklung der Volksschulen insbesondere in Preußen. Allerdings gab es, beeinflusst auch durch Mängel in der unterrichtspraktischen Umsetzung der Ideen, bald (etwa ab Mitte des 19. Jahrhunderts) eine Gegenbewegung: An die Stelle des „Primats der formalen Bildung" wurde das „Primat der materiellen Bildung" gesetzt. Erstes Ziel des Rechenunterrichts war die Vorbereitung der „künftigen Bürger, Bauern und Soldaten" (Stiehl, 1854, vgl. Radatz und Schipper, 1983, S. 31) auf ihre Berufe. Diesen beiden Kennzeichnungen nennen zwei sehr unterschiedliche und

auf den ersten Blick schwer vereinbare Ziele des Mathematikunterrichts: Geht es in erster Linie um ein „Denken lernen" oder um das „Rechnen können"? Dass diese Ziele tatsächlich nicht unvereinbar sind, zeigen sowohl einige ältere als auch viele der neueren Lehrgänge für den Anfangsunterricht. Dies schließt aber nicht aus, dass im Einzelfall die Schwerpunkte sehr unterschiedlich gesetzt werden.

Auch in neuerer Zeit finden wir Situationen, in denen die staatliche Bildungspolitik direkt in die Konzeption des Mathematikunterrichts in der Grundschule eingegriffen hat: Aufgrund einer „Empfehlung" der Ständigen Konferenz der Kultusminister der Bundesrepublik Deutschland (KMK-Empfehlungen vom 3.10.1968) wurde verbindlich für alle Schulen der BR Deutschland die „Neue Mathematik" eingeführt - bekannt wurde sie bei uns unter der Bezeichnung „Mengenlehre", in den USA hieß sie „New Math" -, die einen fast vollständigen Bruch mit bis dahin entwickelten Konzepten bedeutete (vgl. Padberg, 1992, S. 23 oder Maier, 1991, S. 132f). Teilweise ebenso hastig wie sie verordnet worden war, wurde die Reform wenige Jahre später - wieder durch die Kultusminister - zurückgenommen. Diese Vorgänge sind ein eindrucksvolles und abschreckendes Beispiel für eine nicht gewachsene, sondern verordnete Reform. Trotz gut begründeter Zielsetzung und vieler durchaus interessanter Ansätze und Ideen musste sie schon deshalb fast zwangsläufig scheitern, weil weder Lehrerinnen und Lehrer noch Eltern auf sie vorbereitet waren.

Auslöser der Reformen war in den USA nicht zuletzt der sog. „Sputnik-Schock"[4], also der Start des ersten Satelliten durch die damalige Sowjetunion am 4.10.1957, der den Blick auf mögliche Defizite vor allem in der mathematischen und naturwissenschaftlichen Bildung richtete. In der Bundesrepublik Deutschland konstatierte Georg Picht 1964 die „deutsche Bildungskatastrophe". Verlangt wurde die Ausschöpfung aller Bildungsreserven, und das hieß nicht nur „Chancengleichheit", also den Zugang von Kindern aus allen Schichten zu allen Bildungseinrichtungen, sondern auch die Reorganisation der Schule mit dem Ziel höherer Effizienz.

Die „Neue Mathematik" sollte allen Kindern einen Weg zum Verständnis der Mathematik eröffnen. So schrieb z. B. der Pädagoge Hartmut von Hentig (1968, S. 126): „Die gemeinsame Mathematik (besteht) in der möglichst früh einzuführenden elementarisierenden Mengenlehre ... - in einem gründlichen Verständnis und in einem ebenso gründlichen Exerzitium grundlegender mathematischer Operationen; das technische, von Mathematik durchsetzte Zeitalter fordert nicht, dass man alle Formen und Stufen der Mathematik durchlaufen hat, sondern die fundamentalen Prozesse durchschaut und versteht." Die Schulbücher insbesondere für die ersten Schuljahre wurden mit diesem Ziel neu geschrieben. In den zugehörigen Lehrerhandbüchern und auch in speziel-

---

[4] Auch das Internet - entwickelt ab 1962 nach einem Konzept von J.C.R. Licklider vom Massachusetts Institute of Technology - ist ein Ergebnis dieses Schocks.

2 Zahlbegriff und Rechnen im Anfangsunterricht

len „Elternheften" versuchten die jeweiligen Autoren deutlich zu machen, welche Ziele sie verfolgten und warum dazu neue, ungewohnte Inhalte erforderlich waren.

Aus der Sicht vieler Mathematikdidaktiker, die zu dieser Zeit begannen, ihre Disziplin an Pädagogischen Hochschulen und Universitäten zu etablieren, war diese Reform des Mathematikunterrichts durchaus gut begründet. Es gab zum Teil groß angelegte Studien zur Entwicklung und Erprobung der neuen Inhalte und vor allem der neuen Lehr- und Denkweisen. Eine davon war das „Frankfurter Projekt" zur Modernisierung des Mathematikunterrichts in der Grundschule (vgl. Weis und Bauersfeld, 1973), aus dem der Lehrgang „Alef - Wege zur Mathematik" (Bauersfeld u. a., 1970) entstand. In ihrem Handbuch zum Lehrgang für das 1. Schuljahr schreiben die Autoren: „Wir haben versucht, jene allgemeinen Grunderfahrungen, Verhaltensweisen und Denkgewohnheiten zu erfassen und die Bedingungen ihres Erwerbs zu analysieren. ... Dabei sind wir auf Begriffe der neuen Mathematik gestoßen, die zum Teil auch innerhalb der Mathematik zu den grundlegenden gehören und der Arithmetik vorausgehen" (Bauersfeld u. a., 1970, S. 7). Diese Begriffe sind vor allem „Menge", „Relation" und „Verknüpfung" sowie topologische Begriffe (vgl. Abschnitt 3.1.2).

Bauersfeld und seine Mitautoren argumentieren in erster Linie pädagogisch, mit Blick auf Lernprozesse und mathematisches Verständnis. Erwartet werden zudem „erhöhte Motivation, kritischeres Denken und präzisere Sprache, aber ebenso größere Selbstständigkeit des Handelns, Kooperationsfähigkeit und weit umfangreicherer Ausgleich der unterschiedlichen Vorerfahrungen". Der Name Piaget kommt in dem erwähnten Handbuch überhaupt nicht vor, dennoch kann gesagt werden, dass die entwicklungs- und lernpsychologischen Theorien Piagets und insbesondere dessen Thesen über die Entwicklung des Zahlbegriffs (vgl. Abschnitt 1.3.2) für die meisten der um 1970 neu konzipierten Lehrgänge für den mathematischen Anfangsunterricht eine zentrale Rolle spielten. Aus psychologischer Sicht lieferten sie die Begründung dafür, dass die Behandlung der Zahlen im ersten Schuljahr mit einer „prä-numerischen Phase" beginnen sollte, in der die „grundlegenden und der Arithmetik *vorausgehenden* Begriffe der neuen Mathematik" (Bauersfeld u. a., 1970, S. 7) ausführlich thematisiert werden sollten. Laux und Bigalke schreiben (1972, S. 2): „Da Invarianz und Zuordnung Begriffe sind, ohne die weder mit Mengen noch mit Zahlen sinnvoll gearbeitet werden kann (Piaget), beginnt unser Lehrgang folgerichtig mit diesem Gegenstand".

Es fällt auf, dass zur Begründung der neuen *Inhalte* eher auf die auch von von Hentig angesprochene „Elementarisierung" der Mathematik Bezug genommen wurde, während Piagets entwicklungs- und lernpsychologische Theorien vor allem der Begründung des *methodischen Vorgehens* dienten. Fricke und Besuden beispielsweise, die sich bei ihrer Konzeption ausdrücklich auf Piaget berufen, schreiben: „Die Erforschung des Denkens, insbesondere im mathematischen Bereich, hat gezeigt, dass ein Lernen in Zusammenhängen notwendig ist ... . Aus diesen Erkenntnissen wurde die operative Methode entwickelt. Damit werden Logik, Arbeit mit Mengen, Arithmetik und Geometrie, wichtige neue und unersetzbare traditionelle Aufgabenbereiche der Mathematik, so angeboten, dass sie den Bedingungen kindlichen Denkens entsprechen und die Ausbildung beweglicher Denkoperationen fördern." (1972, S. IV).

Wie sehr allerdings bei der tatsächlichen Umsetzung in den Schulbüchern häufig die mathematische - und nicht die lernpsychologische - Sichtweise die Oberhand gewonnen hat, zeigt schon der Blick auf die Inhaltsverzeichnisse dieser Bücher, beispielsweise in die „Einführung in die Mathematik, 1. Schuljahr" (Laux und Bigalke, 1971). Auf Seite 4 bis 15 werden „Invarianz und Zuordnung" behandelt: Die Invarianz von Länge, Höhe, Entfernung, von kontinuierlichen Quantitäten (wie Wasser) und von Mengen (Kinder, Perlen, Klötze). Bei den Zuordnungen wird noch zwischen „eineindeutigen" und „nichteindeutigen" unterschieden. Der nächste Abschnitt (S. 16 bis 51) beschäftigt sich mit Mengen (Begriff der Menge, Element, Teilmenge, Restmenge, Schnittmenge, Vereinigungsmenge, aber auch logische Verknüpfungen wie „nicht", „und" und „oder"). Neben Objekten des täglichen Lebens werden dabei - wie auch in den meisten anderen Schulbüchern - „strukturierte Materialien" verwendet, d. h. die Kinder sollten konkrete Mengen bilden mit Hilfe von Plättchen oder Klötzchen aus Holz oder Plastik, die sich in mehreren Merkmalen (Form, Farbe, Größe und Griffigkeit) unterscheiden. Die ersten Zahlen (die Kardinalzahlen 2, 3 und 4) treten erst in der Mitte des Lehrganges (auf Seite 54 von insgesamt 107 Seiten) als „Eigenschaften gleichmächtiger Mengen" auf (vgl. Abschnitt 2.1). Entsprechend wird später die Addition auf die Vereinigung von Mengen und die Subtraktion auf die Restmengenbildung zurückgeführt. Die Verwendung der Zahlen als Zählzahlen wird nicht explizit angesprochen, Ordnungszahlen kommen nur kurz vor. In anderen Lehrgängen, wie z. B. bei Fricke und Besuden (1972, S. 32), wurden die Zahlen von 1 bis 4 durch die Bezugnahme auf Standardmengen (aneinander gelegte Klötzen) gekennzeichnet.

Die Reform des Mathematikunterrichts scheiterte trotz allem Schulungs- und Informationsaufwand bei Eltern, Lehrerinnen und Lehrern in der Praxis: „Was als Schüleraktivität zur Steigerung der Fähigkeiten im Klassifizieren und Ordnen, im funktionalen und im schlussfolgernden Denken, im Abstrahieren und Generalisieren, im Argumentieren und Beweisen, im Gebrauch von Symbolen usw. gedacht war, gerann zu einem Unterrichtsstoff, der nach traditionellen methodischen Mustern ‚durchgenommen' wurde. ... Eine Flut von Bezeichnungen, Symbolen und Sprechweisen brach schon über die Schulanfänger herein, die sie ‚lernen' sollten und die nicht nur den Eltern fremd waren, sondern auch manchen Lehrerinnen noch Schwierigkeiten bereiteten" (Maier, 1990, S. 133).

Es gibt allerdings weitere Gründe für das Scheitern. Während die von Maier zusammengestellten Ziele sicher auch heute noch aktuell sind, ging die Reform in doppelter Hinsicht von falschen Voraussetzungen aus. Zum einen sind grundlegende mathematische Begriffe wie solche aus der Logik und der Mengenlehre nicht „elementar" in dem Sinne, dass sie leicht zu verstehen sind - ganz im Gegenteil (darauf wurde in 2.1.1 schon verwiesen). Zum anderen vernachlässigt die einseitige Betrachtung der natürlichen Zahlen als Kadinalzahlen die Vorerfahrungen der Kinder mit den Zählzahlen. Die Vorstellung, dass man auf diese Weise eine „tabula rasa" und damit allen Kindern gleiche Startbedingungen schaffen könnte, ist vielleicht pädagogisch ehrenwert, aber aus lernpsychologischer Sicht völlig verfehlt (vgl. Abschnitt 2.1.2). Schließlich verweist Padberg (1992, S. 36) mit Recht darauf, dass Schulanfänger auf ihre Zahlenkenntnisse und Rechenfertigkeiten stolz sind. „Daher macht sich bei einer längeren Beschäftigung mit strukturiertem Material ohne Benutzung von Zahlen leicht Enttäuschung breit. Dies führt, ebenso wie die Unterforderung vieler Schüler zumindest in Teilen dieses pränumerischen Kursabschnittes, leicht zu einem Abfall in der Motivation gegenüber dem Mathematikunterricht."

In der früheren DDR wurde der „Rechenunterricht" 1963 durch einen einheitlichen „Schullehrgang Mathematik von Klasse 1 bis 10" ersetzt (vgl. Borneleit, o.J., S. 37ff). Auffällig waren dabei vor allem die frühzeitige Verwendung von Variablen (x als „Zeichen für eine unbekannte Zahl" bereits im 1. Schuljahr), die frühe Einführung und durchgängige Behandlung von Gleichungen und Ungleichungen, die systematische Förderung von Fähigkeiten im Beweisen und Definieren von Anfang an sowie eine „vollwertige" Geometrie in den Klassen 1 bis 4. Während die Veränderungen von Rechen- zum Mathematikunterricht in der DDR durchaus einige Ähnlichkeiten mit den Entwicklungen der „Neuen Mathematik" haben, wird an der Geometrie der Unterschied deutlich: „Bereits in den Klassen 1 bis 3 wird in der DDR mit einem systematischen Geometrielehrgang begonnen, der an das Hilbertsche Axiomensystem angelehnt ist" (Franke, 2000, S. 13).

Im Lehrplan von 1987 wurden einige dieser Anforderungen reduziert, da „sich in den letzten Jahren immer deutlicher (zeigte), dass es in den Lehrplänen selbst, aber auch in den Lehrbüchern und ‚Unterrichtshilfen' noch nicht durchgehend gelang, das o.g. Konzept in der erforderlichen Qualität umzusetzen" (Weber, 1987, S. 68). So wurde im 1. Schuljahr auf das Lösen von Gleichungen des Typs a + 3 = 5 bzw. a − 3 = 5 und im Zahlenraum bis 100 auf Übungsformen mit Variablen verzichtet. Dennoch blieb es bei der „grundsätzlichen Position, dass das Können im Arbeiten mit Variablen, mit Tabellen, im Lösen von Gleichungen und Ungleichungen ... von Klasse 1 an systematisch entwickelt werden muss" (Weber, 1988, S. 20).

Es besteht immer eine gewisse Gefahr, dass Reformen in der Schule und speziell im Mathematikunterricht durch äußere Ereignisse und die dadurch ausgelöste bildungspolitische Diskussion stärker beeinflusst werden als durch die Ergebnisse wissenschaftlicher Studien und reflektierter Unterrichtspraxis. Dies ist in einem gewissen Umfang unvermeidlich, da die Institution Schule in einem gesellschaftlichen und politischem Kontext steht. Öffentliche Diskussionen wie etwa die über die Ergebnisse der PISA-Studie (Programme for International Student Assessment; vgl. Baumert u. a., 2001) oder der Internationalen Grundschul-Lese-Studie (IGLU-E, vgl. Bos u. a., 2003) können aber durchaus hilfreich sein, um den Blick auf Mängel zu lenken und Vorschlägen zu ihrer Behebung auch im politischen Raum eine gewisse Chance zu geben.

Die bisherigen Betrachtungen haben gezeigt, dass grundlegender Veränderungen im Mathematikunterricht zwar wesentlich von bildungspolitische Faktoren abhängen, dass die Diskussion darüber aber stets auch mit *pädagogischen* und *psychologischen* Argumenten geführt wird. In ihrem oben angesprochenen historischen Überblick gehen Radatz und Schipper (1983) gerade auf diese Argumente sehr ausführlich ein. Angesprochen werden sollen hier nur Entwicklungen, die auch für den heutigen Anfangsunterricht in Mathematik von Bedeutung sind:

Pädagogische und psychologische Faktoren
Am Ende des 19. Jahrhunderts gab es eine Kontroverse zwischen „Zählmethodikern" und „Anschauern (Zahlbildmethodikern)" (vgl. Radatz und Schipper, 1983, S. 36ff). Im Kern ging es dabei um die auch heute noch aktuelle Frage, ob die Zahlbegriffsentwicklung der Kindern eher durch die Betrachtung der Zahlwortreihe und das Zählen gestützt wird oder eher durch das Betrachten von anschaulichem Materien (Mengen konkreter Objekte) und von Zahlbildern. Mit Blick auf die Veranschaulichungsmittel kann man kann man den Unterschied auch daran festmachen, ob die natürlichen Zahlen am besten durch den Zahlenstrahl oder durch flächige Zahldarstellungen wie z. B. die auf dem Würfel oder in der Hundertertafel (vgl. Abschnitt 2.2.6) dargestellt werden. Schon die Aufzählung der Beispiele macht deutlich, dass es sich - aus der Sicht der Kinder - bei der Unterscheidung zwischen „Zählern" und „Anschauern" nicht um einen echten Gegensatz handelt, es geht vielmehr um *Präferenzen*: Es gibt Kinder - Menschen -, die sich die Zahlen lieber linear angeordnet vorstellen, und solche, die eine flächige Darstellung bevorzugen, und es gibt Kinder, die beides gleichermaßen können. Ebenso gibt es Kinder, die Informationen bevorzugt über das Gehör aufnehmen und im Gedächtnis speichern, und solche, die eher „visuelle Typen" sind.

Der Beginn des 20. Jahrhunderts bringt mit der Reformpädagogik eine neue Sichtweise, die insbesondere mit dem Namen Maria Montessori (1870-1952; vgl. Montessori, 1969) verbunden ist: die *Pädagogik* (und damit auch der Rechenunterricht) *vom Kinde aus*. Das Kind und seine Art zu lernen stehen im Mittelpunkt und sind bei der Auswahl und Anordnung der Lerninhalte ebenso zu berücksichtigen wie seine natürliche Entwicklung. Vor allem aber sind die Selbstständigkeit und die Eigentätigkeit des Kindes zu fördern (vgl. Radatz und Schipper, 1983, S. 39).

Die erste systematische Rechendidaktik stammt ebenfalls aus dieser Zeit: Johannes Kühnels „Neubau des Rechenunterrichts". Kühnel (1919) beruft sich

2 Zahlbegriff und Rechnen im Anfangsunterricht 61

auf Ergebnisse der experimentellen Psychologie. Für den Rechenunterricht verlangt er unter anderem (vgl. Maier, 1990, S. 114ff)

- „eine wirkliche, allseitige, planmäßige, oft wiederholte Anschauung, eine ... immer genauer und vollständiger werdende Assimilation, eine kontemplative Betätigung aller Sinne mit besonderer Berücksichtigung der Bewegungsvorstellungen, ein handelndes Erleben, ein selbstständiges Vertrautwerden mit der Wirklichkeit (sowie)
- eine weit hinausgeschobene, langsam reifende vorsichtig prüfende Abstraktionsfähigkeit, die immer wieder von Konkretionen unterbrochen wird und aus ihnen immer wieder von neuem sich aufbaut.
- Zu betonen und zu üben sind „Raumvorstellungen zu den Zahlbegriffen" und „Bewegungsvorstellungen zu den Operationen", die Kinder sollen sich an „greifbare Begriffssubstrate" gewöhnen. „Dazu müssen auch die Rechenmittel dienen und sie sind entsprechend zu gebrauchen. Die Ziffer ist zunächst gar nicht, später als Notizmittel und erst noch später als Begriffsstubstrat zugelassen."

Kühnel beendet auch den Streit zwischen Zähl- und Zahlbildmethodikern durch eine Synthese der Ideen beider Gruppen, indem er - unter anderem - sowohl rhythmisches Zählen als auch den Gebrauch der Hundertertafel vorschlug. Viele von Kühnels Ideen wirken bis heute fort, so berufen sich z. B. Winter (1984, 1991) und Wittmann (1994a,b) bei der Begründung des „aktiventdeckenden Unterrichts" ausdrücklich auf Kühnel.

Ebenfalls Aufnahme in Schulbücher fanden Johannes Wittmanns Vorschläge für das „Ganzheitliche Rechnen" (Wittmann, 1929, 1939). Ähnlich wie Kühnel geht J. Wittmann davon aus, dass Lernende sich ihre Erkenntnisse selbst und aktiv erarbeiten müssen und dass der Erwerb des Zahlbegriffs mit konkreten Erfahrungen beginnt und über „Dingsymbole" und zeichnerische Darstellungen zur fachlichen Symbolsprache führt. Zentral ist dabei allerdings für Wittmann die These, dass „alles seelisch-körperliche Leben des Menschen ... stets von irgendwie strukturierten *Ganzheiten* ausgeht und zu neuen Ganzheiten fortschreitet." Am Anfang steht bei Wittmann nicht wie bei Kühnel die *Synthese* - die Betrachtung einer immer größeren Anzahl von Einzelobjekten -, sondern die *Analyse*, d. h. der zunächst spielerische und dann ordnende Umgang mit komplexen Situationen. Dazu gehört z. B., dass die Kinder ungeordnete Mengen in verschiedener Gestalt ordnen und beschreiben: Als gerade „Reihe", als „Schlangenlinie", als „Kreisreihe", als „Treppe" usw.

Die hier genannten Ideen und Vorschläge für die Gestaltung des mathematischen Anfangsunterrichts wirken heute noch fort. Dies gilt für die Rolle des Zählens bei der Zahlbegriffsbildung ebenso wie für das „handelnde Erleben" der mathematischen Sachverhalte und die Verwendung von Anschauungsmitteln. Große Bedeutung haben vor allem die Vorschläge zum „aktiv-entdeckenden Lernen" bzw. zum Lernen in „strukturierten Ganzheiten".

2.2.2 Aufgreifen der Vorkenntnisse

Die Kinder kommen mit sehr unterschiedlichen Vorerfahrungen, Vorkenntnissen und Erwartungen in die Schule; bei den meisten ist die Motivation groß, und sie wollen zeigen, was sie schon können. Diese Motivation zu erhalten gehört sicher zu den wichtigsten und reizvollsten Aufgaben der Lehrerin. Da unser Thema aber nicht der Schulbeginn im allgemeinen und die vielfältigen damit verbundenen Aufgaben sind, beschränken wir uns auf die Bereiche, die für den Mathematikunterricht Bedeutung haben.

Mit Blick auf den arithmetischen Anfangsunterricht sind dies vor allem die Kenntnisse und Erfahrungen der Kinder mit Zahlwörtern, mit dem Zählen, dem Lesen und Schreiben von Zahlen, aber es geht auch um ihren Entwicklungsstand bei der Einsicht in die Invarianz und um ihre Fähigkeiten bei der Klassifikation, beim Vergleichen und beim Ordnen. Für die Lehrerin ist es wichtig, möglichst für jedes einzelne Kind zu wissen, welche Kenntnisse und Fähigkeiten bereits vorhanden sind und, vor allem, wie sie sich im Laufe der Zeit entwickeln. n Abschnitt 2.3 wird ein Verfahren vorgestellt, mit dem diese Entwicklungen dokumentiert werden können. Zunächst aber soll aufgelistet werden, welche Kenntnisse und Fähigkeiten einige, viele, die meisten oder fast alle Kinder am Schulanfang haben. Die folgenden Prozentwerte stammen aus der Erprobung des „Osnabrücker Tests zur Zahlbegriffsentwicklung", und zwar aus der Testdurchführung mit mehr als 300 Kindern unmittelbar vor dem Schulbeginn (vgl. Abschnitt 1.5.1). Zu diesem Zeitpunkt konnten von den untersuchen etwa 300 Kindern

- Zählen (Aufsagen der Zahlwortreihe) bis 20   77%
- Weiterzählen von 9 bis 15   72%
- In Zweierschritten von 2 bis 14 zählen   50%
- 20 geordnete Klötze abzählen   58%
- 20 ungeordnete Klötze abzählen   49%
- 17 Klötze rückwärts zählen   32%
- Ohne sie zu sehen wissen, dass 13 Bonbons mehr sind als 9   69%
- Die Augensumme von zwei Würfeln zusammenzählen   51%
- Zum Vergleich mehr/weniger bis zu 5 Objekte simultan erfassen   83%
- Objekte nach zwei Merkmalen gleichzeitig klassifizieren   67%
- Objekte der Größe nach ordnen   75%
- Zwei Reihen der Größe nach vergleichen   67%
- Objekte eins-zu-eins zuordnen (zählen ist möglich)   75%
- Objekte eins-zu-eins zuordnen (zählen ist nicht möglich)   61%

Für das Lesen und Schreiben von Ziffern ermittelte Schmidt (1982; vgl. Padberg, 1992, S. 12), dass ein Schulanfänger im Durchschnitt 5 bis 6 Ziffern richtig schreiben und 9 der 10 Ziffern lesen kann.

2 Zahlbegriff und Rechnen im Anfangsunterricht

In diesen Aufzählungen fällt auf, dass fast alle der genannten Kenntnisse und Fähigkeiten bei mehr als der Hälfte oder sogar drei Vierteln aller Kinder am Schulbeginn erwartet werden können. Außerdem haben wir bereits in Abschnitt 1.5.1 gesehen, mit welchem Tempo die geistige Entwicklung der Kinder verläuft. Dies macht allerdings die Aufgabe der Lehrerin am Schulbeginn nicht leichter: Einerseits gibt es Kinder, die noch *nicht* sicher bis 20 zählen und noch *nicht* in Zweierschritten oder gar rückwärts zählen können und die mit den Begriffen „mehr" und „weniger" ebenso ihre Probleme haben wie mit dem Ordnen von Gegenständen nach vorgegebenen Merkmalen. Andererseits aber würde man alle die Kinder, die diese Fähigkeiten schon besitzen, furchtbar langweilen und in ihrem Lerneifer enttäuschen, würde man zu lange bei den von ihnen als „Kindergartenkram" betrachteten Sachverhalten verweilen. Hier ist das besondere pädagogische und methodische Geschick der Lehrerin gefordert, einen Ausgleich zu schaffen. Wie kann das gehen?

Jedes Kind sollte nach wenigen Schulwochen zumindest im Zahlenraum bis 20 sicher zählen können. Sicheres Zählen in einem Zahlenraum (Vorwärts- und Rückwärtszählen, auch beginnend von beliebigen Zahlen an und in Zweierschritten) ist eine wesentliche, unabdingbare Voraussetzung für die Rechenfertigkeit in diesem Zahlenraum[5]. Das Zählen trägt auch dazu bei, mentale Vorstellungen vom Zahlenraum aufzubauen. Die Kinder lernen dabei sowohl die Aufeinanderfolge der Zahlen vor ihrem „geistigen Auge" zu sehen als auch ihren „Abstand" und ihre Beziehungen zueinander. (So ist z. B. die 13 weiter weg von der 3 als die 5 von der 3, aber die Zahlenfolge 13, 14, 15, .. wird analog gebildet zu der Folge 3, 4, 5, ...; man erreicht die 13 von der 3 aus schneller in Zweierschritten als durch einfaches Zählen usw.; vgl. auch Rickmeyer, 2001)

Zählübungen sind also in jedem Fall erforderlich, und auch die „Besserwisser" werden bald Freude daran haben. Die Kinder können zum Beispiel

- im Chor zählen,
- Zahlenreihen rhythmisch sprechen (z. B. 1,2,3,4, ... oder 1,2,3,4,5,6, ...),
- melodisch, z. B. Töne in Tonleitern zählen,
- das Zählen mit Bewegungen (hüpfen, stampfen, klatschen) verbinden,

---

[5] Diese Voraussetzung ist nicht zu verwechseln und hat wenig zu tun mit dem zählenden Rechnen, also der Tatsache, dass manche Kindern auch noch in höheren Klassen Additions- und Subtraktionsaufgaben durch offenes oder verstecktes Zählen zu lösen versuchen Diese Strategie ist ineffektiv und muss spätestens im 2. Schuljahr verhindert werden (vgl. Abschnitt 2.3). Wir werden noch sehen, dass praktisch alle Kinder, teilweise schon im Kindergarten, Additionen und Subtraktion spontan durch Zählen lösen, diese Strategie aber bald durch effektivere und zuverlässigere ersetzen.

- sich im Stuhlkreis einen Ball zuwerfen und eine Zahl nennen; von dieser Zahl ab zählt das Kind vorwärts oder rückwärts, und der Ball wird weiter geworfen.[6]

Beim Abzählen ist darauf zu achten, dass gemäß dem Abstraktionsprinzip (vgl. Abschnitt 1.2) *beliebige Objekte* - auch nur vorgestellte oder solche, die in keinem begrifflichen Zusammenhang zueinander stehen - gezählt werden können. Die Schwierigkeit des Zählens erhöht sich, wenn es keine Möglichkeit gibt, die zu zählenden Objekte zu berühren oder die bereits gezählten Objekte zur Seite zu schieben. Das Zählen wird einfacher, wenn man die zu zählenden Objekte ordnen kann. Abzählübungen sollten folglich so viele Variante wie möglich umfassen; unterschiedlich schwierig zu zählen sind beispielsweise

- die Gegenstände im Federmäppchen,
- Töne (auf dem Xylophon, Klatschen),
- sich bewegende Kinder oder Vögel auf dem Schulhof,
- nicht anwesende oder nicht sichtbare Personen (z. B. Kinder außerhalb des Klassenraums).

Eine andere Möglichkeit, die Sicherheit im Umgehen mit Zahlen zu erhöhen, ist das Herstellen von Mengen mit vorgegebener Anzahl, z. B. 9 Kinder für ein Spiel, Trinktütchen für *alle* Kinder der Klasse oder 17 Paar Schuhe im Klassenraum.

Viele Zählprozeduren werden einfacher, wenn man die zu zählenden - realen oder auch nur vorgestellten - Objekte in irgendeiner Weise repräsentiert, z. B. mit Hilfe der Finger oder durch eine Strichliste. Bei diesem Vorgehen fällt sofort auf, dass Ordnen und Bündeln die Sache erleichtert: 5 Finger sind eine Hand, man hat insgesamt 10 Finger. Bei den Strichlisten bietet es sich an, entsprechende Bündelungen (je 5 oder je 10) vorzunehmen; auf solche Ideen kommen die Kinder selbst.

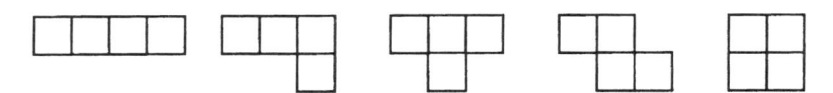

Abb. 2.5: Figuren aus vier Plättchen

Kleine Anzahlen (bis 5 oder 6) erkennen auch Kinder einfach durch Hinsehen, also durch simultane Zahlerfassung (vgl. Abschnitt 1.2). Man kann diese Fähigkeiten üben (oder testen), indem man die Kinder z. B. alle Figuren legen lässt, die mit vier Plättchen möglich sind (vgl. Abb. 2.5), oder ihnen kleinere

---

[6] Diese Anregungen verdanke ich u. a. Frau A. Ebeling, einer Mitautorin der Handbücher von Radatz u. a. (1996 ff; vgl. auch Ebeling, 1996).

2 Zahlbegriff und Rechnen im Anfangsunterricht

Anzahlen von Gegenständen nur kurz zeigt und sie die Anzahl nennen oder mit den Fingern zeigen lässt. Entsprechendes gilt für die Punktebilder auf dem Spielwürfel. Beispielsweise ist es recht einfach, die Anzahl von Gegenständen anzugeben, wenn sie ähnlich wie das Zahlbild der Sechs auf dem Würfel angeordnet sind (vgl. Abb. 2.6) oder bei größeren Anzahlen, wenn sich ihre Anordnung zerlegt denken lässt wie die Zahlbilder der Vier *und* der Fünf auf dem Würfel (vgl. Abb. 2.7), oder wenn eine Anordnung vorliegt, deren Struktur leicht erkannt werden kann, wenn also ein Muster-Erkennen möglich ist (vgl. Abb. 2.8).

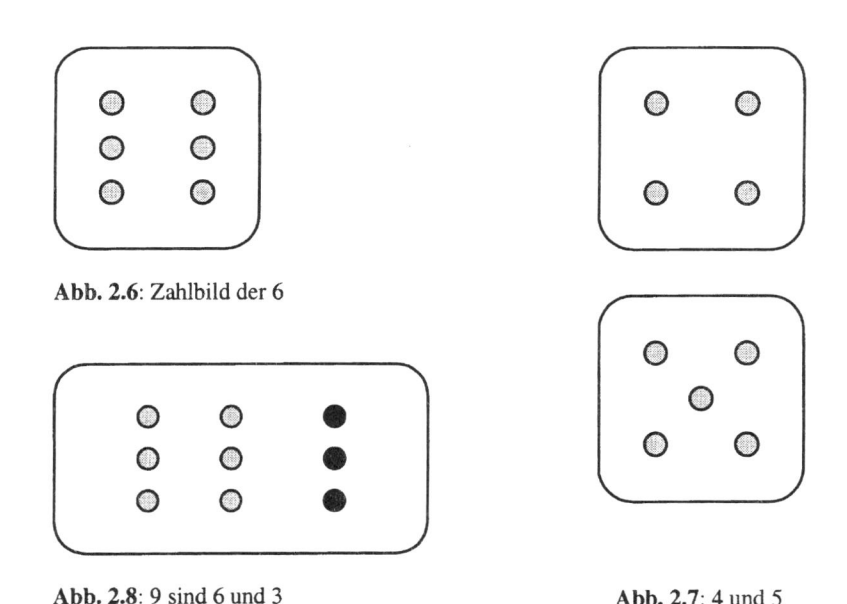

Abb. 2.6: Zahlbild der 6

Abb. 2.8: 9 sind 6 und 3

Abb. 2.7: 4 und 5

Auf die unterschiedlichen Fähigkeiten in diesem Bereich sind wir schon in den Abschnitten 1.2 und 1.4.2 eingegangen, insbesondere auf unterschiedliche Strategien, die die Kinder bei Punktemustern mit 7 oder 15 Punkten verwenden. Einige erkennen die Würfelbilder und machen sie sich zunutze, andere verwenden aufwändige Zählprozeduren (vgl. die Diskussion der Abb. 1.12 und 1.13). Gerade das Erkennen von Mustern aller Art ist eine Fähigkeit, die unbedingt entwickelt und immer wieder trainiert werden sollte. Gleichzeitig wird damit das Übertragen von Zahldarstellungen von der einen in eine andere Darstellungsform gefestigt (gesprochene Zahlwörter, Punktebilder oder andere Zahlbilder, Standardmengen wie die Finger einer Hand, später Ziffern). Eine Übung dazu kann z. B. so aussehen: Man legt verschiedene Punktebilder (z. B.

von 1 bis 10) im Stuhlkreis aus und lässt eine Zahl nennen oder durch den Zehnerwürfel ermitteln. Die Kinder sollen sich das passende Punktefeld greifen (falls gewünscht, das geht auch auf Tempo und als Wettbewerb!). Weitere Spiele und Materialien werden wir in Abschnitt 2.3 vorstellen.

Es versteht sich von selbst, dass solche Übungen und Spiele zum Zählen, zum Erkennen von Anzahlen und Zahldarstellung oder von Mustern nicht als „prä-numerische Phase" gemeint sind, sondern dass diese Übungen und Spiele in den Monaten nach dem Schulbeginn immer wieder eingestreut werden sollen. Dies kann z. B. fünf bis zehn Minuten lang am Anfang oder am Ende einer Unterrichtsphase geschehen, aber auch zwischendurch.

Auch sollten sich die Übungen nicht auf Zahlen oder das genaue Zählen beschränken, ebenso wichtig ist die Entwicklung von Fähigkeiten zum Abschätzen, zunächst ganz einfach im Hinblick auf „mehr", „weniger" oder „genauso viele wie", dabei kommt auch die Eins-zu-eins-Zuordnung wieder ins Spiel. Beispiele:

- Sind mehr Jungen oder mehr Mädchen in der Klasse, oder sind es gleich viele? Wie kann man dies ohne zu zählen feststellen?
- Ist für jedes Kind ein Stuhl da? Sind weniger Stühle da, oder reichen sie aus?
- Im Schwimmbad sind zwei Eisverkäufer, die das gleiche Eis haben. Vor beiden steht eine Schlange. An welcher stellst du dich an? Warum?
- Bei zeichnerischen Darstellungen von zwei Mengen können die Kinder die Eins-zu-eins-Zuordnung sehr schön dadurch herstellen, dass sie die Objekte der einen und der anderen Menge gleichzeitig mit einem Finger der linken und der rechten Hand antippen.

Neben „mehr - weniger - genauso viele wie" können z. B. auch folgende Vergleiche angesprochen werden:

- schneller - langsamer - genauso schnell wie
- kleiner - größer - genauso groß wie
- leichter - schwerer - genauso schwer wie
- heller - dunkler - genauso hell wie
- härter - weicher - genauso hart wie
- lauter - leiser - genauso laut wie
- mehr wert - weniger wert - genauso viel wert wie.

Abschließend sollen zwei Bereiche angesprochen werden, die leicht übersehen werden: Das Bilden von Reihenfolgen und die Unterscheidung von rechts und links.

Bei der Erprobung des Osnabrücker Tests (OTZ) zur Zahlbegriffsentwicklung hat sich gezeigt, dass der Teiltest zum Bilden und Erkennen von Reihenfolgen von allen acht Testen derjenige war, mit dem die Kinder die größte

Mühe hatten. Da außerdem der Ordnungszahlaspekt (erster, zweiter, dritter, ...) für die Kinder der schwierigste Zahlaspekt ist (vgl. Abschnitt 2.2.3), sollten in jedem Fall auch Übungen dazu durchgeführt werden:

- Treppen aus Steckwürfeln bauen.
- Bleistifte der Länge nach ordnen: Wie geht man vor?
- Kinder der Größe nach ordnen; dabei kann auch mehr als ein Merkmal zu berücksichtigen sein, z. B. wenn sich Jungen und Mädchen getrennt aufstellen.
- Bei einer Aufgabe aus dem OTZ (Abschnitt 1.5.2, Abb. 1.9) werden zwei Reihen - unterschiedlich große Hunde und unterschiedlich lange Stäbe - miteinander verglichen. Wieder lautet die Frage: Wie geht man vor?

Die Fähigkeit rechts und links zu unterscheiden, ist fundamental beim Lesen und Schreiben von Wörtern und Sätzen, auch beim Lesen und Schreiben von Zahlen und von Rechenaufgaben. Die Leserichtung ist bei uns stets von links nach rechts, und üblicherweise ordnen wir auch die Zahlen in dieser Richtung: 1, 2, 3, ... (obwohl dies nicht keineswegs zwingend ist, vgl. Abschnitt 2.3 und Rickmeyer, 2001). Kritisch wird es, wenn die Kinder zweistellige Zahlen nicht richtig lesen oder nach Diktat schreiben können, weil sie „32" als „23" lesen (hinzu kommt noch, dass bei zweistelligen Zahlwörtern im Deutschen die Einer vor den Zehnern gesprochen werden: „zweiunddreißig"). Schon deshalb sind Übungen der Art „Heben der rechten/linken Hand", „Stehen auf dem rechten/linken Fuß", „linke Hand zum rechten Ohr", aber auch Spiele wie „Twister"[7] sehr hilfreich und nützlich.

2.2.3 Zahlaspekte

Mit Blick auf die Vtorkenntnisse der Kinder haben wir die Zahlen bisher hauptsächlich unter den Aspekten

- Zählzahl (eins, zwei, drei, ...) und
- Kardinalzahl (Anzahl: Wie viele?)

betrachtet; kurz erwähnt wurde im vorigen Abschnitt auch schon der Aspekt

- Ordnungszahl (erster, zweiter, dritter, ...).

---

[7] Bei diesem Spiel wird ein großer Spielplan mit Feldern mit verschiedenen Merkmalen (z. B Figuren und Farben) auf den Boden gelegt. Zwei oder mehr Kinder bekommen in mehreren Spielrunden Anweisungen wie „Legt die rechte Hand auf rot!" oder „Stellt den linken Fuß auf einen Kreis!"

Der Zahlbegriff umfasst jedoch weitere Aspekte (vgl. Padberg, 1992, S. 22):

- In Größen (bei Längen, Gewichten, Geldwerten, Zeitspannen usw.) treten die Zahlen als *Maßzahlen* auf: 3 m, 100 g, 2 €, 1 Std. usw.
- Beim *Operatoraspekt* bezieht man sich auf die Wiederholung von Vorgängen oder Handlungen, wir haben dafür eigene Zahlwörter: einmal, zweimal, dreimal, ...
- Besonders wichtig ist der *Rechenzahlaspekt*: Wir benutzen die Zahlen zum Rechnen.
- Den meisten Schulanfängern vertraut ist auch der *Codierungsaspekt*: Zahlen werden zur Kennzeichnung verwendet, z. B. bei Telefonnummern, bei Autokennzeichen oder bei der Belegung von Programmplätzen am TV-Gerät.

Einige dieser Verwendungsmöglichkeiten der Zahlen findet man auf der in Abb. 2.9 abgebildeten Seite aus einem Schulbuch.

Abb 2.9: Überall sind Zahlen (Rinkens und Hönisch, 1998, S. 6)

Fuson (1988, S. 404) hat die verschiedenen Zahlaspekte in einer Grafik zusammengetragen, um die wechselseitigen Beziehungen zwischen den einzelnen Aspekten zusammen mit dem ungefähren Lebensalter, zu dem die Kinder diese Beziehungen erkennen, zu verdeutlichen. In Abb. 2.10 sind Teile dieses

2 Zahlbegriff und Rechnen im Anfangsunterricht

Beziehungsnetzes abgebildet. Ihm ist zu entnehmen, dass die Kinder die Beziehung zwischen Zählzahlen und Kardinalzahlen schon sehr früh (mit drei bis vier Jahren) erfassen. Mit 4-6 Jahren entdecken sie, dass sie durch Weiter- und Rückwärtszählen addieren und subtrahieren können. Auch der Zusammenhang zwischen Zählzahlen und Ordnungszahlen wird schon mit etwa sechs Jahren erkannt, während der zwischen Kardinal- und Ordnungszahlen offenbar sehr viel schwieriger zu erfassen ist.

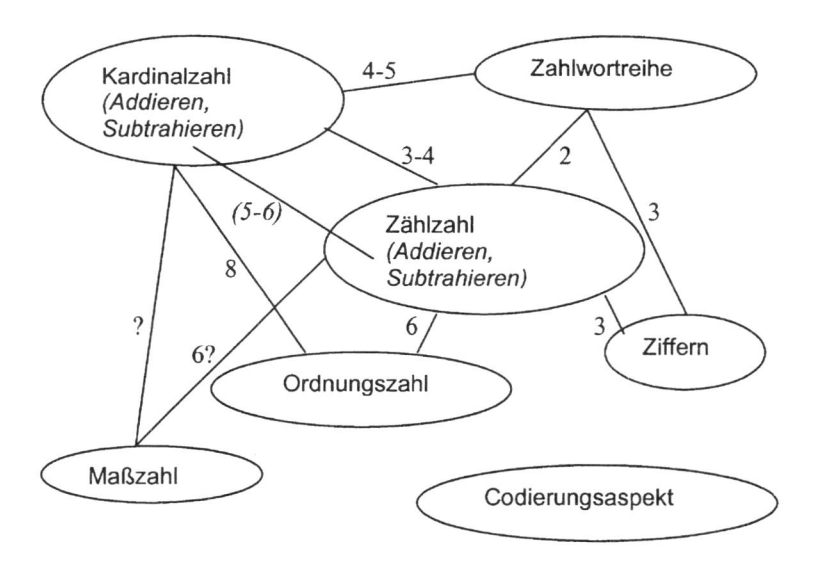

Abb. 2.10: Beziehungen zwischen einigen Zahlaspekten

Auch wenn diese Altersangaben nicht überbewertet werden dürfen, so zeigen sie doch, dass die Sicherheit beim Zählen fundamental ist für die Entwicklung des Zahlbegriffs insgesamt. Allein auf der Grundlage des Zählens kann sicher kein umfassender Zahlbegriff gebildet werden. Dieser erfordert, dass die Kinder alle Aspekte und ihre wechselseitigen Beziehungen erfassen sowie Einsicht in die formale Darstellung der Zahlen im Zehnersystem haben. Bei den meisten Kindern dürfte dieser Prozess bis zum Ende der Grundschulzeit dauern.

2.2.4 Einführung der Zahlen

Bei der Einführung der ersten Zahlen im Schulunterricht gibt es im Wesentlichen drei Vorgehensweisen:

1. Man führt die Zahlen schrittweise eine nach der anderen ein: die Eins, dann die Zwei, die Drei usw. bis zur Zehn.
2. Man führt einige Zahlen (z. B. 1 bis 4 oder 1 bis 6) ein und behandelt zunächst diese begrenzten Zahlenraum und erst anschließend die weiteren (5/6, 7/8, 9/10).
3. Man betrachtet einen größeren Zahlenraum (1 bis 10 oder sogar 1 bis 20) als Ganzes mit dem Ziel der Systematisierung und Präzisierung des vorhandenen Wissens über diese Zahlen.

Zu 1.: Diese Vorgehensweise kennzeichnet die „synthetische" Methode. Die Vertreter dieser Methode (wie Haase, 1898, und später Breidenbach, 1956, und Oehl, 1966) legten großen Wert darauf, dass von Anfang an kardinale und ordinale (Ordnungs-) Zahlaspekte miteinander verbunden werden.

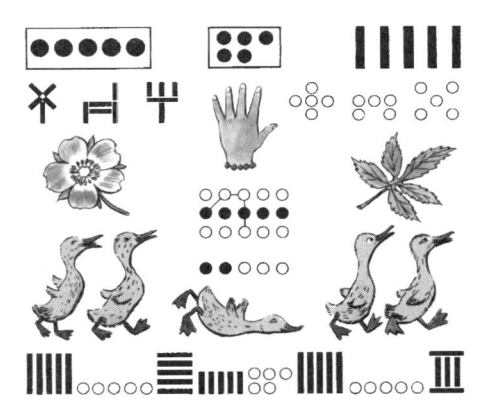

Abb. 2.11: Einführung der 5 (Kruckenberg und Oehl, 1960)

Auf jeder Seite des Schulbuchs wird nur eine Zahl behandelt, diese aber umfassend, so z. B. in dem 1960 von Kruckenberg und Oehl herausgegebenen Lehrgang „Die Welt der Zahl", in Abb. 2.11 vorgestellt am Beispiel der Seite zur Zahl 5. Es soll an Erfahrungen der Kinder angeknüpft werden. Die Zahl 5 kommt in vielen Gestalten vor und wird auf viele verschiedene Weisen zerlegt, damit wird auch der Zusammenhang zu den vorher behandelten Zahlen 1, 2, 3 und 4 hergestellt. Nicht im Bild dargestellt sind Übungen an einer Treppe, durch die kardinale und ordinale Aspekte „unterschieden und miteinander verknüpft" werden: „Wir gehen die Treppe hinauf, Schritt für Schritt: Erste Stufe

2 Zahlbegriff und Rechnen im Anfangsunterricht

- noch ein Schritt: Zweite Stufe usw. - Die Bewegung wird nachvollzogen. - Der Lehrer zeigt: Auf welcher Stufe stehen wir hier? ..... Der dritten. Zeige die zweite Stufe, ...! ... Die sprachliche Formulierung ist hier besonders wichtig." (Oehl, 1966, zu Seite 8).

Eine aktualisierte Form dieses Vorgehens findet man auch in der (zur Zeit) neuesten Version der „Welt der Zahl" (Rinkens und Hönisch, 1998). Wie in den zuvor angesprochenen Büchern werden auf jeweils einer Seite die Zahlen 1 bis 10 als Kardinalzahlen (vgl. Abb. 2.12) und als Ordnungszahlen nacheinander abgehandelt. Dazu kommen jetzt auch Verweise auf andere Zahlaspekte.

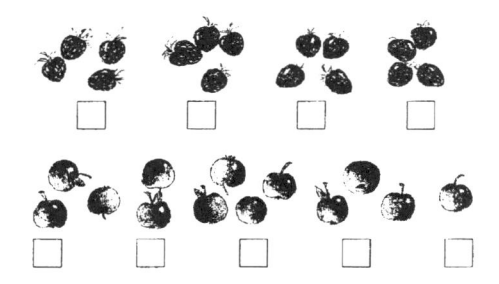

Abb. 2.12: Zahlerfassung bis 4 (Rinkens und Hönisch, 1998, S. 7)

Zu 2.: In der „Welt der Zahl-Neu" (Oehl und Palzkill, 1971) finden wir ein völlig anderes Konzept zur Einführung der Zahlen - die Zeit der „Mengenlehre" hatte begonnen (vgl. Abschnitt 2.2.2). Einer längeren „prä-numerische Phase" mit einer ausführlichen Behandlung der Mengenbildung folgt ab Seite 32 die Einführung der Zahlen 1 bis 5 als Kardinalzahlen, auf Seite 33 dann auch schon die Null: „An die leere Menge kommt das Zahlzeichen 0 (‚Null')" (Zitat aus einem Buch für Erstklässler!). Vom alten Konzept Oehls übrig geblieben ist nur noch ein Rest, wenn auf Seite 39 die Verbindung zwischen Kardinalzahl und Ordnungszahl hergestellt wird (die Fünfermenge umfasst die Vierermenge, diese die Dreiermengen usw.).

Das neue Konzept, nämlich die Einführung

- nicht nur einer, sondern mehrerer Zahlen auf derselben Schulbuchdoppelseite,
- in einigen Büchern nicht in der natürlichen Reihenfolge, sondern beginnend mit der Vier oder der Drei und
- die fast ausschließliche Konzentration auf den Kardinalzahlaspekt, also die Betrachtung der Mächtigkeiten von Mengen konkreter Objekte,

wurde bei allen sonstigen Unterschieden in den Schulbüchern noch bis in die neunziger Jahre beibehalten. Wie wir in den Abschnitten 2.2.7 und 2.2.8 sehen werden, hat die Sicht der natürlichen Zahlen als Kardinalzahlen bei der Behandlung der Kleiner-Relation und der Rechenoperationen Addition und Subtraktion den großen Vorteil, dass man sehr gut auf konkrete Objekte und Handlungen zurückgreifen kann. Bei der Begründung der Zahlen als Kardinalzahlen ist es naheliegend, nicht mit der Eins zu beginnen, da es für 6-jährige Kinder wenig plausibel wäre, bei Einermengen einen „Mächtigkeitvergleich" vorzunehmen. Hier bietet es sich vielmehr an, Mengen mit drei oder vier Elementen darauf zu untersuchen, ob sie „gleich mächtig" sind (vgl. Abb. 2.13). Die Zahlen wurden allerdings schon bald nicht mehr ausschließlich als „Mächtigkeiten von Mengen" gesehen. Z.B. in Abb. 2.14 sollen die Kinder in Aufgabe 4 mit Bezug auf das Bild Zerlegungen der 3 vornehmen und in Aufgabe 5 die Ziffern 1, 2 und 3 schreiben. Es bleibt aber bei der Beschränkung auf zunächst nur wenige Zahlen.

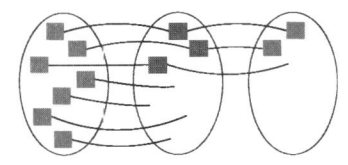

Abb. 2.13: Gleich viele (Schmidt u.a., 1975, S. 31)

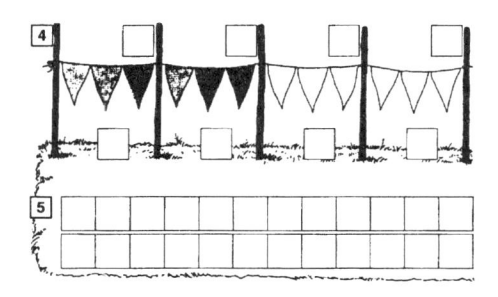

Abb. 2.14: Zerlegungen der 3 (Aufgabe 4) und Schreiben der Ziffern 1, 2 und 3 (Aufgabe 5; Rinkens und Hönisch, 1993, S. 9)

Begründen lässt sich die gestufte Erarbeitung des Zahlenraums mit dem „Prinzip der kleinen Schritte": „Rechenunterricht kann nur zum Erfolg führen, wenn er in kleinen und kleinsten Schritten vom Einfachen zum Schwierigen fortschreitet. Dieses Prinzip der kleinen Schritte gilt ... für alle Altersstufen und ist somit grundlegendes Prinzip des Rechenunterrichts" (KM NRW, 1955, zitiert nach Krauthausen und Scherer, 2001, S. 103). Auf die Frage, ob man diesem „Prinzip" wirklich folgen sollte, gehen wir in den folgenden Abschnitten ausführlich ein. Außerdem muss es nicht unbedingt als erwiesen gelten, dass im Hinblick auf den Erwerb eines allgemeinen Zahlbegriffs die Eins die „einfach-

2 Zahlbegriff und Rechnen im Anfangsunterricht

ste" aller Zahlen ist. Maier gibt denn auch eine andere, durchaus plausible Begründung für dieses Vorgehen: „Auf die Frage, in welcher Reihenfolge die ersten neun Zahlen - das sind die Zahlen, für die es im dekadischen System ein eigenes Ziffernsymbol gibt - im Unterricht zu behandeln sind, gibt es eine sehr triviale Antwort: Zuerst eins, dann zwei, dann drei, usw.", und etwas später: „Ein erster inhaltlicher Abschnitt ist wohl durch die Zahlen 1 bis 4 markiert; können doch, gemäß psychologischer Einsicht, die meisten Schulanfänger die Anzahl von Mengen dieser ersten Zahlen mit weniger als fünf Elementen ohne Schwierigkeiten simultan erfassen" (1990, S. 190).

Die Null kommt in der Reihe der Zählzahlen (und damit im Vorwissen vieler Kinder) nicht vor, und es ist schon deshalb sehr fraglich, ob sie gleich am Anfang zusammen mit den ersten Zahlen betrachtet werden sollte (vgl. Abschnitt 2.2.5).

Zu 3.: Die dritte der oben genannten Vorgehensweisen - die Betrachtung eines größeren Zahlenraumes als Ganzes und von Anfang an - wird seit der Mitte der neunziger Jahre von einer Reihe von Autoren favorisiert; insbesondere von Wittmann und Müller in dem zuerst 1994 erschienenen „Zahlenbuch". Im Lehrerband zum ersten Schuljahr schreiben die Autoren dazu (1994b, S. 18): „Das ‚Zahlenbuch' führt den Zwanzigerraum *ganzheitlich* ein, d. h. die Zahlen von 1 bis 10 und von 11 bis 20 werden verhältnismäßig rasch vorgestellt (Seite 1-13 bzw. 14-17), wobei der Anzahl- und der Zählzahlaspekt sofort verknüpft werden. Dieses Vorgehen ist dadurch begründet, dass Schulanfänger bereits sehr viel über diesen Zahlenraum und teilweise auch darüber hinaus wissen, wie zahlreiche empirische Untersuchungen zeigen. Die Kenntnisse sind selbstverständlich unterschiedlich, teilweise lückenhaft und fehlerbehaftet, und es gibt auch Kinder mit schwachen Zahlvorstellungen. Außerdem kommen bei Kindern, deren Muttersprache nicht Deutsch ist, noch sprachliche Schwierigkeiten dazu. Trotzdem eignet sich ein ganzheitliches Vorgehen *auch bei schwächeren Kindern* sehr gut für die Ausweitung, Korrektur, Vertiefung und Festigung der Kenntnisse sowie für die sprachliche Förderung." Andere Schulbuchautoren - wie z. B. Schütte (2000) in den „Matheprofis" oder Käpnick (2000) in den „Rechenwegen" - gehen ähnlich vor wie Wittmann und Müller.

Wittmann und Müller begründen den Aufbau ihres Lehrganges mit ihrem Konzept des „aktiv-entdeckenden und sozialen Lernens" (vgl. auch Krauthausen und Scherer, 2001, S. 103ff; Selter und Walther, 1999): Dieses „lässt sich nicht in einem kleinschrittigen Unterricht verwirklichen, in dem der Stoff Parzelle für Parzelle vermittelt wird .... Vielmehr benötigt man *ganzheitliche Themen* mit einer reichhaltigen mathematischen oder realen Struktur, mit denen sich die Kinder länger beschäftigen können. Nur in solchen Ganzheiten gibt es Anlässe zum Entdecken, Beschreiben und Begründen von Beziehungen. Markannte Beispiele für thematische Ganzheiten des 1. Schuljahres sind der Zwanzigerraum und das Einspluseins. ...Ganzheitliche Themen ... werden nicht in einem einzigen Durchgang, sondern in mehreren Durchgängen erarbeitet und sind daher *Rahmenthemen*" (Wittmann und Müller, 1994b, S. 8f).

Abb. 2.15: „Unsere Klasse" (Wittmann und Müller, 1994b, S. 60)

In Abb. 2.15 ist die erste Doppelseite aus dem zugehörigen Schülerbuch abgebildet. Die Zahlen 1 bis 10 werden eingeführt, die Darstellungen in den beiden Bildern verweisen auf zukünftige Aktivitäten der Kinder: Zahlen legen, zeigen, schreiben, Zahldarstellungen, Unterrichtsmaterialien (Wendeplättchen, Zwanzigerfeld, Zwanzigerreihe, Würfel, Einspluseins-Tafel, Kalender).

Diese Vorgehensweise steht in deutlichem Gegensatz zu der oben skizzierten schrittweisen Behandlung der Zahlen in der „Welt der Zahl" (Abb. 2.12). Rinkens und Hönisch berufen sich allerdings ebenfalls auf ein „Prinzip des ganzheitlichen Lernens", wobei sie jedoch einen anderen Begriff von Ganzheitlichkeit zu Grunde legen: „Das Grundkonzept geht vom *Prinzip des ganzheitlichen Lernens* aus: ,Das Kind lernt mit den Sinnen, mit Gefühl, mit Verstand'. ,Ganzheitlich' meint also hier ,das ganze Kind ansprechend' und beschränkt sich nicht auf das Stoffliche, wie es oft benutzt wird, wenn vom ,ganzheitlichen Einstieg in den Zwanzigerraum' die Rede ist" (Rinkens und Hönisch, 1998b, S. 5).

In den neueren Lehrgängen ist das *Schreiben von Ziffern* von Anfang an Teil der Behandlung der jeweiligen Zahlen. Zwar können viele Kinder am Schulanfang die meisten Ziffern lesen und auch schreiben, doch ist die Präzision beim Schreiben von großer Bedeutung. Dabei geht es nicht nur um die Lesbarkeit

2 Zahlbegriff und Rechnen im Anfangsunterricht

des Geschriebenen durch andere, sondern auch darum, dass die Kinder sich selbst zusätzliche Probleme schaffen, wenn sie z. B. in Rechnungen ihre Ziffern nur mühsam lesen können.

Abb. 2.16: Schreibübungen (aus einem japanischen Schulbuch)

Zur Entwicklung von Sicherheit und Präzision beim Schreiben von Ziffern sind folgende Übungen hilfreich:

- Vorbereitenden Übungen wie das Halten der Schreibgeräte und das Ziehen von geraden Linien, Bögen und Schleifen durch die Kinder.
- Festigung einer standardisierten Abfolge von Bewegungen beim Ziffernschreiben. Das Beispiel dazu in Abb. 2.16 ist einem japanischen Schulbuch entnommen.
- Entwicklung von Routine im Ziffernschreiben durch regelmäßiges Üben (vgl. z. B. Abb. 2.14).

Die neueren Lehrgänge stimmen in einem weiteren Punkt überein: Die Kinder sollen angeregt werden, ihre vorhandenen Erfahrungen mit Zahlen und ihre Zahlvorstellungen mit möglichst vielen Aspekten zu verknüpfen (vgl. auch Padberg, 1992, S. 7ff) und diese untereinander und mit anderem Wissen zu vernetzen. Dazu gehören

- Darstellungen von Anzahlen, häufig als Darstellungen von Mengen konkreter Objekte oder von Punktmengen, Strichlisten und ähnlichem,
- Zahlbilder der verschiedensten Art (Zahlbilder auf Spielwürfeln oder sonstige Muster),
- Ziffern (lesen, schreiben),
- Maßzahlen (z. B. Geldwerte: 2 €, Zeitspannen: eine Stunde),
- wiederholte Handlungen oder Ereignisse (z. B. Tonfolgen, Schritte),
- unterschiedlichste Anlässe zum Zählen (im Klassenraum, beim Würfelspiel),
- Reihenfolgen (Perlenketten, Wettlauf),

- Beispiele für die Verwendung von Zahlen und Ziffern zur Codierung, wie etwa bei Telefonnummern oder Autokennzeichen,
- Zahlzerlegungen.

Bei den Zahlzerlegungen geht es zunächst nur darum, Zahlen in ihrem Zusammenhang zu sehen, teilweise werden sie aber auch schon als Vorübungen zur Addition verstanden. Zahlzerlegungen können handelnd z. B. durch das Werfen von (auf beiden Seiten verschieden gefärbten) Wendeplättchen hergestellt werden. Man mischt beispielsweise fünf solche Plättchen in einem Würfelbecher und wirft sie auf den Tisch: Wie viele rote und blaue Plättchen sind zu sehen? Die Ergebnisse (Ausfälle) können auf unterschiedliche Weise notiert werden, z. B. mit Strichlisten oder unter Verwendung farbiger Stifte (sogar „statistische" Auswertungen ist möglich, so kommt die Verteilung fünf blaue und kein rotes Plättchen fast nie vor). Die Kinder sollen erkennen, dass die Anzahl 5 auf verschiedene Weisen durch kleinere Anzahlen zusammengesetzt werden kann.

Bei den Zahlzerlegungen kommt damit auch der Aspekt des Zusammenfügens von Objekten zum Tragen. Rinkens und Hönisch (1998b, S. 10) verwenden die Zahlzerlegungen sogar ausdrücklich zur Einführung des Plus-Zeichens, wenn sie auf einer Schulbuchseite die Kinder anregen zu entdecken, dass 5 auch als 3 + 2 oder als 4 + 1 aufgefasst und geschrieben werden kann: „Die Kinder notieren die Zerlegung mithilfe des Plus-Zeichens, das auf dieser Seite eingeführt wird." Aber: „Erst später wird das Ergebnis dazugeschrieben und das Gleichheitszeichen eingeführt."

Käpnick (2000b, S. 32f) greift bei der Behandlung der Zahlzerlegungen auf räumliche Körper zurück: „Die Aufgabe ... ist eine Anregung, von den Kindern ... verschiedene (Fantasie-)Figuren aus vier, fünf oder sechs Würfeln bauen zu lassen und dabei Zahlenbeziehungen zu entdecken (z. B.: 6 = 1 + 2 + 3)." Es geht dabei nicht um die Einführung formaler Schreibweisen unter Verwendung des Plus-Zeichens, die sind Kinder vielmehr aufgefordert, Bilder mit 4, 5 und 6 Gegenständen herzustellen (vgl. Abb. 2.17). Damit wird auch die Idee der „figurierten Zahlen" vorbereitet (vgl. Abschnitt 3.2).

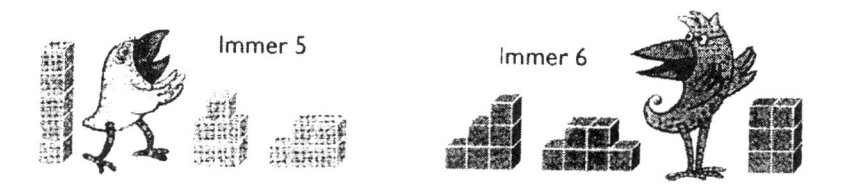

Abb. 2.17: Immer 5, immer 6 (Käpnick, 2000b, S. 11)

2.2.5 Die Null

Bei der Betrachtung der Null sollte sorgfältig zwischen der 0 als *Ziffer* (also dem Zeichen bzw. der Schreibfigur „0") und der *Zahl* Null unterschieden werden. Die Ziffer 0 kennen die meisten Kinder am Schulbeginn (laut Padberg, 1992, S. 12, können 87 % der Schulanfänger diese Ziffer schreiben und noch mehr sie lesen). In den meisten der neueren Schulbüchern wird die Ziffer 0 gleich zu Beginn und ohne Umschweife zum Aufschreiben der Zahl 10 (mit den Ziffern 1 und 0) verwendet. Übungen zum sauberen Schreiben der Ziffer werden meist erst im Zusammenhang mit der Einführung der Null als Zahl angeboten.

Die Einführung der *Zahl* Null ist nicht so unproblematisch wie die der Ziffer. Das liegt zum einen daran, dass die Null als Zählzahl nicht vorkommt, aber auch die Kardinalzahl Null (mathematisch gesehen: die Mächtigkeit der leeren Menge, vgl. Abschnitt 2.1.1) ist für Schulanfänger eine Begriffsbildung, deren Bedeutung sie kaum erfassen dürften. In Beispielen kommt die Null, wenn überhaupt, nur in der Weise vor, dass „kein" rotes Plättchen auf dem Tisch liegt (was anschaulich ist und sicher etwas anderes als die Feststellung „Die Menge der roten Plättchen ist leer"). Für viele Kinder - und nicht nur Kinder - ist deshalb „null" gleichbedeutend mit „nichts" - eben „kein" Plättchen.

Bei der späteren Verwendung der Null als Rechenzahl beobachtet man sehr häufig, dass die Kinder große Probleme haben:

- Manche Kinder fangen bei Aufgaben wie $5 + 0 = ?$ schlicht an zu lachen: Null ist doch keine Zahl, mit der man rechnen kann!
- Häufig vorkommende Fehler bei der Addition und Subtraktion sind dann $5 + 0 = 0$ und $5 - 0 = 0$.
- Bei der Multiplikation lautet die „Variante" (merkwürdigerweise) $5 \cdot 0 = 5$.

Auch wenn Fehlvorstellungen und deren Ursachen individuell sehr unterschiedlich sein können, so spricht die Häufung dieser Fehler dafür, dass unzulängliche oder nicht adäquate Vorstellungen über die Null von den Kindern bereits in der Einführungsphase aufgebaut werden.

Um die Schwierigkeiten mit der Null etwas genauer zu verstehen, mag ein kurzer Exkurs hilfreich sein. Griechen und Römer brauchten sie nicht, weder zum Schreiben ihrer Zahlen noch zum Rechnen. Menninger (1958, S. 214) erwähnt einen indischen Text etwa aus dem Jahre 870, in dem die Null als Ziffer zum ersten Mal zu finden ist; ihr Name „sunya" bedeutet schlicht „leer" - sie ist ein Leerzeichen in der indischen Stellenschrift. Nach Europa kommt die Null - immer noch als Leerzeichen - durch die Vermittlung der Araber, und sogar die Wörter „Ziffer" und „zero" lassen sich auf die indische Bezeichnung zurückführen (S. 215). Aber bis ins 15. Jahrhundert hinein bleibt sie „nulla figura" (wie es in einem italienischen Rechenbuch aus dem Jahre 1484 heißt); zwar liest man hier das Wort „null" zum ersten Mal, aber weiterhin in der Bedeutung „die Figur (das Zeichen) für das *Nichts*": eine Ziffer, die nichts bedeutet, nur ein Leerzeichen ist.

Irgendwann haben Menschen entdeckt, dass die Null sehr wohl auch als Zahl verstanden werden kann, zumindest, dass es nützlich und hilfreich ist, mit der Null zu *rechnen*. Leonardo von Pisa (genannt Fibonacci, 1180 - ca. 1250) hatte bei seinen Reisen in islamische Länder das Umgehen mit - wie wir heute sagen würden - linearen Gleichungssystemen kennen gelernt. Er ließ jedoch, notfalls durch raffinierte inhaltlichen Interpretationen der Ergebnisse, nur Lösungen mit positiven Zahlen (die auch Brüche sein konnten) zu (vgl. Sesiano, 1990, S. 144f). Negative Lösungen von Gleichungen treten erstmals in einer provenzalischen Handschrift, die etwa aus dem Jahre 1430 stammt, auf, wo von „10 und ¼ weniger als nichts" die Rede ist - also auch hier ist „null" noch gleich „nichts". Dennoch: Nachdem die Stellenschreibweise mit den Ziffern 1, 2, 3, 4, 5, 6, 7, 8, 9 *und* 0 erst einmal eingeführt war, erkannten die Menschen sehr schnell ihre Vorteile beim Rechnen. Aus der reinen Ziffer wurde in den Rechenbüchern Ende des 15. und Anfang des 16. Jahrhunderts eine Rechenzahl, so z. B. in den Büchern von Adam Ries (1492 - 1559; vgl. Menninger, 1952, S. 256ff). Die mathematische Begründung dafür, dass die ganzen Zahlen, also die positiven und die negativen Zahlen zusammen mit der Null wirklich *Zahlen* sind, lieferte H. Hankel erst in der 2. Hälfte des 19. Jahrhunderts (vgl. Sesiano, 1990, S. 142).

Aus diesem kleinen historischen Exkurs wird klar, dass die Einführung der Null als Zahl im mathematischen Anfangsunterricht nicht zu früh kommen darf. Die Kinder müssen selbst erkennen, dass es vernünftig ist, sie als eine „richtige" Zahl zu betrachten. Beitragen kann dazu eine Betrachtung wie die folgende (vgl. Radatz und Schipper, 1983, S. 58):

Wir zählen ab, wie viele Mädchen, Jungen, Lehrerinnen, Lehrer, 5-Jährige, 6-Jährige, 7-Jährige usw. in der Klasse sind. Die Ergebnisse werden in einer Tabelle aufgeschrieben, die z. B. so aussehen kann:

6-Jährige	7-Jährige	8-Jährige	9-Jährige
12	11	1	0

Selbstverständlich ist es auch dabei möglich (und sogar zu erwarten), dass die Kinder „0 9-Jährige" als „es ist kein 9-jähriges Kind in der Klasse" lesen und verstehen. Die Lehrerin muss also deutlich machen, dass die Null hier zum *Aufschreiben einer Anzahl* verwendet wurde.

2 Zahlbegriff und Rechnen im Anfangsunterricht

Am besten wird der Zahlcharakter der Null deutlich, wenn man sie als *Rechenzahl* verwendet (vgl. Abschnitt 2.2.8). Beispielsweise tritt sie als Ergebnis einer Rechnung auf, wenn man Aufgabenreihen wie

$$5 - 1 = 4$$
$$5 - 2 = 3$$
$$5 - 3 = 2$$
$$5 - 4 = 1$$
$$5 - 5 = 0$$

betrachtet. Danach sind auch Additionen wie $5 + 0 = 5$ und Subtraktionen wie $5 - 0 = 5$ sinnvoll. In einer konkreten Aufgabe könnten z. B. die Kinder verschiedenen Alters in der Klasse (einschließlich der 9-jährigen!) addiert werden. An einer solchen - den Erstklässlern möglicherweise merkwürdig anmutenden - Aufgabe wird erkennbar, dass die Hinzunahme der Null eine formale Erweiterung des Bereichs der natürlichen Zahlen bedeutet. Es handelt sich damit um ein Beispiel für eine für die Mathematik typische Vorgehensweise: Der Gültigkeitsbereich eines Regelsystems wird (hier durch die Hinzunahme der Null) erweitert. Im Mathematikunterricht kommen solche Erweiterungen immer wieder vor, etwa bei der Einführung der Bruchzahlen und der negativen Zahlen. Dieser Sachverhalt kann mit den Kindern durchaus angesprochen werden, etwa in dem Sinne, dass die Null als Ergebnis einer Rechnung auftreten und damit auch als Rechenzahl betrachtet werden kann. Vermieden werden sollte jedoch möglichst, dass die Kinder ihre Vorstellung von der Null zu eng mit „nichts" verknüpfen. Dies gilt auch für Überlegungen zum Zusammenhang mit der Multiplikation mit Null (ein flotter Spruch wie „Null ist nix, verschwinde fix! Denn Null mal Null macht nix" könnte diese Vorstellung eher noch verstärken).

2.2.6 Einsatz von Material

Zu den im mathematischen Anfangsunterricht verwendeten Materialien zählt man nicht nur konkrete Gegenstände, sondern auch Bilder, Diagramme und ähnliches. In diesem Abschnitt geht es um Material im Sinne konkreter Gegenstände und nicht um „Veranschaulichungen" oder „Anschauungshilfen", auf die wir in Abschnitt 2.2.8 noch zurückkommen (zu einer umfassenden Diskussion vgl. Krauthausen und Scherer, 2001, S. 210-232; vgl. auch Lorenz, 1992).

Laut Piaget ist Denken verinnerlichtes Handeln: „Die Intelligenz ist ein System von Operationen; die ganze Mathematik ist ein System von Operationen. Die Operation ist nichts anderes als ein Handeln; es ist ein wirkliches Handeln, das sich innerlich vollzieht ... (das Kind) muss gehandelt, experimentiert haben, aber nicht nur mit Zeichnungen, sondern mit wirklichem Material, mit körperlichen Gegenständen. Dann verinnerlichen sich diese Handlungen" (Piaget, 1964, S. 72). Die Rolle von Materialien im mathematischen Anfangsunterricht wird in diesem Zitat unmissverständlich gekennzeichnet: Es geht um das Handeln mit wirklichen Gegenständen, aber dieses Handeln ist kein Selbstzweck, sondern Grundlage und *Voraussetzung* für dessen Verinnerlichung und damit für das Denken; es ersetzt aber nicht das Denken. Handeln darf und wird zunächst freies Spiel und Experiment sein, aber wenn wir von Mathematik*unterricht* sprechen, dann sollte das „System der Operationen" nicht außer acht gelassen werden: Der Unterricht muss Ziele haben.

Im Zentrum der Überlegungen steht also die Frage, welches konkrete Material geeignet erscheint, das Denken der Kinder anzuregen, zu stützen und zu fördern; Material, das nur zum Spielen gebraucht werden kann, lassen wir außer acht. Ob ein bestimmtes Material gut oder schlecht ist, lässt sich nicht allein durch die Betrachtung des Materials entscheiden: Es kommt darauf an, was man mit ihm macht. Was für das eine Kind, die eine Klasse oder die eine Lehrerin gut ist, kann für andere ungünstig sein.

Potenziell geeignetes Material gibt es in fast unübersehbarer Fülle, und es steht jeder Lehrerin und jedem Lehrer frei, neues oder auf eine spezifische Situation genauer zugeschnittenes selbst zu erfinden. Zur Orientierung in dieser Fülle des Angebots kann man wie z. B. Radatz u.a. (1996, S. 34ff) unterscheiden zwischen unstrukturiertem und strukturiertem Material, oder auch zwischen

- „natürlichem" Material, das stets oder fast jederzeit zur Verfügung steht (wie die Finger, Gegenstände des täglichen Gebrauchs, Schulutensilien wie Stifte) sowie Materialien, die leicht selbst hergestellt werden können wie Zahlenbänder oder Strichlisten, und
- „künstlichem" Material, das bereits zu bestimmten Zwecken aufbereitet wurde wie z. B. Zählobjekte (Klötze, Steckwürfel) oder strukturiert ist, wie z. B. Wendeplättchen oder Rechenrahmen.

Wir wollen uns hier bei der Vorstellung und der Diskussion von Materialien von der Frage leiten lassen, welchen Zwecken oder *Zielen* sie dienen können. Außerdem beschränken wir uns in diesem Abschnitt auf Materialien für den arithmetischen Anfangsunterricht (zum geometrischen Anfangsunterricht vgl. Kapitel 3). Dabei gehen wir davon aus, dass

- die Materialien Hilfen bei Denkhandlungen der Kinder sein sollen und
- sie anregen sollen, in den Handlungen mit den Materialien mathematische Strukturen oder Beziehungen zu erkennen oder wiederzufinden.
- Dabei muss uns bewusst sein, dass die Materialien bzw. die Handlungen mit ihnen zwar möglicherweise die Entdeckung bestimmter Strukturen oder Beziehungen nahelegen oder die Einsicht in diese Strukturen oder Beziehungen vertiefen,

2 Zahlbegriff und Rechnen im Anfangsunterricht

- dass dies aber nicht von selbst geschieht, sondern bei jedem einzelnen Kind Ergebnis eigener gedanklicher Anstrengungen ist und schon deshalb auch zu anderen als den von der Lehrerin gewünschten Ergebnissen führen kann.

Kurz gesagt: Auch der Einsatz des besten Materials ist keine Erfolgsgarantie, und der Umgang mit jedem neuen Material muss von den Kindern neu gelernt werden.

Ein wesentliches Kriterium bei der Auswahl von Materialien aller Art ist deshalb die Vielfältigkeit seiner Einsatzmöglichkeiten, genauer: Es sollte möglichst so beschaffen sein, dass es immer wieder und zu unterschiedlichen Zwecken bzw. mit unterschiedlichen Zielen eingesetzt werden kann. Es gibt beispielsweise Materialien, die sich gut für Zählübungen eignen, mit denen man aber außerdem die Kleiner-Relation und Rechenoperationen sehr gut darstellen kann. Es gibt Materialien, in denen die Kinder Beziehungen zwischen Zahlen entdecken und diese dann zum Rechnen verwenden können, und unter diesen gibt es solche, die das Loslösen vom zählenden Rechnen unterstützen. Um eine gewisse Ordnung in der Vielfalt der Materialien zu haben, werden sie im Folgenden nach möglichen Schwerpunkten bei ihrem (ersten) Einsatz vorgestellt.

Zahlen, Umgehen mit der Zahlwortreihe:

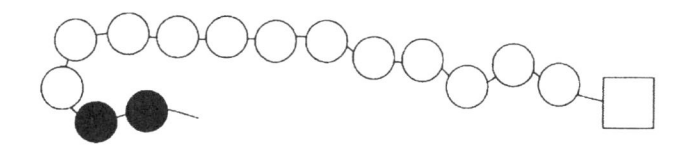

Abb. 2.18: Rechenkette (Rinkens und Hönisch, 1998, Zahlenwerkstatt, S. B6)

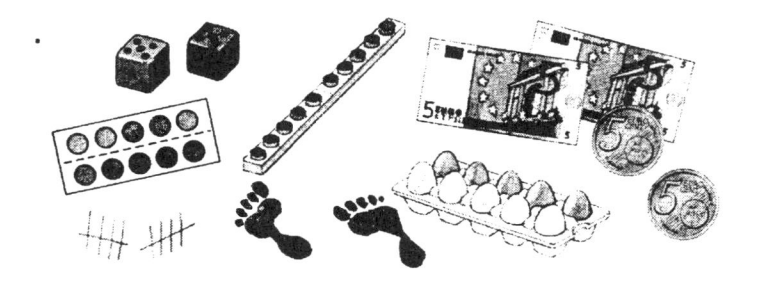

Abb. 2.19: Zwei Fünfer sind Zehn (Wittmann und Müller, 2000, S. 13)

In Abschnitt 2.2.2 wurden bereits die Finger, Stifte und ähnliche Utensilien genannt, ebenso wie Strichlisten und Töne (Rhythmen). Im Handel angeboten werden u. a. Klötze (z. B. Holzwürfel), Steckwürfel, Perlen-(Rechen)ketten (vgl. Abb. 2.18) und Zahlenbänder; viele dieser Materialien werden später auch zur Unterstützung des Rechnens verwendet (vgl. Abschnitt 2.2.8). Da diese Materialien meist farbig sind, eignen sie sich - ebenso wie die Finger - auch zur Strukturierung des Zahlenraums, z. B. durch Zusammenfassung oder Hervorheben von je fünf oder zehn (vgl. Abb. 2.19).

Ebenfalls in Abschnitt 2.2.2 bereits genannt wurden Zahlbilder wie die Augenzahlen auf dem Spielwürfel, die sowohl Hilfen bei der simultanen Zahlerfassung als auch beim Mustererkennen und damit der Strukturierung von ungeordneten Mengen konkreter Objekte sind.

Reihenfolgen, Ordnung:
Der Länge nach geordnet werden können viele Gegenstände des täglichen Gebrauchs (z. B. benutzte Stifte oder Kerzen) ebenso wie im Handel angebotene farbige Stäbe ohne Unterteilung (Cuisenaire-Stäbe, vgl. Abb. 2.20). Selbst zusammengebaut werden die Steckwürfeltürme in Abb. 2.21.

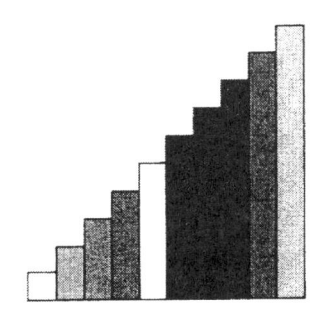

Abb. 2.20: (Fricke und Besuden, 1973, S. 41)

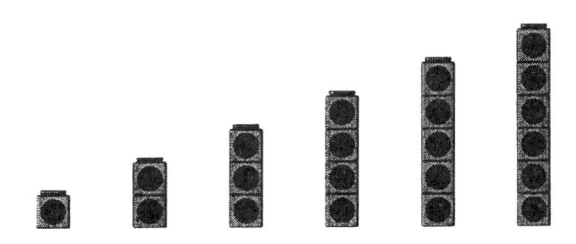

Abb. 2.21: Steckwürfeltürme (Arenhövel, u. a., 1993, S. 30)

Orientierung in den Zahlenräumen bis 20, 100 bzw. 1000:

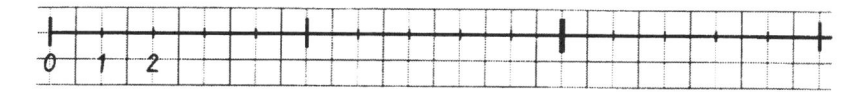

Abb. 2.22: Zahlenstrahl (Rinkens und Hönisch, 1998c, S. 6)

Materialien mit linearer Anordnungen der Zahlen können als Vorläufer des Zahlenstrahls aufgefasst werden. Der Zahlenstrahl (vgl. Abb. 2.22) ist eine vorzügliche Möglichkeit, die natürlichen Zahlen darzustellen, denn er verbindet in geradezu idealer Weise die Aspekte Zählzahl, Ordnungszahl, Maßzahl und Kardinalzahl sowie den Operatoraspekt miteinander. Außerdem kann man die Kleiner-Relation deutlich machen und Rechenoperationen an ihm durchführen:

- Die Zahlen werden der Reihe nach von links nach rechts aufgezählt, wobei durch Hervorheben der Fünfer- und Zehnerzahlen auch eine Struktur in der Zahlenreihe erkennbar wird.
- Die Strecken zwischen den Zahlen sind alle gleich lang, die Eins steht am Ende der ersten Strecke, die Zwei am Ende des zweiten usw.
- Man kann sich die Herstellung des Zahlenstrahls auch als wiederholtes Aneinanderlegen dieser Einheitsstrecke vorstellen.
- Von zwei verschiedenen Zahlen steht die größere rechts von der kleineren (vgl. Abschnitt 2.2.7).
- Additionen und Subtraktionen lassen sich mit Pfeilen darstellen (vgl. Abschnitt 2.2.8).

Aufgrund dieser Vielfalt der Zahlaspekte, die an ihm betrachtet werden können, ist der Zahlenstrahl während der gesamten Grundschulzeit brauchbar und nützlich. Seine volle Kraft als Mittel zur Unterstützung des mathematischen Denkens und Verstehens wird er jedoch erst in den höheren Klassen der Grundschule und bei den Erweiterungen des Zahlenraumes über die natürlichen Zahlen hinaus entfalten, z. B. bei der Einführung der Bruchzahlen und der rationalen Zahlen mit der Erweiterung zur Zahlengeraden.

Es gibt Kinder, die Probleme haben den Zahlenstrahl richtig zu lesen. Ihnen ist beispielsweise nicht klar, warum die erste Zahl die Null und nicht die Eins ist. Es gibt aber auch Kinder, die überhaupt keine lineare Vorstellung von der Zahlenreihe haben (vgl. dazu Abschnitt 2.3). Schon deshalb ist es nützlich, sich im Anfangsunterricht auf Vorformen des Zahlenstrahls zu beschränken. Anhand dieser Vorformen muss den Kindern hinreichend Gelegenheit gegeben werden, Erfahrungen zu machen, z. B., indem sie sie selbst herzustellen. Zu solchen Vorformen zählen die oben schon angesprochenen Perlenketten, aber auch Zahlenstreifen oder Zahlenbänder (in Abb. 2.23 mit zehn Einheiten, selbstverständlich ist eine Weiterführung bis 20 oder darüber hinaus möglich). Die Bilder in Abb. 2.23 sind als Reihen von Kästchen zu verstehen, bei denen entweder je fünf unterschiedlich markiert (obere Reihe), zehn angekreuzt (mittlere Reihe) oder durchnummeriert sind („Zahlenband", untere Reihe). Abb. 2.24 zeigt eine Zwanzigerreihe, in der Blocks mit je fünf Marken erkennbar sind.

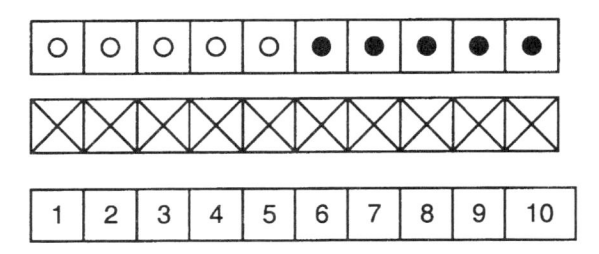

Abb. 2.23: Vorformen des Zahlenstrahls.

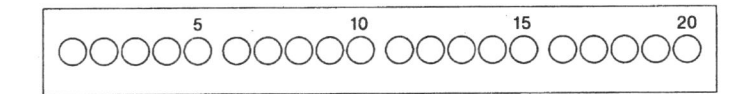

Abb. 2.24: Zwanzigerreihe (Wittmann und Müller, 1993, S. 35)

Auch der „Rechenstrich" (vgl. Rinkens und Hönisch, 1998a, S. 101) gehört zu den Vorformen des Zahlenstrahls, wir kommen darauf in Abschnitt 2.2.10 bei der Behandlung der Addition und Subtraktion im Hunderterraum zurück.

Abb. 2.25: Hundertertafel und Hunderterfeld (aus: Radatz und Schipper, 1983, S. 73)

2 Zahlbegriff und Rechnen im Anfangsunterricht

Zweidimensionale (flächige) Darstellungen der Zahlen bis 100 sind die Hundertertafel und das Hunderterfeld (vgl. Abb. 2.25) bzw. bis 1000 das Tausenderbuch und Tausenderfeld (vgl. Wittmann und Müller, 1995a, S. 10ff).
Für den Anfangsunterricht geeignet ist vor allem das Zwanzigerfeld. Das ist eine Platte mit Markierungen für 20 Plättchen in zwei Farben (bzw. Wendeplättchen), die in zwei Reihen zu je 10 so angeordnet sind, dass immer zwei nebeneinander oder übereinander stehende Fünfer einen Zehner ergeben (vgl. Abb. 2.26).

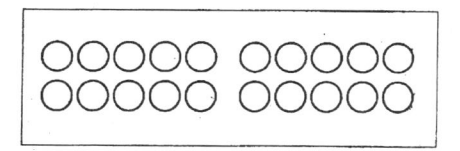

```
┌─────────────────────────┐
│ OOOOO  OOOOO            │
│ OOOOO  OOOOO            │
└─────────────────────────┘
```

Abb. 2.26: Zwanzigerfeld (Wittmann und Müller, 1993, S. 34)

Das Zwanzigerfeld ermöglicht eine Vielzahl von Aktivitäten der Kinder, die sowohl der Orientierung im Zahlenraum bis 20 dienen als auch der Vorbereitung des Rechnens (Zahlzerlegungen, Ergänzen zur 10, Verdoppeln, Halbieren, Fünfer-/Zehner-Übungen, konkrete Darstellung von Additionsaufgaben, vgl. Wittmann und Müller, 1994b, S. 28ff). Eine Aufgabe wie 6 + 6 kann im Zwanzigerfeld auf verschiedene Weisen mit unterschiedlich gefärbten Plättchen gelegt werden:

- Die Aufgabe kann z. B. durch 6 rote Plättchen in der oberen Reihe und 6 blaue in der unteren Reihe repräsentiert werden. Die Kinder erkennen die Verdoppelung der 6 entweder unmittelbar, oder sie spalten in jeder Reihe 5 ab, fassen die beiden Fünfer zu 10 zusammen und erfassen so die 12 als 10 + 2.
- Man kann auch in der oberen Reihe sechs rote Plättchen legen, diese Reihe mit den blauen bis zur Zehn auffüllen und die restlichen blauen in die zweite Reihe legen, dies ist das Ergänzen zur Zehn und entspricht dem üblichen Zehnerübergang: 6 + 6 = 6 + 4 + 2.

Bei der Aufgabe 6 + 7 geht man entsprechend vor, statt des Verdoppelns hat man dann ein „Fast-Verdoppeln" (auf die Addition und Subtraktion wird in Abschnitt 2.2.8 ausführlich eingegangen). Im Gegensatz zur Zwanzigerreihe, die den ordinalen Zahlaspekt betont, soll das Zwanzigerfeld den Kindern das Erfassen sowohl der einzelnen Summanden als auch der Summe erleichtern. Sehr hilfreich ist dabei die gut erkenn- und einsehbare Tatsache, dass zwei Fünfer eine Zehn ergeben (die „Kraft der Fünf") (vgl. Wittmann und Müller, 1993, S. 35; Krauthausen, 1997).

Spezielle Materialien bei der Einführung des Rechnens:
Wie wir gesehen haben, eignen sich fast alle bisher angesprochenen Materialien auch zur Vorbereitung und Stützung des Rechnens. Dass die von Piaget angesprochene „Verinnerlichung" der Handlungen zu Denkhandlungen, und damit die Loslösung vom Konkreten, manchen Kindern nicht leicht fällt, ist eine andere Frage, auf die wir in den Abschnitten 2.2.8 und 4.3 noch genauer eingehen. Bei Materialien, die das Rechnen vorbereiten oder stützen sollen, ist deshalb die Art ihrer Strukturierung besonders wichtig. Es gibt Materialien ohne Struktur, das sind insbesondere Gegenstände aus der alltäglichen Umwelt der Kinder (wie Stifte, Perlen, Kugeln, Kastanien und ähnliches), aber auch einzelne Steckwürfel. Die Bestimmung der Anzahl der Gegenstände erfolgt simultan oder durch Zählen. Dies bedeutet, dass unstrukturierte Materialien im Wesentlichen nur im Zahlenraum bis 10 einsetzbar sind. Ein weiterer Nachteil ist, dass sie das zählende Rechnen fördern (vgl. Abschnitt 2.2.8).

Zu den strukturierten Materialien gehören z. B. die Cuisenaire-Stäbe (vgl. Abb. 2.20 und Besuden, 1978). Das sind farbige Stäbe ohne jede Unterteilung, jeder Stab repräsentiert eine der Zahlen von 1 bis 10. Das Addieren lässt sich durch Hintereinanderlegen von Stäben darstellen, beim Subtrahieren wird ergänzt (z. B.: Welchen Stab muss man zum Vierer-Stab hinzufügen, um die gleiche Länge wie den Siebener-Stab zu bekommen?, vgl. Abschnitt 2.2.8). Wie der - lange Zeit sehr erfolgreiche - Lehrgang von Fricke und Besuden (1973) gezeigt hat, lassen sich Cuisenaire-Stäbe im mathematischen Anfangsunterricht sehr flexibel einsetzen. Ihr Einsatzbereich ist jedoch im Wesentlichen auf den Zahlenraum bis 20 beschränkt.

Die meisten Materialien sind Mischformen, in denen versucht wird, die Vorteile von strukturierten und unstrukturierten Materials zu verbinden. Dies wird im Wesentlichen dadurch erreicht, dass man einzelne Objekte zu größeren Gesamtheiten zusammenfassen kann. Beispielsweise lassen sich bei den Steckwürfeln (vgl. Abb. 2.21) durch farbliche Unterscheidungen Fünfer- oder Zehnereinheiten hervorheben, so dass ein Erfassen größerer Zahlen möglich wird. Konsequent verwendet wurden Steckwürfel z. B. in der ersten Ausgabe des Lehrganges „Mathebaum" von Arenhövel u. a. (1993). In ähnlicher Weise können Rechenketten (vgl. Abb. 2.18) und Zahlenstreifen verwendet werden (vgl. Abb. 2.23, obere Reihe; solche Streifen sind - unter dem Namen „Rechenband" - auch im Handel erhältlich). Varianten dazu sind die Zwanzigerfelder (vgl. Abb. 2.26), bei denen zwei Zehnerreihen flächig angeordnet sind (im Handel gibt es sie auch als „Rechenschiffchen").

Abb. 2.27: Rechenrahmen (Radatz u. a., 1996, S. 43)

Sowohl zur Vorbereitung als auch zur konkreten Durchführung von Rechnungen geeignet ist der Abakus, eine Vorform (für den Zahlenraum bis 20 oder bis 100, vgl. Abb. 2.27) wird „Rechenrahmen" genannt.

Im Rechenrahmen bis 20 befinden sich je zehn Kugeln - meist in zwei farbig abgehobene Fünfergruppen unterteilt - auf den beiden Drähten. Die Zahlen bis 20 lassen sich sehr gut durch Verschieben der Kugeln darstellen, zusammenfügen (addieren) und wegnehmen (subtrahieren). Der Rechenrahmen mit 20 Kugeln kann später ohne weiteres durch einen größeren Rahmen mit 100 Kugeln ersetzt werden.

2.2.7 Kleiner-Relation und Aspekte der mathematischen Begriffsbildung

In vielen Lehrgängen für das 1. Schuljahr werden Sprech- und Schreibweisen wie „3 ist kleiner als 5" (mit Zeichen: „3 < 5") und „5 ist größer als 3" („5 > 3") früh eingeführt und in verschiedenen Anwendungssituationen und Übungsbeispielen verwendet. Abgesehen von gelegentlichen Verwechslungen der Zeichen „<" und „>" dürften die meisten Kinder kaum ernsthafte Probleme damit haben. Wir beschäftigen uns dennoch in diesem Abschnitt etwas ausführlicher mit der Kleiner-Relation, weil selbst diese einfache Begriffsbildung den Kindern einen Abstraktionsprozess abverlangt. Begriffsbildungen dieser Art kommen schon im Anfangsunterricht sehr häufig vor. In vielen Fällen sind sie aus der Sicht der Erwachsenen so einfach, dass die dazu erforderlichen Prozesse kaum noch beachtet werden, zumal sie bei den meisten Kindern eher unauffällig ablaufen. Im Folgenden geht es also nicht darum, einen einfachen Sachverhalt künstlich kompliziert zu machen, sondern um seine Reflexion aus lerntheoretischer Sicht.

Auf Vorkenntnisse der Kinder zur Kleiner-Relation haben wir bereits in Abschnitt 2.2.2 hingewiesen und Übungen zum Bilden von Reihenfolgen nach Kriterien wie „ist länger/kürzer als", „ist gleich lang wie", „ist größer/kleiner als", „ist gleich groß wie" usw. betrachtet. Diese Übungen bezogen sich stets auf *konkrete* Situationen, in denen *konkrete* Objekte verglichen wurden. So können die Kinder leicht Stifte oder Steckwürfeltürme der Länge oder Höhe nach ordnen oder feststellen, dass z. B. „5 Würfel mehr sind als 3 Würfel". Aus der erfolgreichen Bewältigung solcher Fragestellungen, die sich auf konkrete Situationen beziehen, kann nicht ohne weiteres geschlossen werden, dass die Kinder Einsicht in die (abstrakten) Beziehungen zwischen Zahlen haben. Wie sehr die Problembewältigung von der Art der Fragestellung abhängen kann, zeigten die Beispiele aus Interviews mit Kindern im letzten Kindergartenjahr, die in Abschnitt 1.5.2 vorgestellt wurden

Bei mehreren Aufgaben ging es in diesen Interviews um die Frage, welches Kriterium beim Vergleich im Hinblick auf „mehr" oder „weniger" für die

Kinder höchste Priorität hat: Das Kriterium „räumliche Ausdehnung" oder das Kriterium „Anzahl der Elemente". Für die Kinder wurden dazu u. a. drei Häuschen aus Klötzen gebaut (vgl. Abschnitt 1.5.2, Abb. 1.15). Bei der Frage: „Welches Häuschen ist *am größten?*" zogen alle Kinder das Kriterium „Höhe" heran; bei der Frage „Welches Häuschen hat *am meisten Zimmer?*" zählten dagegen fast alle die Anzahl der Klötze. In jedem Fall aber bezogen sie die Frage ausschließlich auf das konkrete Problem, sie verglichen nicht etwa *Zahlen* nach dem Kriterium „ist größer als".

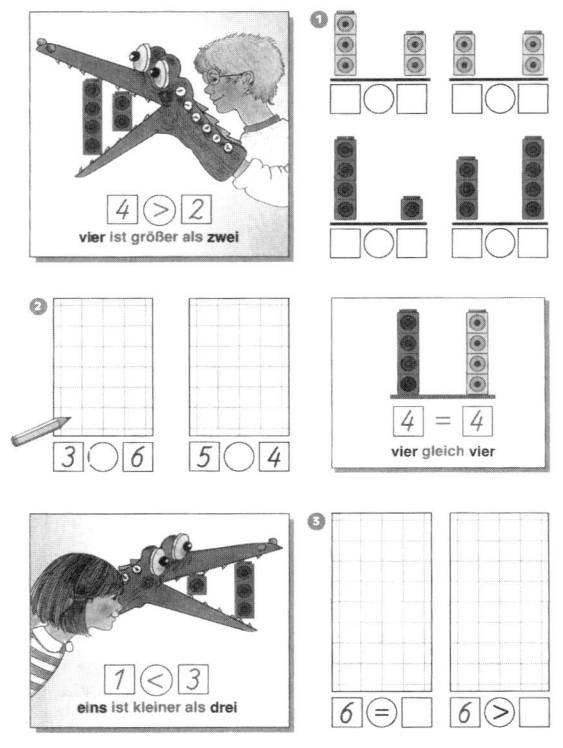

Abb. 2.28: Größer, kleiner oder gleich (aus: Arenhövel u. a., 1993, S. 26)

Auf der Schulbuchseite in Abb. 2.28 werden die Kinder mit diesen beiden begrifflichen Ebenen konfrontiert: Mit (Bildern von) Steckwürfeltürmen einerseits und dem Vergleich von Zahlen (und formalen Schreibweisen wie 4 > 2) andererseits. Das Herstellen eines Zusammenhanges zwischen den konkreten Steckwürfeln und den „gemeinten" Beziehungen zwischen Zahlen erfordert einen durchaus komplexen Denkprozess. Zu Beschreibung dieses Prozesses

2 Zahlbegriff und Rechnen im Anfangsunterricht

soll hier eine vereinfachten Version des von Steinbring (2000, S. 34) vorgestellten „epistemologischen Dreiecks" (Abb. 2.29) verwenden werden.

Der mathematische Begriff, um den es geht, ist der der Kleiner-Relation zwischen Zahlen: Zwei Zahlen sind entweder gleich groß, die eine ist kleiner als die andere oder die eine ist größer als die andere. Fasst man die Zahlen als Kardinalzahlen auf, so lässt sich entscheiden, ob eine Zahl kleiner ist als die andere, indem man die entsprechenden Mengen nach dem Kriterium „die eine Menge enthält weniger Elemente als die andere" vergleicht (vgl. Abschnitt 2.2.1). Was mit dem Begriff „ist kleiner als" gemeint ist (seine Bedeutung), beschreiben wir *mit Worten*, d. h. wir verwenden *sprachliche Zeichen*.

```
Gegenstände/            ◄──────►      Zeichen/
konkretes Handeln                     (mathematische) Symbole
            ▼                    ▼
              mathematischer
              Begriff
```

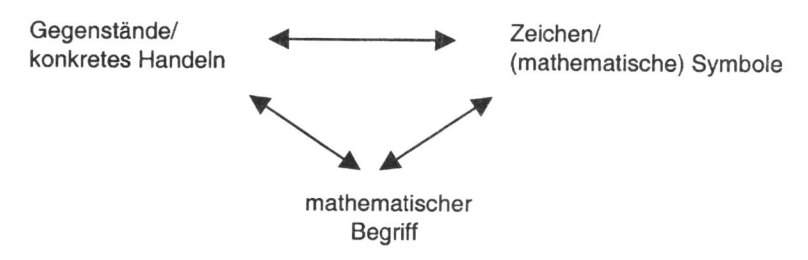

Abb. 2.29: Epistemologisches Dreieck (vereinfacht)

Auf der Schulbuchseite in Abb. 2.28 wird dieser Sachverhalt nicht in allgemeiner Form, sondern - dem ersten Schuljahr angemessen - anhand von Beispielen angesprochen: Die Kinder sollen Steckwürfeltürme unterschiedlicher Höhe miteinander vergleichen, im Einführungsbeispiel sind es die beiden Türme im Maul des Krokodils. Der linke Turm enthält vier Würfel, der rechte zwei; vier Würfel sind *mehr als* zwei Würfel - *vier ist größer als zwei*, mit mathematischen Symbolen geschrieben: 4 > 2.

Die Steckwürfel sind Beispiele für die im epistemologischen Dreieck genannten Gegenstände. Sie werden – z. B. durch konkretes Handeln - nach den Kriterien „mehr/weniger/gleich viele" (Würfel) oder „höher/niedriger/gleich hoch" (Türme) miteinander verglichen. Außerdem kommen auf der Schulbuchseite sprachliche Zeichen (Wörter) und mathematische Symbole (die Ziffern und die Zeichen < und >) vor. Allerdings „haben die Zeichen zunächst für sich allein keine Bedeutung, die muss von den lernenden Kindern hergestellt werden" (Steinbring, 2000, S. 34). Mit anderen Worten: Was mit den Bildern (von Gegenständen) und mit den Zeichen *gemeint* ist, was also der Inhalt des mathematischen Begriffs, um den es hier geht, erschließt sich den Kindern nicht notwendigerweise allein aus den Bildern und Zeichen.

Im Gegenteil, es kann durchaus vorkommen, dass die Kinder zwar die gleichen Wörter verwenden wie die Lehrerin („kleiner" oder „größer"), aber mit diesen Wörtern nicht Zahlen, sondern Türme im Hinblick auf deren Höhe vergleichen. Den Begriffsbildungsprozess muss jedes einzelne Kind vollziehen. Dabei ist das Gespräch in der Klasse, also die Interaktion mit der Lehrerin und den Klassenkameraden, von großer Bedeutung. Denn erst aus diesen Gesprächen ergibt sich für die Kinder, ob das, was sie mit den sprachlichen und mathematischen Zeichen meinen, auch das ist, was die Lehrerin oder die Mitschüler meinen.

Das Klassengespräch dient also u. a. dazu, die Bedeutung der Wörter und Zeichen für alle Kinder einheitlich und verbindlich festzulegen. Für jedes einzelne Kind geht es aber auch darum zu verstehen, dass zu verstehen, dass die Wörter und Zeichen eine Beziehung zwischen Zahlen ausdrücken. Die drei Seiten des epistemologischen Dreiecks beeinflussen und stützen sich dabei wechselseitig: „Genau darin liegt der Kern der epistemologischen Perspektive: Wie erhalten die neuen mathematischen Zeichen und Symbole Bedeutung, und von welcher Art ist die (Be-)Deutung?" (Steinbring, 2000, S. 31).

Zum Abschluss dieser Diskussion soll noch auf zwei weitere Aspekte hingewiesen werden:

1. Mathematische Zeichen haben eine Bedeutung, aber diese Bedeutung kann in den meisten Fällen nicht der äußeren Gestalt des Zeichens entnommen werden. Auf der Schulbuchseite ist das offene Maul des Krokodils als Gedächtnisstütze dafür gemeint, dass „>" für „ist größer als" und „<" für „ist kleiner als" steht. Solche Stützen können durchaus hilfreich sein. Bei häufiger Verwendung besteht jedoch die Gefahr, dass die Kinder glauben, sie könnten stets von der äußeren Gestalt eines Zeichens auf seine Bedeutung schließen - dies entspricht der Gefahr, dass die Kinder beim Handeln mit konkreten Gegenständen die „gemeinten" mathematischen Beziehungen völlig aus dem Blick verlieren.
2. Die Kleiner-Relation lässt sich sehr gut am Zahlenstrahl darstellen: Die kleinere Zahl steht links von der größeren. Manche Kinder ziehen es vor, den Zahlenstrahl nicht horizontal, sondern vertikal zu zeichnen, so dass die größere Zahl „höher" steht als die kleinere. Dieses Verhalten kann ein Indiz dafür sein, dass sie bei der Kleiner-Relation vorwiegend an Eigenschaften konkreter Objekte - z. B. von mehr oder weniger hohen Türmen - denken und sie (noch) nicht als Beziehung zwischen Zahlen verstehen.

2.2.8 Addition und Subtraktion

Die mit Verweis auf das „epistemologische Dreieck" diskutierten wechselseitigen Beziehungen zwischen dem konkreten Handeln mit Gegenständen, dem „gemeinten" mathematischen Begriff und den zum Be- und Aufschreiben verwendeten Zeichen lassen sich auf jeden mathematischen Inhalt im Grundschulunterricht anwenden. In besonderem Maße gilt dies für die Rechenoperationen Addition und Subtraktion.

2 Zahlbegriff und Rechnen im Anfangsunterricht 91

Intuitive Grundlagen

Am Ende des Abschnitts 2.1.1 wurde kurz angesprochen, wie die Addition und die Subtraktion von natürlichen Zahlen definiert werden, wenn man sie als Kardinalzahlen auffasst: Die Addition durch Rückgriff auf die Vereinigung von Mengen und die Subtraktion durch Restmengenbildung, indem man von einer gegebenen Menge eine Anzahl von Elementen wegnimmt. In diesem Sinne besteht eine Beziehung zwischen der Addition von Zahlen und der Handlung des Hinzufügens (Zusammenfügens) von Objekten sowie zwischen der Subtraktion von Zahlen und der Handlung des Wegnehmens (Entfernens) von Objekten (vgl. Abb. 2. 30).

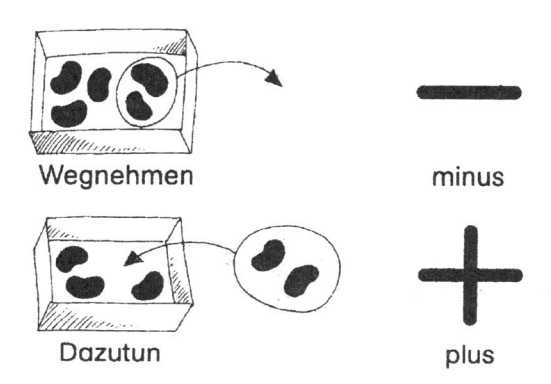

Abb. 2.30: Wegnehmen und Dazutun (Schütte, 2000, S. 22/23)

Die Subtraktion kann allerdings auch mit einer anderen intuitiven Vorstellung als der des Wegnehmens in Beziehung gesetzt werden, nämlich mit dem *Ergänzen*. Die Frage, die man bei dieser Sichtweise stellt, lautet: Wie viele Objekte muss man zu einer Menge von Objekten hinzufügen, um eine vorgegebene Anzahl zu erhalten? Bei Verwendung von unstrukturiertem Material wie Holzwürfeln lassen sich sowohl die Handlungen des Hinzufügens und des Ergänzens als auch des Wegnehmens durchführen. Mit einem strukturierten Material wie den Cuisenaire-Stäben (vgl. Abschnitt 2.2.6, Abb. 2.20) ist mit Blick auf die Subtraktion dagegen nur Ergänzen möglich (vgl. Abb. 2.31).

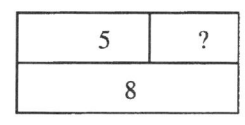

Abb. 2.31: Ergänzen von 5 zu 8

Formal gesehen ist die Subtraktion die Umkehroperation zur Addition: Wenn $a + b = c$ ist, dann ist $c - b = a$ bzw. $c - a = b$. Dieser Zusammenhang zwischen den Rechenoperationen lässt sich auch mit den entsprechenden Handlungen sehr schön darstellen: Das Hinzufügen von Objekten wird durch Wegnehmen wieder rückgängig gemacht, und der Zusammenhang zwischen dem Hinzufügen und dem

Ergänzen ist, wie Abb. 2.31 zeigt, sogar noch deutlicher.

In vielen Lehrgängen für den mathematischen Anfangsunterricht werden deshalb die Addition und die Subtraktion gleichzeitig oder fast gleichzeitig eingeführt (vgl. Abb. 2.30), um die Kinder von vorne herein auf die Beziehung zwischen Operation (Addition) und Umkehroperation (Subtraktion) aufmerksam zu machen und sie zum reversiblen Denken anzuregen.

Bei der Einführung der Addition und Subtraktion muss man allerdings davon ausgehen, dass die intuitiven Grundlagen „Hinzufügen" und „Wegnehmen" in den Köpfen der Kinder in Konkurrenz stehen mit anderen Vorstellungen vom Addieren und Subtrahieren, nämlich denen vom *Weiterzählen* und vom *Rückwärtszählen*. Wie in Abschnitt 2.2.2 angesprochen, lösen fast alle Kinder bereits vor dem Schulbeginn einfache Rechenaufgaben auf diese Weise. Deutlich wurde dies z. B. bei der „Geburtstagstorten"-Aufgaben (vgl. Abb. 1.14 in Abschnitt 1.5.2). Es ist zu erwarten, dass die Kinder auch im mathematischen Anfangsunterricht die entsprechenden Aufgaben durch Zählen zu lösen versuchen, und sie werden diese - ihnen erfolgreich erscheinende - Strategie nicht ohne weiteres aufgeben. Es gibt viele (und auch sehr gute) Argumente, die dafür sprechen, das zählende Rechnen bei den Kindern von Anfang an nicht zu fördern (vgl. z. B. Besuden, 1998, oder Gerster, 1994). Insbesondere ist zählendes Rechnen mit Zahlen größer als 20 kaum noch möglich, in jedem Fall aber ineffektiv und fehleranfällig (vgl. dazu auch Abschnitt 2.3). Dennoch scheint diese Art zu rechnen ein Zwischenstadium zu sein, das alle Kinder durchlaufen.

Wie kann nun eine systematische Einführung der Addition und Subtraktion im 1. Schuljahr aussehen?

Die Einführung von Addition und Subtraktion

Im Lehrgang „Die Matheprofis 1" (Schütte, 2000) steht ein Gegenstandsbereich im Mittelpunkt, auf den immer wieder Bezug genommen wird: Schachteln mit Bohnen. Mit ihnen können Handlungen konkret ausgeführt werden, auch die Ergebnisse der Handlungen lassen sich direkt ablesen. Die Handlungen und ihre Ergebnisse werden so notiert, dass der Zusammenhang zwischen der Handlung (z. B. „Paula tut zu den drei Bohnen in der Schachtel zwei hinzu") und der symbolischen Schreibweise in der Form eines „Zahlensatzes" („3 + 2 = 5") deutlich erkennbar ist.

In Abb. 2.32 wird im oberen Teil von dem Mädchen *gehandelt*. Der Junge notiert die Ausgangssituationen, die Handlungen und die Ergebnisse. Die Kinder sollen durch die folgenden Zahlensätze angeregt werden, selbst tätig zu werden und ihre Ergebnisse aufzuschreiben. In einer folgenden Phase des Unterrichts sollen die Kinder Schachteln mit einer halb offenen Trennwand selbst basteln und durch Schütteln einer gegebenen Anzahl von Bohnen mögliche Zerlegungen dieser Zahl erzeugen. Auch die Zerlegungen werden unter Verwendung der Zahlzeichen und des Plus-Zeichens mit Zahlensätzen be- bzw. aufgeschrieben (vgl. Abb. 2.33).

2 Zahlbegriff und Rechnen im Anfangsunterricht

Abb. 2.32: Aufschreiben der Ergebnisse von Handlungen (Schütte, 2000, S. 23)

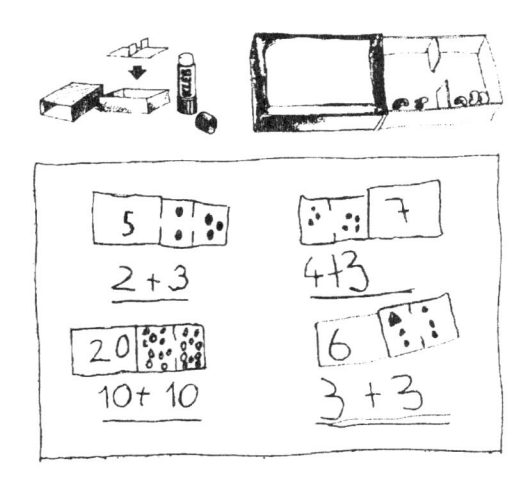

Abb. 2.33: Zahlzerlegungen (Schütte, 2000, S. 24)

Die Übungsbeispiele für die Kinder beschränken sich meist auf den Zahlenraum bis 10. Wesentlich ist,

- dass die Kinder durch eigenes Tun Erfahrungen mit möglichen Zerlegungen einer Anzahl von Objekten sammeln und

- Übung bekommen in der symbolischen Darstellung (Notation) des Handlungsergebnisses in Form von Additionsgleichungen (sowohl ausgehend von einer vorgegebenen Anzahl, z. B. 5 = ... + ..., als auch ausgehend von den Zerlegungen, z. B. .... + ... = 7).

Selbstverständlich müssen Handlungen und symbolische Darstellungen durch das Unterrichtsgespräch begleitet und erläutert werden, um auf diese Weise Zusammenhänge zwischen beiden herzustellen: Was ist mit „2 + 3" gemeint (vgl. Abb. 2.33)? Und warum schreiben wir einmal „5 = 2 + 3" und ein anderes Mal „2 + 3 = 5"? Durch solche Fragen kann den Kindern deutlich werden, dass das Gleichheitszeichen nicht als Aufforderung zum Rechnen zu verstehen ist. Das Gleichheitszeichen hat z. B. in „2 + 3 = 5" nicht die Bedeutung „Ermittle das Ergebnis der Addition von 2 und 3", sondern es drückt aus, dass links und rechts Ausdrücke stehen, die das gleiche bedeuten.

Handlungen, Zeichnungen, symbolische Schreibweisen und das Gespräch im Unterricht begleiten bei jedem einzelnen Kind den Prozess, den Piaget „Verinnerlichung" nennt (vgl. Abschnitt 2.1.2): Die äußeren, konkreten Handlungen sollen vom Kind im Geist nachvollzogen und schließlich ganz durch Denkhandlungen ersetzt werden. Die Denkhandlungen beziehen sich nicht mehr auf die konkreten Gegenstände, sondern in ihnen werden abstrakte Objekte - hier Zahlen - miteinander in Beziehung gesetzt. Man benötigt mathematische Symbole, um die Beziehungen aufzuschreiben: Aus einer Aussage über die Verteilung von fünf Bohnen in den zwei Teilen der Schachtel wird eine Aussage über die Zerlegung der Zahl, im Zahlensatz ausgedrückt: 5 = 3 + 2. Diese Aussage steht zwar in Beziehung zu dem Erfahrungsbereich, aus dem heraus sie gewonnen wurde, aber sie gilt universell und nicht nur für Bohnen in einer Schachtel.

Die Subtraktion kommt in dem angesprochenen Lehrgang (Schütte, 2000) zunächst fast ausschließlich in Situationen vor, die das Ergänzen und nicht das Abziehen („Minus-Rechnen") nahe legen. Diese Vorgehensweise ist insofern stimmig als das Schütteln der Bohnen in zweigeteilten Schachteln eine Grundlage für das Sammeln eigener Erfahrungen durch die Kinder ist: Wie viele Bohnen sind *verdeckt*, wenn die Schachtel insgesamt fünf Bohnen enthält und man nur den einen Teil der Schachtel mit zwei (drei, einer) Bohnen sehen kann? Diese Erfahrungen werden später auf andere Anwendungsbereiche aus der Lebenswelt der Kinder übertragen und mit Zahlensätze der Art „3 + ... = 5" notiert. Die Subtraktion mit der Bedeutung des „Wegnehmens" kommt im „Bohnen-Kontext" dagegen nur im Arbeitsheft vor.

Soll das Subtrahieren von den Kindern von Anfang an im Sinne des Abziehens verstanden werden, so müssen entsprechende Situationen, in den sie Erfahrungen sammeln oder präzisieren können, vorgegeben werden. Dies geschieht z. B. in dem Lehrgang „Rechenwege 1" (Käpnick, 2000, S. 33; vgl. Abb. 2.34): Auf dieser Schulbuchseite stehen Situationen im Mittelpunkt, in denen es um das Weggehen, Wegfliegen und Herunterfallen geht.

6 − 2 = 4
6 minus 2 ist gleich 4.

Abb. 2.34: Abziehen (Käpnick, 2000a, S. 33)

Zerlegungen der Zehn und Zehnerübergang

Die besondere Rolle der 10 im dezimalen Stellenwertsystem wird beim Zählen nicht erkennbar („..., acht, neun, zehn, elf, zwölf": nicht nur im Deutschen gibt es für die ersten Zahlen, die größer als 10 sind, eigene Zahlwörter). Doch die Schreibweise der Zahlen ab 10 mit zwei Ziffern ist vielen Kinder durchaus geläufig. Für das spätere Rechnen mit größeren Zahlen ist es in jedem Fall unumgänglich, den so genannten *Zehnerübergang* zu beherrschen, um Aufgaben wie 7 + 8 = ..., 17 + 8 = ..., 17 + 18 = ... usw. lösen zu können. Dazu müssen die Kinder sicher sein sowohl bei Zerlegungen der 10 als auch beim Ergänzen zu 10. Übungen dazu dienen gleichzeitig der Orientierung im Zehnerraum. Als Hilfen zum Erreichen dieser Ziele gibt es eine Vielzahl von Materialien und Anschauungsmittel, die häufig schon auf den Zwanzigerraum verweisen.

Bei Zerlegungen der Zehn ist es naheliegend, entweder die zehn Finger beider Hände als Anschauungsmittel zu verwenden oder aber auf Materialien wie farbige Plättchen zurückzugreifen, bei denen wie beiden Händen als weiteres Merkmal die Fünf hervorgehoben werden kann (vgl. Abb. 2.35).

Zusammenfassungen von jeweils fünf Objekten erleichtern die Anzahlbestimmung ungeheuer, da diese Anzahl von den Kindern statt durch Zählen unmittelbar durch Hinsehen (simultan) erfasst werden kann. Wittmann und Müller (2000) setzen im „Zahlenbuch" systematisch auf die „Kraft der Fünf" (vgl. Abschnitt 2.2.8); eine besondere Rolle spielen dabei das Zwanzigerfeld, Zahlenbänder sowie Analogien beim Rechnen im ersten und zweiten Zehner (vgl. Abb. 2.36 bzw. 2.37).

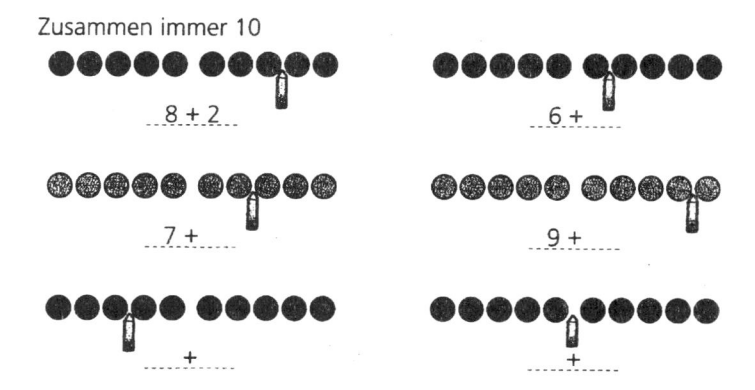

Zusammen immer 10

●●●●● ●●●◐●   ●●●●● ●●●●●
   8 + 2   6 +

◉◉◉◉◉ ◉◉◐◉◉   ◉◉◉◉◉ ◉◉◉◉◐
   7 +   9 +

●●●◐● ●●●●●   ●●●●●◐●●●●●
   +   +

Abb. 2.35: Zerlegungen der Zehn (Wittmann und Müller, 2000a, S. 24)

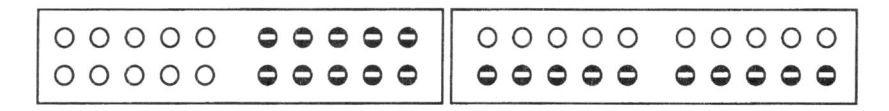

| ○ ○ ○ ○ ○ ⊖ ⊖ ⊖ ⊖ ⊖ | ○ ○ ○ ○ ○   ○ ○ ○ ○ ○ |
| ○ ○ ○ ○ ○ ⊖ ⊖ ⊖ ⊖ ⊖ | ⊖ ⊖ ⊖ ⊖ ⊖   ⊖ ⊖ ⊖ ⊖ ⊖ |

Abb. 2.36: Zwanzigerfelder mit unterschiedlicher Gruppierung der Fünfen

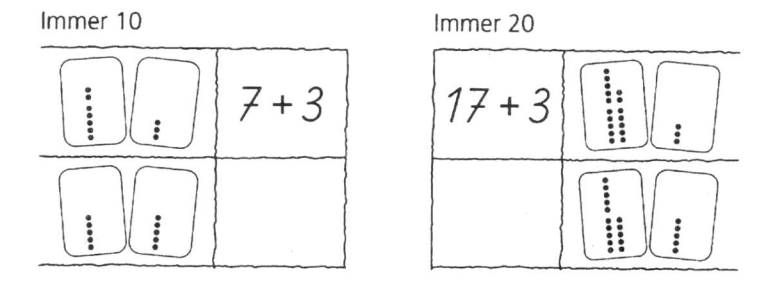

Immer 10   Immer 20

7 + 3   17 + 3

Abb. 2.37: Analogien beim Rechnen (Wittmann und Müller, 2000a, S 26)

Aufgaben wie die in Abb. 2.38 können den Kindern dabei helfen, Beziehungen zwischen „leichten" und „schweren" Aufgaben selbst zu entdecken. Erkenntnisse dieser Art erleichtern nicht nur das Rechnen, sondern bedeuten auch Einsichten in die Struktur und die Ordnung des Zahlraums.

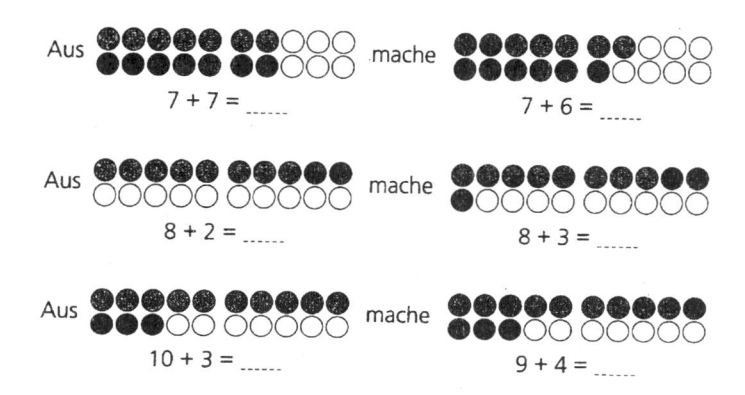

2 Zahlbegriff und Rechnen im Anfangsunterricht

Aus ●●●●● ●●○○○ mache ●●●●● ●●○○○
●●●●● ●●○○○   ●●●●● ●○○○○
7 + 7 = ...   7 + 6 = ...

Aus ●●●●● ●●●●● mache ●●●●● ●●●●●
○○○○○ ○○○○○   ●○○○○ ○○○○○
8 + 2 = ...   8 + 3 = ...

Aus ●●●●● ●●●●● mache ●●●●● ●●●●●
●●●○○ ○○○○○   ●●●○○ ○○○○○
10 + 3 = ...   9 + 4 = ...

Abb. 2.38: „Leichte" und „schwere" Aufgaben (Wittmann und Müller, 2000a, S 37)

Unterschiedliche Rechenwege

Konkrete Handlungen - gleichgültig, ob mit Bleistiften, Bohnen, Plättchen oder Kugeln -, die die Kinder zum Verständnis von Rechenoperationen führen sollen, müssen diesen Operationen präzise entsprechen. Nur so besteht die Chance, dass die Kinder die Handlungen zu Denkhandlungen „verinnerlichen". Dabei ist die Verinnerlichung keine Einbahnstraße, sondern die Kinder sollten auch in der Lage sein, zu den Rechenoperationen passende - genau passende - konkrete Situationen zu (er-)finden, in denen entsprechende Handlungen ausgeführt werden. Immer wieder verwendete und damit vertraute Materialien können durchaus einen Kontext bilden, in dem sich solche passenden Situationen finden lassen. Beispielsweise kann man die Darstellungen in Abb. 2.38 auch so lesen, dass zu den verschiedenen „Rechenwegen" passende Handlungen mit farbigen Plättchen ausgeführt werden. So kann die Addition 7 + 6 = ... auf die Verdopplung (7 + 7 = 14 oder 6 + 6 = 12) zurückgeführt werden, wobei die „Kraft der Fünf"die Verdopplung erleichtert. Man kann aber auch den Weg über das Ergänzen zur Zehn gehen, wie dies durch den Vergleich von 8 + 2 und 8 + 3 bzw. 10 + 3 und 9 + 4 nahe gelegt wird.

Gegen die Betrachtung *unterschiedlicher* Rechenwege im Unterricht wird - gerade von erfahrenen Lehrerinnen - häufig eingewandt, dass damit eine Überforderung der schwächeren Kinder verbunden sei. Diese Kinder hätten schon hinreichend Mühe, auch nur *einen* Rechenweg nachzuvollziehen und korrekt zu verwenden. Dieses Argument ist sicher nicht ganz unberechtigt. Es sollte jedoch bedacht werden, dass die Kinder - ebenso wie die Erwachsenen – unterschiedliche Präferenzen bei ihren Vorgehensweisen haben und unterschiedliche Vorstellungen davon, was „leicht" und was „schwer" ist; ein Verfahren, das die Lehrerin bevorzugt, ist nicht notwendig das für alle Kinder am besten geeignete. Kinder, die sich die Zahlen eher linear geordnet vorstellen, werden beim Rechnen vielleicht Zahlzerlegungen und das Ergänzen zur Zehn bevorzugen. Kinder, die zunächst vom Zwanziger- und später vom Hunderterraum eher eine „flächige" Vorstellungen haben, betrachten möglicherweise lieber Analogien zwischen den Zehnern, verdoppeln oder nutzen die „Kraft der Fünf". Der Vorschlag, verschiedene Rechenwege zu betrachten und im Unterricht darüber zu sprechen, bedeutet nicht, dass alle Kinder auch alle Wege beherrschen müssen. Die Kinder sollten aber die Chance haben, den von ihnen bevorzugten Weg selbst zu wählen. Ist tatsächlich ein Kind mit dieser Wahl überfordert, so kann die Lehrerin ihm selbstverständlich zu einem bestimmten Weg raten (wir kommen auf dieses Problem in Abschnitt 2.3 zurück).

Der Rechenrahmen mit jeweils 10 Kugeln auf zwei Stangen lässt ebenfalls Handlungen zu unterschiedlichen Rechenwegen zu, auch wenn dieses Material eher zum Ergänzen zur Zehn bzw. Zerlegen der Zehn anregt (vgl. Abb. 2.39). Dies gilt in ähnlicher Weise für die Verwendung von Steckwürfeln (vgl. Abb. 2.40).

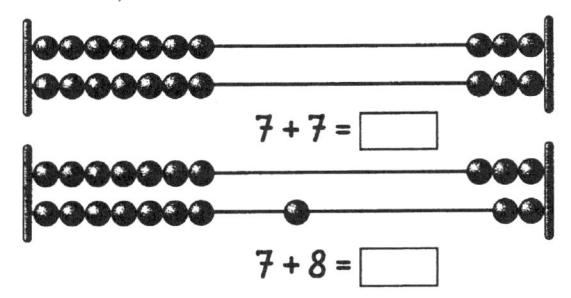

Abb. 2.39: Addition am Rechenrahmen (Reiss, 1999a, S. 105)

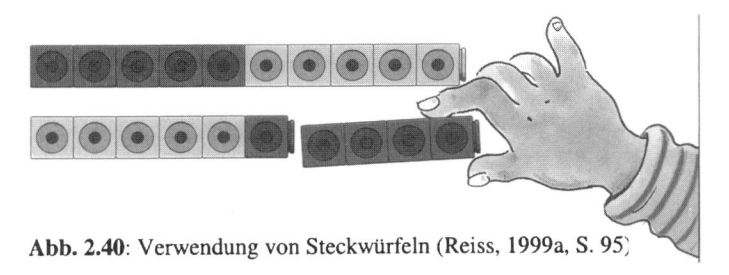

Abb. 2.40: Verwendung von Steckwürfeln (Reiss, 1999a, S. 95)

Zählendes Rechnen

Übungen, Handlungen und Rechnungen dieser Art und vor allem die Gespräche im Unterricht darüber sollen die Kinder sicherer machen beim Rechnen im Zahlenraum bis 20. Dies bedeutet aber auch: Sie sollen sie wegführen vom zählenden Rechnen. Wie schon angesprochen, lösen fast alle Kinder Additions- und Subtraktionsaufgaben zunächst durch Weiter- bzw. Rückwärtszählen, wobei von manchen Kindern die Finger oder andere Materialien als

Zählhilfen eingesetzt werden (vgl. Padberg, 1992, S. 76f und 95ff). Einige Kinder entwickeln geradezu phänomenale Fertigkeiten (und Tricks, es zu verschleiern) beim zählenden Rechnen. Harmlos (weil pfiffig) ist es z. B., wenn die Kinder spontan „8 + 5" statt „5 + 8" zählend addieren oder in Zweierschritten weiterzählen (vgl. Radatz und Schipper, 1983, S. 64) – Kinder, die auf solche Ideen kommen, werden bald von sich aus auf andere und effektivere Rechenstrategien zurückgreifen.

Dennoch: Abgesehen davon, dass das zählende Rechnen bei Zahlen, die größer als 10 sind, umständlich und ineffektiv wird, führt es zu typischen Fehlern. Beim Addieren durch Weiterzählen müssen die Kinder zwei Zählreihen verwalten. Z. B. muss bei 8 + 5 (beginnend mit der 9) um 5 weiter gezählt werden, d. h. das Kind muss gleichzeitig mit dem Weiterzählen ab 9 registrieren, wann die 5 erreicht ist. Ein typischer Fehler (der geradezu als Indikator für diese Art zu addieren betrachtet werden kann) ist der „Einsundeinsfehlern der Nähe" (Gerster, 1982, S. 28); er beruht darauf, dass das Kind (in unserem Beispiel) statt mit der 9 beim Weiterzählen mit der 8 beginnt, das Ergebnis ist dann um eins zu klein:

1 2 3 4 5 6 7 *8* *9* *10* *11* **_12_**   (8 + 5 = 12)
                     1   2   3   4   5

Bei der Subtraktion durch Rückwärtszählen gibt es sogar zwei Varianten dieses „Fehlers der Nähe", da zum einen nun tatsächlich beim Zählen mit der Ausgangszahl begonnen werden muss und zum anderen die zuletzt genannte Zahl nicht wie bei der Addition das Ergebnis, sondern die letzte „weggenommene" Zahl ist. Zur Kennzeichnung beider Fehler verwenden wir das Beispiel 8 – 3:

1 2 3 **_4_** *5* 6 7 8   (8 – 3 = 4)
          3   2   1

1 2 3 4 5 **_6_** 7 8   (8 – 3 = 6)
                3   2   1

Heuristische Strategien beim Addieren und Subtrahieren
Wir haben bereits mehrfach darauf hingewiesen, dass einige Kinder spontan effektivere Rechenverfahren als das Zählen verwenden. Auf welche unterschiedlichen Weisen Kinder beim Rechnen vorgehen, haben z. B. Hengartner (1999), Selter und Spiegel (1997) sowie Spiegel und Selter (2003) eindrucksvoll beschrieben. Die hier genannten Unterrichtsaktivitäten sollen dazu beitragen, dass möglichst alle Kinder selbst entdecken, wie sie sich das Rechnen

durch „heuristische Strategien[8]" erheblich erleichtern können. Zu diesen Strategien gehören (vgl. Radatz und Schipper, 1983, S. 65; Padberg, 1992, S. 83ff und 103ff):

- Zahlzerlegungen der verschiedensten Art, insbesondere im Hinblick auf den Zehnerübergang. Z. B. bei der Aufgabe $8 + 5$ kann man $8 + 2 + 3 = 13$ rechnen, und bei der Aufgabe $4 + 7$ rechnet man möglicherweise bequemer $7 + 3 + 1$ (jeweils ist das Ergänzen zur 10 eine „leichte", weil gut bekannte Aufgabe); entsprechend ist $13 - 5 = 10 - 3 - 2$[9];
- die Verwendung von Verdoppelung und Fast-Verdoppelung sowie der „Kraft der Fünf": Z. B. lässt sich die Aufgabe $6 + 7$ zurückführen auf $6 + 6 + 1$, und $8 + 5$ kann auch in die Form $5 + 5 + 3$ gebracht werden;
- das Ausnutzen von Analogien zwischen Rechnungen in den Zehnern, z. B. ist $7 - 3 = 4$ und $17 - 3 = 14$;
- gegensinnige Veränderungen der Zahlen bei der Addition und gleichsinnige bei der Subtraktion. Z. B. ist $9 + 4 = 10 + 3$ und $12 - 3 = 10 - 1$.

Wenn im Unterricht verschiedene Aufgaben in einen sinnvollen Zusammenhang gebracht und ihre wechselseitigen Beziehungen erörtert werden, so spricht man auch vom „operativen Durcharbeiten". Das „operative Prinzip" (Wittmann, 1975, S. 62ff), auf das dabei als ein methodisches Prinzip Bezug genommen wird, besagt insbesondere, dass die Kinder mit einer Rechenoperation gleich auch die Umkehroperation kennen lernen sollten (vgl. z. B. auch Fricke, 1964, S. 95). Im Anfangsunterricht sollten sie also zusammen mit der Addition auch die Subtraktion kennenlernen. Beim „operativen Durcharbeiten" werden allerdings noch weitere Beziehungen hergestellt, die wieder am Beispiel $8 + 5$ erläutert werden sollen (vgl. auch Radatz u. a., 1996, S. 84):

- Die *Aufgabe* lautet $8 + 5$,
- Umkehraufgaben sind $13 - 5$ und $13 - 8$,
- die Tauschaufgabe zu $8 + 5$ ist $5 + 8$,
- darüber hinaus gibt es eine Reihe von Nachbaraufgaben wie $8 + 4$, $8 + 6$, $7 + 5$, $7 + 6$, $9 + 5$, $9 + 4$; entsprechend für die Subtraktionsaufgaben, sowie
- Zerlegungsaufgaben wie $8 + 2 + 3$, $3 + 5 + 5$ bzw. $13 - 3 - 2$ usw.

---

[8] Die „Heuristik" ist die „Kunst des Problemlösens", vgl. Polya, 1980.

[9] Da die Subtraktion nicht assoziativ ist, müssten hier eigentlich Klammern gesetzt werden, in Klassen des 1. Schuljahres würde damit allerdings die Formalisierung erheblich zu weit getrieben. Die Notation „$10 - 3 - 2$" wird von den Kindern - in der üblichen Leserichtung - durchaus im Sinne von „$(10 - 3) - 2$" verstanden.

Die Flexibilität beim Rechnen kann schließlich dadurch verbessert werden, dass man die Kinder nicht nur gezielt Fehler suchen, sondern sie auch erklären lässt, wie diese Fehler zustande gekommen sind. Beispiele dazu findet man bei Schütte (2000, S. 74f), wo den Kindern Rechnungen wie „4 + 3 = 7, 7 − 3 = 4, 5 + 2 = 7, 7 − 2 = 7", „20 − 9 = 19, 20 − 8 = 18, 20 − 7 = 17" oder „5 − 0 = 0, 6 − 0 = 6, 7 − 0 = 7, 8 − 0 = 8" vorgelegt werden: „Findest du alle Fehler? Kannst du erklären, wie gerechnet wurde?".

Die Vorteile dieser Strategien und unterrichtlichen Maßnahmen liegen auf der Hand. Allerdings dürfte es durchaus individuelle Unterschiede geben zwischen dem, was einzelne Kinder als „leicht" oder „schwierig" empfinden. Dies bedeutet, dass die Kinder letztlich selbst entscheiden müssen, welche der Strategien sie verwenden wollen und welche nicht. Insofern zeigt sich beim Umgang mit heuristischen Strategien, ob die Kinder - zumindest ansatzweise - bereits einige jener allgemeinen mathematischen Fähigkeiten erworben haben, die neben - oder sogar noch vor - den Rechentechniken zu den wichtigsten Zielen des Mathematikunterrichts in der Grundschule gehören: Die Fähigkeiten zum Mathematisieren, Entdecken, Argumentieren und Darstellen (vgl. Abschnitt 2.1.3).

2.2.9 Rechenübungen

Während die Überlegungen im vorigen Abschnitt auf die Erarbeitung und das Verstehen der Rechenoperationen zielten, soll jetzt auf ihre Automatisierung, d. h. auf das sichere Beherrschen der Eins-plus-eins-Aufgaben eingegangen werden. Allerdings ist das Thema „Üben", wie Radatz und Schipper (1983, S. 190) schreiben, „voller Widersprüche, Probleme und Ungereimtheiten".

Krauthausen und Scherer (2001, S. 109, 111) unterscheiden zwischen dem „traditionellen Verständnis" des Übens, bei dem es vor allem um die Festigung des Wissens geht, und dem „produktiven Üben", bei dem Übungen „integraler Bestandteil eines aktiven Lernprozesses" sind. Die Einführung, Übung und Anwendung eines Sachverhaltes sollen nicht getrennt, sondern als sich wechselseitig ergänzende Phasen der unterrichtlichen Betrachtung dieses Sachverhaltes gesehen werden.

Wittmann und Müller (1994b, S. 27ff) schlagen einen „Blitzrechenkurs" vor, der so aufgebaut ist, dass Aufgaben aus insgesamt zehn verschiedenen Kategorien über die gesamte Grundschulzeit hinweg immer wieder von den Kindern zu lösen sind. Die Autoren wollen damit sowohl der Beliebigkeit beim Einsatz von Übungsaufgaben entgegen wirken als auch bei den Kindern Einsicht in die Notwendigkeit und die Ziele der jeweiligen Übungen erreichen. Im 1. Schuljahr sind diese zehn Kategorien (vgl. Krauthausen und Scherer, 2001, S. 42f):

- Wie viele?
- Zählen

- Zerlegen
- Ergänzen bis 10 (bzw. bis 20)
- Verdoppeln
- Fünfer-/Zehner-Übungen
- Eins-plus-eins
- Halbieren
- Zählen in Schritten
- Mini-Ein-mal-eins (leichte Ein-mal-eins-Aufgaben).

Bei diesen Übungen wird jeweils noch unterschieden zwischen

- einer Grundlegungsphase, in der den Kindern der Ablauf und der Sinn der Übung erläutert wird und in der die Bezüge zur Einführung der zu übenden Inhalte und zu den jeweiligen Mitteln der Veranschaulichung noch erhalten bleiben, und
- einer Automatisierungsphase, in der die Kinder „nach Abschluss des Lernprozesses ... unter zunehmenden Verzicht auf äußere Hilfen zum ‚mentalen' Rechnen, d. h. zum Rechnen an verinnerlichten Vorstellungen der Zahldarstellung geführt" werden. Dabei sollen die Kinder auch ermutigt werden, die Schnelligkeit ihrer Antworten immer mehr zu steigern (Wittmann und Müller, 1994b, S. 28).

Am Beispiel der Kategorie „Eins-plus-eins" werden die Übungen etwas genauer vorgestellt: Zur „Grundlegung" gehört dabei nach der Einführung von Addition und Subtraktion (unter Verwendung des Zwanzigerfeldes, vgl. Abb. 2.38) als weitere Anschauungshilfe eine besonders gestaltete Eins-plus-eins-Tafel (Abb. 2.41), in der im Original die Beziehungen zwischen einzelnen Aufgaben durch farbige Markierungen hervorgehoben sind.

Es gibt kein Material, das in der Weise selbst-erklärend wäre, um von den Schülerinnen und Schülern ohne weiteres verwendet werden zu können. Auch die Eins-plus-eins-Tafel und insbesondere für die farbigen Markierungen müssen also besprochen werden. In der Tafel sind beispielsweise alle Additionsaufgaben, deren Ergebnis 5 bzw. 15 ist, hellblau, und alle, deren Ergebnis 10 ist, dunkelblau hinterlegt. Übungen zur Sicherung und Festigung der Addition im Zwanzigerraum können damit beginnen, dass die Aufmerksamkeit der Kinder auf die durch diese Farben hervorgehobenen Zusammenhänge zwischen Aufgaben wie 10+0, 9+1, 8+2, ... bzw. 10+5, 9+6, 8+7, ... gelenkt wird. Entscheidend sind dabei natürlich nicht die Farben, sondern die Beziehungen zwischen den Aufgaben. Entsprechend kann man in einer nächsten Phase auch die Nachbaraufgaben (beispielsweise - wenn man von 10+5 ausgeht - 9+5 und 10+6) hinzunehmen. Die Kinder werden jetzt aufgefordert, eine Reihe solcher Aufgaben, die zunächst alle vom gleichen Typ sind (also solche mit den Summen 5, 10 oder 15 sowie deren Nachbaraufgaben) selbstständig zu lösen, wobei sie anfangs noch auf die Eins-plus-eins-Tafel zurückgreifen können.

Einspluseins-Tafel

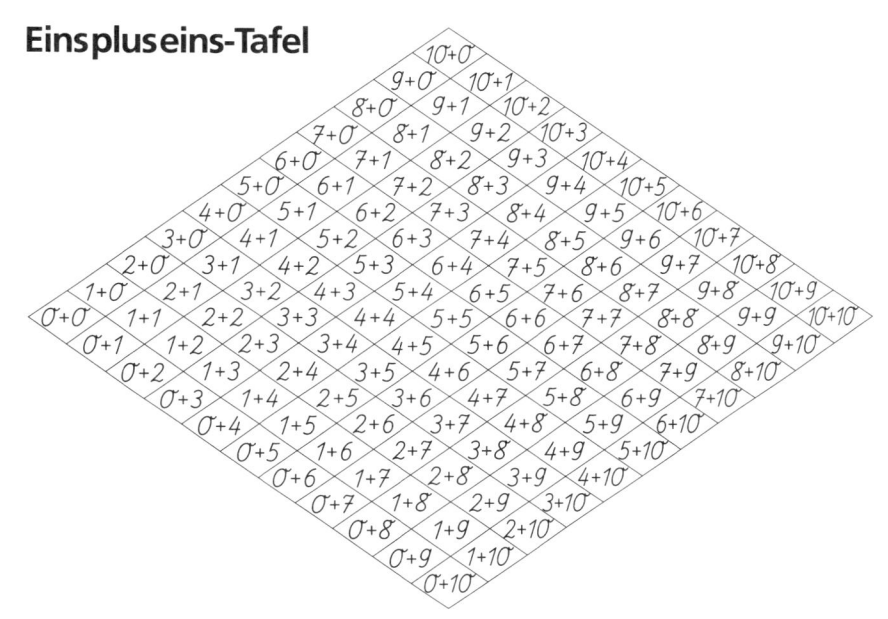

Abb. 2.41: Eins-plus-eins-Tafel (Wittmann und Müller, 1994b)

Eine weitere Anregung besteht darin, die Kinder ihre eigene, auf einer Kopiervorlage vorgegebene Eins-plus-eins-Tafel selbst ausfüllen zu lassen. Dabei sollen sie die Aufgaben markieren, die sie selbst als leicht empfinden und „wie der Blitz" ausrechnen können. Da diese Aufgaben individuell markiert werden, bilden sie für das einzelne Kind feste Bezugspunkte („Ankeraufgaben"), von denen aus sie sich zu schwierigeren vortasten können. Die weitere Automatisierung erfordert eine ständige Wiederholung. Die Aufgaben werden sowohl schriftlich als auch mündlich gerechnet, mit dem Ziel der sicheren Beherrschung, und das heißt auch: Mit dem Ziel, die Aufgaben *schnell* zu lösen.

Das Üben des Eins-plus-eins ist damit ein Dauerthema des Mathematikunterrichts in den ersten Schuljahren. Ebenso wie die Zahlzerlegungen (vgl. 2.2.8) müssen die Eins-plus-eins-Aufgaben von Anfang an und regelmäßig geübt werden. Insgesamt handelt es sich dabei um die folgenden Aufgaben:

0+0	1+0	2+0	3+0	4+0	5+0	6+0	7+0	8+0	9+0	10+0
0+1	1+1	2+1	3+1	4+1	5+1	6+1	7+1	8+1	9+1	10+1
0+2	1+2	2+2	3+2	4+2	5+2	6+2	7+2	8+2	9+2	10+2
⋮										
0+10	1+10	2+10	3+10	4+10	5+10	6+10	7+10	8+10	9+10	10+10

sowie

10–0	10–1	10–2	10–3	10–4	10–5	10–6	10–7	10–8	10–9	10–10
9–0	9–1	9–2	9–3	9–4	9–5	9–6	9–7	9–8	9–9	

⋮

1–0   1–0

0–0

Zur sicheren Beherrschung der Aufgaben beitragen kann das sog. Zehn-Minuten-Rechnen (vgl. Radatz und Schipper, 1983, S. 201ff): In jeder (jeder!) Mathematikstunde in der Grundschulzeit sollten (am Anfang, am Ende oder auch mittendrin, z. B. wenn eine andere Unterrichtsphase beendet ist oder sich aus sonstigen Gründen eine Unterbrechung anbietet) fünf bis zehn Minuten lang Kopfrechenübungen durchgeführt werden. Wenn sie in dieser Weise als fester Bestandteil in den Unterricht integriert werden, können solche Übungen sowohl für die Schülerinnen und Schüler als auch für die Lehrerin sehr reizvoll sein.

Sie sind es vor allem dann, wenn sie abwechslungsreich gestaltet werden: Die Aufgaben müssen nicht immer von der Lehrerin gestellt werden, dies können auch die Kinder selbst tun, oder man erwürfelt die Ausgangszahlen z. B. mit dem Zehnerwürfel. Bei den meisten Kindern sehr beliebt sind Wettspiele (wie „Eckenkönig": Je ein Kind steht in den vier Ecken des Raumes, das Kind, das die gestellte Aufgabe zuerst löst, rückt eine Ecke vor, gewonnen hat, wer zuerst wieder in der Ausgangsecke angekommen ist). Spiele dieser Art haben den Vorteil, dass offensichtlich Sicherheit *und* Schnelligkeit beim Rechnen gefordert sind, aber auch den Nachteil, dass es „Sieger" und „Verlierer" gibt. Gefordert ist dabei also die Sensibilität der Lehrerin, unter anderem bei der geschickten Auswahl der Kinder, die beim Rechnen konkurrieren, so dass jedes Kind eine Chance hat. Allerdings scheint es, dass die Kinder selbst - ähnlich wie beim Sport - mit solchen Wettkampfsituation sehr viel unbefangener umgehen als die Erwachsenen.

Beim „Klopfrechnen" haben auch die (noch) langsamen Rechner die Chance, zur Lösung der Aufgaben zu kommen: Nach der Aufgabenstellung folgt eine Pause, und die Lösung darf von den Kindern erst nach einem Klopfzeichen genannt werden.

Einige sehr schöne Beispiele für Rechenspiele in Partner- oder Gruppenarbeit findet man in dem Lehrgang „Die Matheprofis 1" (Schütte, 2000, S. 72f). Z. B. würfeln und addieren zwei Kinder die Augenzahlen so lange, bis eine Zielzahl (z. B. 17) erreicht ist, wer diese Zahl überschreitet, hat verloren. In einem anderen Spiel geht es darum, vier Zahlenkärtchen abzulegen und die Summe der Zahlen zu bestimmen oder auch zu verändern (vgl. Abb. 2.42).

2 Zahlbegriff und Rechnen im Anfangsunterricht

Rechne die 4 Zahlen in einem Feld zusammen.

Summe: ◯   Summe: ◯   Summe: ◯

Du darfst in jedem Feld eine Karte auflegen.
Wie erreichst du überall 12?

Abb. 2.42: Rechenspiele (Schütte, 2000, S. 73).

Nur kurz erwähnt werden sollen hier schriftliche Übungen mit der Möglichkeit der Selbstkontrolle durch die Schülerinnen und Schüler (vgl. dazu und insbesondere auch zum Einsatz von Computerprogrammen Abschnitt 2.3). So können beispielsweise die Lösungen der auf einem Arbeitsblatt gestellten Aufgaben an den Rand des Blattes geschrieben werden - selbstverständlich in anderer Reihenfolge und vielleicht auch mit einer zusätzlichen Zahl, die als Aufgabenlösung gar nicht vorkommt. Weniger empfehlenswert sind die so genannten „bunten Hunde". Das sind Figuren (Tiere, Blumen oder anderes), in denen Teilflächen entsprechend der Aufgabenlösung verschiedenfarbig auszumalen bzw. Lösungsvorgaben, die zu Figuren zu ergänzen sind. Auch wenn das Ausmalen von Figuren als motorisches Training in den ersten Schuljahren sicher sinnvoll ist, so trägt es wenig zur Erhöhung der Sicherheit im *Rechnen* bei. Außerdem zeigt die Erfahrung, dass die Kinder sehr schnell erfassen, welche Figur sich beim Ausmalen ergeben wird, so dass das Rechnen gar nicht mehr erforderlich ist. Wittmann (1993, S. 161) weist auf eine weitere Gefahr hin: „Anstatt Erfahrungen zu erwerben, wie man den eigenen gesunden Menschenverstand gebrauchen kann, um aktiv und selbstständig an Aufgaben heranzugehen, gewöhnt sich der Schüler mehr und mehr an, die Verantwortung für das Lernen dem Lehrer zu überlassen und selbst passiv abzuwarten".

Als Übungsformen und Spiele für den Zahlenraum bis 100 nennen Floer und Möller (1985, S. 78ff):

- Zahlen zum Hören, Sehen, Fühlen
- Spiele mit der Hundertertafel

- Zahlenstrahl-Spiele
- Weiterführungen von bekannten Spielen
- Spiele mit Zahlenkarten
- Rechenpuzzle
- Räder, Blumen, Sterne, Spinnen - und dies alles zum Rechnen
- Zauberquadrate
- Vierfeldertafeln
- Zahlenmauern
- Operatorspiele
- Streichquadrate
- Rechenbäume
- Zahlenrätsel
- Torspiele
- Koffer packen (Regeln erraten)
- Zahlspiele in der Gruppe.

Viele weitere Anregungen für Übungen findet man in der Literatur (vgl. u. a. Christiani, 1994; Krampe und Mittelmann, 1987/1999; Radatz u. a., 1996, S. 84ff; Schipper u. a., 1985; Wittmann und Müller, 1993).

2.2.10 Erweiterung des Zahlenraumes bis 100

Am Ende ihres ersten Schuljahres sollten die Kinder sicher sein im Zahlenraum bis 20. Man kann davon ausgehen, dass die meisten Kinder auch schon die Zahlen bis 100 kennen, zumindest in dem Sinne, dass sie bis 100 zählen können. Es ist deshalb sinnvoll, bereits zu diesem Zeitpunkt einen Ausblick auf größere Zahlen als 20 vorzunehmen, selbst wenn das Rechnen im Hunderterraum erst Thema des 2. Schuljahres ist. Die meisten neueren Schulbüchern beschränken sich bei diesem Ausblick allerdings zunächst auf die Zehnerzahlen. Z. B. in dem Lehrgang „Die Matheprofis 1" (vgl. Abb. 2.43) sind 10 Kinder abgebildet, die ihre jeweils 10 Finger zeigen; diese Situation wird im Schulbuch systematisch betrachtet.

Während solche Betrachtungen am Ende des ersten Schuljahres noch einer vorbereitenden Orientierung dienen, geht es bei der systematischen Einführung im zweiten Schuljahr nicht nur um das Kennenlernen und Umgehen mit allen Zahlen bis 100, sondern auch um die verschiedenen Formen, sie darzustellen: Die lineare Repräsentation der Zahlen bis 20 auf der Perlenkette oder dem Rechenband (vgl. Abschnitt 2.2.6) kann bis 100 erweitert werden, und entsprechend die flächige Darstellung im Zwanzigerfeld zum Hunderterfeld.

2 Zahlbegriff und Rechnen im Anfangsunterricht

Abb. 2.43: 10 Kinder, 100 Finger (Schütte, 2000, S. 103)

Bei der symbolischen Darstellung der Zahlen durch Ziffern rücken die beiden Prinzipien in das Blickfeld, die ein *Stellenwertsystem* kennzeichnen, nämlich das Bündelungsprinzip und das Prinzip des Stellenwertes (vgl. Padberg, 1992, S. 53f): Größere Anzahlen von Objekten sind besser überschaubar, wenn man sie - z. B. zu je 10 - bündelt. Beim Aufschreiben der Anzahl werden die Zehner links von den Einern notiert, so dass man auch beim Schreiben von großen Zahlen unter Berücksichtigung des Stellenwertes mit nur 10 verschiedenen Ziffern auskommt. Für eine vertiefenden Betrachtung des Zehnersystems (des dezimalen Stellenwertsystems - oder gar von anderen Stellenwertsystemen) dürfte es jedoch am Beginn des zweiten Schuljahres noch zu früh sein, denn die genannten beiden Prinzipien können erst dann voll erfasst werden, wenn zumindest noch die Hunderter und Tausender hinzukommen (vgl. Padberg, 1992, S. 51ff).

Schätzen macht Spaß!

Bringt „Schätzgläser" mit in die Schule.
Jedes Kind darf dann die Anzahl schätzen.
Danach wird gelegt und gezählt.
Wer hat am besten geschätzt?

Wie viele könnten es sein?

70 ? 40 ? 50 ? 20 ? 100 ?

Abb. 2.44: Schätzen macht Spaß! (Schütte, 2001, S. 13)

Der Einstieg in die systematische Betrachtung der Zahlen bis 100 sollte über das Schätzen und Zählen erfolgen. Beim Schätzen geht es darum, dass die Kinder ihr Gefühl für Anzahlen vertiefen oder überhaupt erst entwickeln, es geht aber auch um die Einsicht, dass es in manchen Fällen völlig ausreicht, ungefähr zu wissen, wie viele Steine z. B. in einem Glas gesammelt wurden (vgl. Abb. 2.44; zur Bedeutung des Schätzens vgl. auch Krauthausen und Scherer, 2001, S. 63).

Während kleinere Anzahlen simultan erfasst werden können, benötigt man bei größeren zur präzisen Bestimmung weitere Verfahren wie das Abzählen oder das Bündeln.

Im Lehrgang Mathebaum 2 (Reiss, 1999a) folgt diese weitere Behandlung der Zahlen bis 100 dem „klassischen" Dreischritt „enaktiv - ikonisch - symbolisch" (vgl. Abschnitt 2.1.2): Dem Bündeln von Steinen folgt das Bündeln von Steckwürfeln zu je 10, die Darstellung der Zehner und Einer am Rechenrahmen und durch Striche und Punkte sowie schließlich durch Ziffern (vgl. Abb. 2.45).

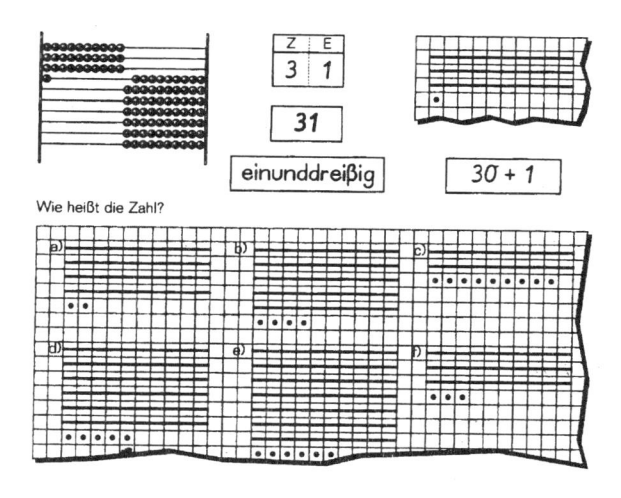

Abb. 2.45: Darstellungen von Zehnern und Einern (Reiss, 1999b, S. 15)

Eine andere Möglichkeit besteht darin, die Erweiterung des Zahlenraum gleich mit dem Rechnen zu verbinden. Dies geschieht z. B. in dem Lehrgang „Welt der Zahl 2" (Rinkens und Hönisch, 1998, S. 9), allerdings zunächst nur mit den Zahlen bis 25. Später werden die Rechnungen zur Stützung der Vorstellungen der Kinder auch am Zahlenstrahl dargestellt (vgl. Abb. 2.46).

2 Zahlbegriff und Rechnen im Anfangsunterricht 109

Welche Aufgaben werden hier gerechnet?

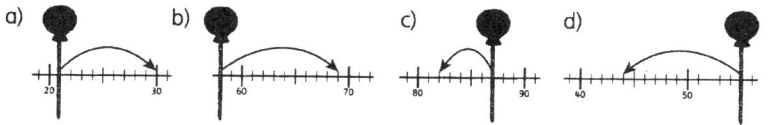

a) b) c) d)

Abb. 2.46: Rechnungen am Zahlenstrahl (Rinkens und Hönisch, 1998c, S. 25)

Die systematische Verwendung nicht nur des Hunderterfeldes, sondern auch der Hundertertafel findet man z. B. in dem Lehrgang „Das Zahlenbuch 2" (vgl. Abb. 2.47), wobei es auch darum geht, die verschiedenen Möglichkeiten der Zahldarstellung sowie die Struktur des Hunderterraumes zu verdeutlichen.

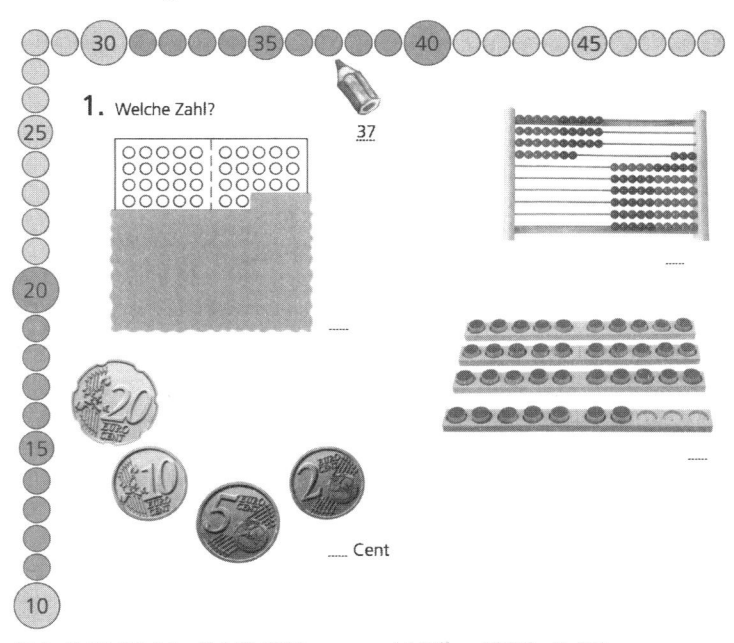

1. Welche Zahl?

37

_____ Cent

Abb. 2.47: Welche Zahl? (Wittmann und Müller, 2000b, S. 16)

Beim Addieren und Subtrahieren mit Zahlen bis 100 muss sich zeigen, in wie weit die Kinder in der Lage sind, die Rechenfertigkeiten, die sie im Zahlenraum bis 20 erworben haben, auf größere Zahlen zu übertragen, und ob sie in diesem Zahlenraum mental operieren können. Johannes Kühnel hat darauf hingewiesen, dass es - anders als bei den schriftlichen Rechenverfahren - beim mündlichen Rechnen (oder auch beim halbschriftlichen Rechnen, d. h. wenn Zwischenergebnisse aufgeschrieben werden) kein standardisiertes „Normalverfahren" geben kann. D. h. es kann kein Verfahren geben, das von der Lehrerin eingeführt wird und von dem Abweichungen nicht erlaubt sind. Kühnels Begründung ist ebenso drastisch wie einleuchtend: „Wir wollen kein Normalverfahren den Kindern aufnötigen. Nicht darauf kommt es an, dass das Kind einen bestimmten Weg mit Sicherheit gehen lernt - das streben wir an bei der Gewöhnung der Pferde -, sondern dass es seinen Weg allein zu suchen und zu finden weiß" (Kühnel, 1954, S. 119; zitiert nach Wittmann und Müller, 1994b, S. 85).

Wir haben schon in Abschnitt 2.2.8 (im Anschluss an Abb. 2.38) erläutert, wie die Kinder bei ein- und derselben Aufgabe unterschiedliche Rechenwege selbst entdecken und - für sich selbst und für ihre Mitschülerinnen und -schüler - erklären können. Dabei wurden auch mögliche Einwände gegen diese Vorgehensweise diskutiert. Beim Addieren und Subtrahieren im Hunderterraum ist die Anzahl der möglichen Rechenwege erheblich größer als im Zwanzigerraum. Es soll deshalb hier noch einmal klargestellt werden, dass *nicht* alle Kinder alle denkbaren Rechenwege beherrschen sollen. Vielmehr sollen sie erkennen, auf welche Weise andere Kinder eine bestimmte Aufgabe gelöst haben. Vor allem sollen sie erkennen, dass es nicht sinnvoll ist, alle Aufgaben auf die gleiche Weise lösen zu wollen (91 − 2 wird man nicht auf die gleiche Weise rechnen wie 91 − 89).

Im Folgenden werden solche unterschiedlichen Rechenwege an einigen Beispielen beschrieben. Beim Aufschreiben der Beispiele greifen wir auf eine Notation zurück, die auch von Wittmann und Müller (1993, S. 87) verwendet und von ihnen ausdrücklich als Verfahren beim halbschriftlichen Rechnen empfohlen wird: „Unter die Aufgabe wird ein Strich gesetzt, der Rechenweg wird unter dem Strich notiert. Die Zwischenergebnisse werden hinter das Gleichheitszeichen gesetzt und weiterverarbeitet." (Man beachte, dass bei dieser Notation von Aufgabe, Zwischenergebnis und Endergebnis das Gleichheitszeichen korrekt verwendet wird, da jeweils auf beiden äquivalente Terme stehen. Das Gleichheitszeichen sollte von den Kindern nicht als „Aufforderung zum Rechnen" oder im Sinne einer Handlungsabfolge verstanden werden. Schreibweisen wie z. B. bei 32 + 40 = 72 + 5 = 77 sind schlicht falsch. Die Beachtung der mathematischen Bedeutung des Gleichheitszeichens in den ersten Grundschuljahren mag als übertriebener Formalismus erscheinen[10], doch muss man sich darüber im Klaren sein, dass es schwierig ist, Gewohnheiten zu ändern. Wer bei einfachen Rechensätzen die Bedeutung des Gleichheitszeichens nicht erfasst hat, wird später große Schwierigkeiten beim Umgehen mit Gleichungen haben.)

Zur Erläuterung einiger Rechenwege verwenden wir die Beispiele 26 + 45 und 63 − 27; selbstverständlich sind weitere als die hier aufgeführten Varianten möglich (vgl. Wittmann und Müller, 1993, S. 86f):

---

[10] Zumal beim Programmieren das Gleichheitszeichen tatsächlich häufig im Sinne einer Aufforderung zum Handeln gebraucht wird, z. B. wenn man eine Variable durch „a = a+1" verändert.

- Zehner und Einer werden getrennt addiert (erst die Zehner, dann die Einer, wie im Beispiel, oder auch umgekehrt, erst die Einer, dann die Zehner):
  26 + 45 = 60 + 11 = 71
  20 + 40
   6 + 5

- Zum ersten Summanden wird zunächst nur der Zehner des zweiten Summanden addiert:
  26 + 45 = 66 + 5 = 71
  26 + 40

- Vom ersten Summanden aus wird zum nächsten Zehner ergänzt (dieses Vorgehen kann auch als gegensinniges Verändern gesehen werden):
  26 + 45 = 30 + 41 = 71
  26 + 4
  45 − 4

- Schrittweises Vorgehen beim Subtrahieren:
  63 − 27 = 43 − 7 = 36   oder   63 − 27 = 33 + 3 = 36
  63 − 20   63 − 30

- Ergänzen:
  63 − 27 = 3 + 33 = 36
       30
       63

- Gleichsinniges Verändern mit Ergänzen zum Zehner:
  63 − 27 = 36
  66 − 30

- Es gibt Kinder (und Erwachsene), die auch bei der Subtraktion die Zehner und Einer getrennt verarbeiten, z. B.:
  63 − 27 = 40 − 4 = 36
  60 − 20
   3 − 7

Die Subtraktion durch Ergänzen bietet sich vor allem dann an, wenn wie bei der Aufgabe 91 − 89 Minuend und Subtrahend dicht beieinander liegen. Dieser Sachverhalt lässt sich am Zahlenstrahl besonders gut darstellen (Abb. 2.48).

Zur Darstellung unterschiedlicher Rechenwege ist der so genannte Rechenstrich vorzüglich geeignet (vgl. Treffers, 1991, und Krauthausen und Scherer, 2001, S. 218). Man zeichnet eine Strecke, bei der Anfangs- und Endpunkt mit 0 und 100 markiert sein können, aber nicht sein müssen. Die in den Rechnungen vorkommen Zahlen werden nach Augenmaß eingetragen und die Rechenoperationen durch Pfeile gekennzeichnet (vgl. Abb. 2.49).

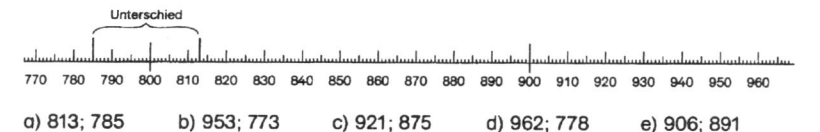

```
          Unterschied
    ┌──────────────┐
|||||||||||||||||||||||||||||||||||||||||||||||||||||||||||||||||||
770 780 790 800 810 820 830 840 850 860 870 880 890 900 910 920 930 940 950 960
```

a) 813; 785 b) 953; 773 c) 921; 875 d) 962; 778 e) 906; 891

Suche die Zahlenpaare auf dem Zahlenstrahl. Manche Zahlen liegen besonders nahe beieinander. Welche Zahlenpaare sind das? Welches Zahlenpaar hat den kleinsten Unterschied?

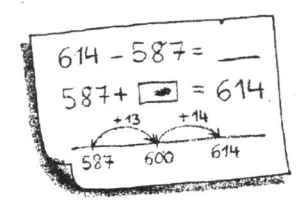

$614 - 587 = \_\_\_$

$587 + \boxed{} = 614$

```
      +13    +14
   ┌───┐  ┌───┐
  587   600   614
```

Minus-Aufgaben mit Zahlen, deren Unterschied klein ist, kann man gut durch Ergänzen lösen. Finde selbst mindestens noch 5 passende Aufgaben.

Abb. 2.48: Kleine Unterschiede (Schütte, 2002, S. 53)

Erkläre, wie die Kinder die Aufgabe 86 – 38 rechnen.
Schreibe die Rechenschritte auf.

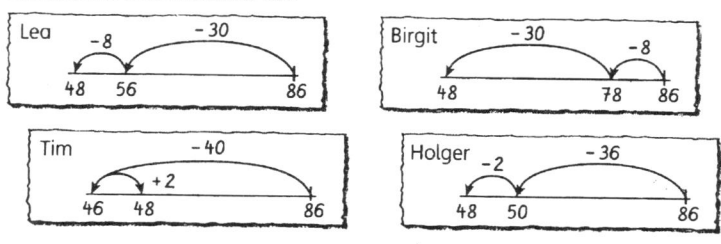

Lea: −8, −30; 48 56 86

Birgit: −30, −8; 48 78 86

Tim: +2, −40; 46 48 86

Holger: −2, −36; 48 50 86

Welche Aufgaben werden hier gerechnet? Übertrage die Rechenstriche in dein Heft und ergänze die fehlenden Zahlen. Dann schreibe die Rechenschritte auf.

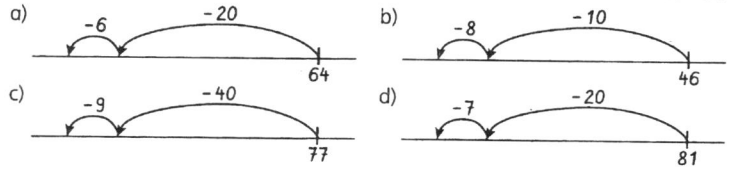

a) −6, −20; 64

b) −8, −10; 46

c) −9, −40; 77

d) −7, −20; 81

Abb. 2.49: Rechenwege am Rechenstrich (Rinkens und Hönisch, 1998c, S. 104)

2.2.11 Einführung von Multiplikation und Division

Multiplikation und Division werden üblicherweise im zweiten Schuljahr durch Rückgriff auf intuitive Vorstellungen der Kinder eingeführt. Die Multiplikation wird erklärt als wiederholte Addition gleicher Summanden (z. B. „Greife fünfmal in die Kiste und nimm jedesmal 3 Äpfel heraus": $5 \cdot 3 = 3 + 3 + 3 + 3 + 3$), die Division durch Bezugnahme auf das Verteilen (z. B. „12 Bonbons werden - gerecht - an 4 Kinder verteilt") oder auf das Aufteilen (z. B. „12 Eier werden in Kästen zu je 6 Eier aufgeteilt". Diese Aufteilung auch als wiederholte Subtraktion gleicher Subtrahenden verstanden werden: „Wie oft kann man 6 von 12 abziehen?").

Dieser Zugang zur Multiplikation (und zur Division) ist naheliegend und wird im Folgenden noch ausführlicher behandelt. Er hat aber auch Nachteile. So haben bei der Auffassung von „$5 \cdot 3$" als „$3 + 3 + 3 + 3 + 3$" die beiden Faktoren 5 und 3 unterschiedliche Bedeutung: 5 ist der *Multiplikator*, 3 der *Multiplikand*. Zwar lässt sich die Kommutativität der Multiplikation (also die Tatsache, dass man die beiden Faktoren vertauschen darf, ohne dass sich dadurch das Ergebnis - das Produkt - ändert) noch relativ leicht anschaulich erschließen (vgl. unten), doch erscheint bei diesem Zugang die Multiplikation nur als eine verkürzende Schreibweise für bestimmte Additionsaufgaben und nicht als eigenständige Rechenoperation. Dieser Nachteil kann später für viele Schülerinnen und Schüler zu einem echten Problem werden, wenn sie nämlich z. B. beim Rechnen mit Bruchzahlen die eingeschränkte Sicht der Multiplikation (und vor allem auch der Division) beibehalten: Man kann nicht 2/5-mal in die Kiste greifen und jedesmal 3/4 Äpfel herausholen (Versuche, Divisionen wie 3/4 : 2/5 auf das Aufteilen oder das Verteilen zurückzuführen, können schon gar nicht ernst genommen werden). Spätestens bei der Bruchrechnung ist eine erweiterte Sicht der Multiplikation und Division erforderlich; mehr noch als beim Gleichheitszeichen gilt hier, dass es vielen Kindern sehr schwer fällt, sich von vereinfachenden, stark an konkreten Handlungen orientierten Denkgewohnheiten zu lösen.

Selbst wenn man sich dieser Gefahr eines eingeschränkten Verständnisses bewusst ist, bleibt die Frage, welche Alternativen es gibt. Tatsächlich gibt es eine andere Möglichkeit der Einführung der Multiplikation, die allerdings auch nicht unproblematisch ist:

Dazu betrachten wir zwei Länder, A und B. Im Land A gibt es drei und im Land B fünf Flughäfen; außerdem besteht zwischen jedem Flughafen des Landes A eine Flugverbindung zu jedem Flughafen des Landes B (vgl. Abb. 2.50). Die Anzahl der Flugverbindungen zwischen den 3 Flughafen von A und den 5 Flughäfen von B ist $3 \cdot 5 = 15$, das ist die Anzahl der *Paare* von Flughäfen aus A und B. Man kann dieses Beispiel beliebig verallgemeinern, nicht nur im Hinblick auf die Zahlen, sondern auch auf Situationen (und sich z. B. fragen, auf wie viele Weisen Pullover und Hosen kombiniert werden können, wenn drei Pullover und fünf Hosen vorhanden sind).

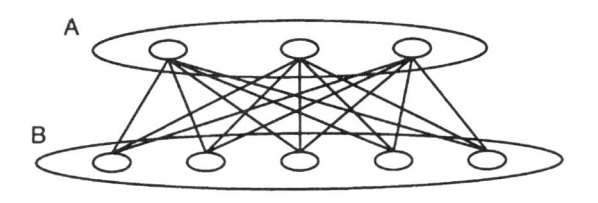

Abb. 2.50: 3 × 5 Verbindungen zwischen den Elementen von A und B

Bei diesem Zugang zur Multiplikation betrachtet man die Elemente zweier (endlicher) Mengen und kombiniert je ein Element aus der einen Menge A mit je einem Element aus der anderen Menge B, man bildet also geordnete Paare (a,b) von Elementen a ∈ A und b ∈ B. Die Anzahl dieser Paare ist das Produkt aus der Kardinalzahl von A und der Kardinalzahl von B (vgl. Abschnitt 2.1.1 sowie Padberg, 1997, S. 206f). Diese Sicht der Multiplikation natürlicher Zahlen wird auch als *kombinatorischer Aspekt* der Multiplikation bezeichnet. Da kein Rückgriff auf die Addition nötig ist, wird bei dieser Vorgehensweise deutlich, dass die Multiplikation eine neue, eigenständige Rechenoperation ist[11].

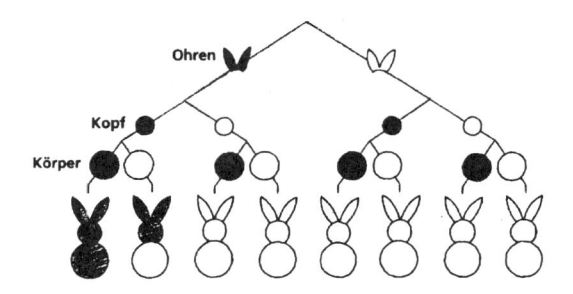

Abb. 2.51: 8 Kombinationen aus 2 Ohrenfarben, 2 Kopffarben und 2 Körperfarben (Wittmann und Müller, 1995b, S. 74)

Verlangt wird von den Kindern bei diesem Zugang zur Multiplikation ein höheres Abstraktionsvermögen als dem oben schon angesprochenen Zugang über die wiederholte Addition, bei dem die Vorstellungen der Kinder durch konkrete Handlungen gestützt werden können. Denn beim kombinatorischen

---

[11] Selbstverständlich wurde auch bei dem hier skizzierten Zugang zur Multiplikation auf Eigenschaften der natürlichen Zahlen (Kardinalzahlen) Bezug genommen, so dass die Multiplikation z. B. von Bruchzahlen eine weitere Abstraktion erfordert.

Aspekt der Multiplikation wird auf die Anzahl der *Verbindungen* (z. B. von Flughäfen) oder der *Kombinationen* (z. B. von Kleidungsstücken) zurückgegriffen, die Kinder müssen also im Kopf Beziehungen herstellen und die Anzahl der Paare bei der Ermittlung des Ergebnisses betrachten (und nicht die Objekte selbst; wegen weiterer Probleme bei diesem Zugang zur Multiplikation vgl. Padberg, 1992, S. 116f). In den Lehrgängen für das 2. Schuljahr wird der kombinatorische Aspekt der Multiplikation - wenn überhaupt - erst später als eine Anwendung der Multiplikation im Zusammenhang mit kombinatorischen Fragestellungen betrachtet (vgl. Abb. 2.51).

Bei der Einführung der Multiplikation als wiederholter Addition geht man von Situationen aus, die den Kindern vertraut sind: Z. B. kann auf einer Flöte eine Folge von viermal drei Tönen erzeugt werden oder die Kinder ertasten dreimal zwei Knoten in einem Seil oder sie sehen zweimal drei Flaschen, die in einem Korb stehen. Als Situationen, die sich durch die wiederholte Addition gleicher Summanden beschreiben lassen, kommen also sowohl (zeitliche) Abfolgen gleicher Ereignisse in Frage (wie die Tönen auf der Flöte oder die zu ertastenden Knoten auf dem Seil, vgl. Abb. 2.52) als auch räumliche Darstellungen von Objekten, die in Reihen untereinander bzw. in Spalten nebeneinander stehen (vgl. Abb. 2.52).

○ ○   ○ ○   ○ ○

Abb. 2.52: Dreimal zwei

○ ○ ○ ○
○ ○ ○ ○
○ ○ ○ ○

Abb. 2.53: Dreimal vier oder viermal drei

Insbesondere bei rechteckigen Anordnungen wie in Abb. 2.53 wird sofort klar, dass es für das Ergebnis gleichgültig ist, ob man „dreimal vier" oder „viermal drei" betrachtet: Man kann beim wiederholten Addieren von den Reihen *oder* von den Spalten ausgehen, beim Verändern der Blickrichtung (Drehen um 90°) werden aus Spalten Reihen und umgekehrt. Auf diese Weise wird anschaulich klar, dass das Vertauschen der Rollen von Multiplikand und Multiplikator (also der beiden Faktoren) das Ergebnis der Multiplikation nicht ändert.

Von dieser Erkenntnis zu unterscheiden ist die Erwägung, ob beim Aufschreiben (also bei der formalen Notation) der Multiplikation der Multiplikator vorn steht (wie wir es in allen bisherigen Beispielen gehandhabt haben) oder hinten, ob „3 · 5" also „dreimal fünf" oder „drei fünfmal" bedeutet. Die Betrachtung konkreter Situationen und Handlungen liegt die erste Schreibweise nahe (und diese wird auch in fast allen neueren Lehrgängen verwendet). Denkt man aber bei der Einführung auch schon an die schriftliche Multiplikation, so könnte dies dafür sprechen, den Multiplikator wie beim Normalverfahren der schriftlichen Multiplikation als zweiten Faktor aufzuschreiben (vgl. Padberg, 1992, S. 204). Auch die Verwendung der Operatorschreibweise bei der Multiplikation unter Verwendung eines Pfeiles, über dem der Multiplikator - als „Operator" - steht, würde die Leseweise „fünf dreimal" nahelegen;

$$5 \xrightarrow{\cdot 3} 15$$

Welche Schreibweise man auch immer wählt, es handelt sich dabei um eine Vereinbarung, und wie bei allen Festlegungen und Vereinbarungen über formale Dinge ist es wichtig, sie als solche zu erkennen, im Unterrichtsgespräch ausdrücklich auf sie einzugehen und sie möglichst gemeinsam mit den Schülerinnen und Schülern zu treffen.

Bei der Betrachtung der Multiplikation als wiederholter Addition gleicher Summanden ist es naheliegend, die Division als wiederholte Subtraktion gleicher Subtrahenden einzuführen (dem entsprechen auch Situationen, in denen „aufgeteilt" wird, vgl. Abb. 2.54 und 2.55).

Paula und Felix haben etwas entdeckt: Wenn man die Malaufgabe weiß, ist Teilen ganz leicht. Besprecht, was Paula und Felix gemacht haben.

Abb. 2.54: Aufteilen (Schütte, 2001, S. 91)

Es sind zwölf Kinder.
a) Immer vier Kinder in einer Gruppe.

```
| 1 | 2 | : | 4 | = | 3 |   | 3 | · | 4 | = |   |   |
```

Abb. 2.55: Zusammenhang zwischen Multiplikation und Division (Rinkens und Hönisch, 1998c, S. 55)

Beim *Aufteilen* („Ich habe 12 Quadrate in 6er Reihen aufgeteilt", vgl. Abb. 2.54) wird die Frage gestellt, wie viele Reihen man bei diesem Aufteilen bekommt, anders ausgedrückt: Wie oft 6 von 12 subtrahiert werden kann. Die Frage kann aber auch umgekehrt lauten: Mit welchem Multiplikator muss 6 multipliziert werden, wenn man 12 erhalten will? Auf diese Weise wird vielleicht auch für die Kinder der Zusammenhang zwischen Division und Multiplikation erkennbar (vgl. dazu das Beispiel in Abb. 2.55 mit dem Aufteilen von 12 Kindern in Gruppen zu je vier Kindern: $12 : 4 = 3$ und $3 \cdot 4 = 12$).

Intuitiv mag den Kindern eine andere Einführung der Division näher liegen, wenn nämlich Situationen betrachtet werden, in denen *verteilt* wird (12 Bonbons gerecht verteilt an 4 Kinder). Dabei ist der Divisor (hier die 4) bekannt und es wird der Quotient gesucht ($12 : 4 = \Box$). Die Formulierung dieser Aufgabe als Multiplikation lautet $\Box \cdot 4 = 12$, und das heißt: Welche Zahl muss man viermal addieren, wenn man 12 erhalten will? Diese Fragestellung ist für Kinder sicher eher ungewöhnlich, und macht es ihnen möglicherweise schwerer, den Zusammenhang mit der Multiplikation zu erschließen.

Vor allem diese letzten Erörterungen zeigen, dass manche Probleme, die bei den Kindern auftreten können, im Grunde gar nicht in der Sache selbst begründet sind, sondern sich aus der speziellen Art der Einführung von Multiplikation und Division durch Bezugnahme auf alltägliche Situationen ergeben. Wie in Abschnitt 2.2.7 im Zusammenhang mit der Betrachtung der Kleiner-Relation ausführlich diskutiert, muss beim Verweis auf konkrete Handlungen und reale Situationen für die Schülerinnen und Schüler stets deutlich werden, welche *mathematischen* Begriffe und Beziehungen „gemeint" sind. Dieses Zusammenspiel zwischen konkreten Situationen und Handlungen, begrifflichen Beziehungen zwischen Zahlen und deren formaler Notation in Zahlensätzen haben wir in Abb. 2.29 mit Hilfe eines „epistemologischen Dreiecks" zu kennzeichnen versucht.

Ein Charakteristikum aller Rechenoperationen ist es, dass sie universell einsetzbar sind und nicht nur in den spezifischen Situationen, aus denen heraus sie entwickelt wurden. Auch die Kinder finden schnell heraus, dass es sich bei der Multiplikation und der Division in der gleichen Weise um eine Rechenoperation und ihre Umkehroperation handelt wie sie sie schon bei der Addition und Subtraktion kennen gelernt haben. Entsprechend bieten sich auch in diesem Bereich „operative Übungen" mit Aufgaben, Tauschaufgaben, Umkehraufgaben, Nachbaraufgaben und Zerlegungsaufgaben an (vgl. Abschnitt 2.2.9).

Zum Schluss dieses Abschnitts sollen kurz noch zwei spezielle Probleme angesprochen werden, die sich bei der Behandlung von Multiplikation und Divisionen ergeben:

- Die Multiplikation mit der Null (und die Frage, warum man nicht durch Null dividieren kann) und
- die Division mit Rest.

In Abschnitt 2.2.5 sind wir bereits auf Probleme bei der Einführung der Null als Zahl eingegangen, insbesondere auch darauf, dass viele Kinder bei Additions- und Subtraktionsaufgaben, in denen die Null vorkommt (a + 0 und 0 + a bzw. a − 0) häufig das Ergebnis 0 nennen. Nun ist ja tatsächlich $a \cdot 0 = 0$ für alle natürlichen Zahlen, und es ist durchaus denkbar, dass dieses Wissen das Verhalten der Kinder auch bei Additionen und Subtraktionen beeinflusst Schon deshalb sollte den Kindern klar werden, *warum* $a \cdot 0$ gleich 0 (und $a + 0$ eben *nicht* gleich 0) ist.

Bei der Betrachtung der Multiplikation als wiederholter Addition gleicher Summanden kann man z. B. auf die Abfolge von Handlungen zurückgreifen: Hans geht viermal in den Keller und holt jedesmal drei Flaschen Saft: $4 \cdot 3 = 3 + 3 + 3 + 3 = 12$; entsprechend bei 2 Flaschen: $4 \cdot 2 = 2 + 2 + 2 + 2 = 8$, bei einer Flasche: $4 \cdot 1 = 1 + 1 + 1 + 1 = 4$ und bei 0 Flaschen: $4 \cdot 0 = 0 + 0 + 0 + 0 = 0$ (wenn der schusselige Hans jedesmal keine Flasche mitbringt). Selbstverständlich muss diese Überlegung verallgemeinert werden: Es kommt *stets* Null heraus, wenn man eine Zahl mit Null multipliziert.

Während die Multiplikation mit der Null aus den genannten Gründen im 2. Schuljahr durchaus angesprochen werden sollte, kommt die Frage nach der Division durch Null zu diesem Zeitpunkt für die meisten Schülerinnen und Schüler noch zu früh, da ihre Klärung Einsicht in den formalen Zusammenhang zwischen Multiplikation und Division erfordert. Die Division durch Null ist nämlich - entgegen einer landläufigen Meinung - nicht etwa „verboten" (wer sollte ein solches „Verbot" ausgesprochen haben? Etwa der Bundestag?), sondern schlicht unmöglich: Könnte man z. B. 4 durch 0 dividieren, so wäre $4 : 0$ gleich einer Zahl a. Dann müsste aber $a \cdot 0 = 4$ sein, und wir haben gerade festgestellt, dass $a \cdot 0$ stets gleich 0 ist, ganz gleich, welche Zahl für a gewählt wird.

Die *Division mit Rest* ist sehr viel einfacher zu behandeln, da man leicht Situationen erfinden kann, in denen Aufteil- oder Verteilhandlungen nicht aufgehen: Wenn man 15 Eier in Kästen mit jeweils 6 Eiern aufteilen will, so bleiben 3 Eier übrig (und entsprechendes gilt für 3 Bonbons, wenn man 15 Bonbons an 6 Kinder verteilt): 15 : 6 = 2 Rest 3. Diese Schreibweise „mit Rest" dürfte für die Kinder kein Problem sein (zur Diskussion der verschiedenen Schreibweisen bei der Division mit Rest vgl. Padberg, 1992, S. 146ff).

Für die *Automatisierung* der Multiplikation und Division - also für das Üben des „kleinen Einmaleins" - gilt das in Abschnitt 2.2.9 Gesagte entsprechend. Auf Einzelheiten soll hier nicht eingegangen werden; vgl. dazu z. B. Padberg, 1992, S. 122ff; Krauthausen und Scherer, 2001, S. 29ff; Radatz u.a., 1998, S. 84ff oder Wittmann und Müller, 1993, S. 110ff.

2.3 Spezielle Zielgruppen

Wenn wir uns in diesem Abschnitt noch einmal und aus anderer Perspektive der Behandlung des elementaren Rechnens zuwenden, so tun wir dies nicht, weil für „besondere" Kinder andere Verfahren nötig wären als die im vorigen Abschnitt behandelten Vorgehensweisen. Da aber „Integration" und „Differenzierung" (Differenzierung, nicht: Separierung) zwei Seiten derselben Medaille sind, ist es sinnvoll sich zu überlegen, ob für Kinder an den beiden Enden des Spektrums ergänzende methodische Maßnahmen und Angebote gefunden oder gewisse Schwerpunkte anders gesetzt werden können. Es geht also in diesem Abschnitt insbesondere um Angebote für lernschwächere und lernstärkere Kinder.

Die Termini „lernschwächer" und „lernstärker" sind hier nur als grobe Hinweise auf die jeweiligen Zielgruppen zu verstehen, also auf die jeweils etwa 5 bis 10% der Kinder eines Jahrgangs, die die besondere Aufmerksamkeit der Lehrerin hervorrufen oder benötigen, sei es, weil sie weniger Vorkenntnisse mitbringen als die Mehrzahl der anderen, langsamer oder weniger sicher lernen als diese, sei es, weil sie mehr mitbringen oder schneller lernen. Auf eine weitere Präzisierung der Begriffe „lernschwach" bzw. „lernstark" wird hier ausdrücklich verzichtet, und erst recht auf eine Diskussion möglicher Ursachen, die individuell sehr unterschiedlich sein können (vgl. z. B. Lorenz, 1987; Käpnick, 1998; Peter-Koop, 1998, Ganser u. a., 2000, Schipper, 2002, Spiegel und Selter, 2003, Kap. 8, sowie das von Fritz, Ricken und Schmidt, 2003, herausgegebene Handbuch zur Rechenschwäche).

2.3.1 Die Bandbreite der mathematischen Kenntnisse im Anfangsunterricht

Auf die gewaltigen Unterschiede in den Vorkenntnissen der Kinder am Schulbeginn sind wir im 1. Kapitel bereits eingegangen. Dort wurde auch eine Reihe von Beispielen für individuell unterschiedliches Vorgehen bei Aufgaben zum Zählen, zum Zahlbegriff und zum elementaren Rechnen gegeben (vgl. die Abschnitte 1.2 zur Zahlwortreihe und zum Zählen, 1.5.2 zum Zahlbegriff und zum elementaren Rechnen sowie Abschnitt 2.2.2 im Hinblick auf statistische Daten). Ergänzt werden sollen sie hier noch durch Beispiele von Aufgabenlösungen von Kindern im ersten oder am Beginn des zweiten Schuljahres. Sie sollen deutlich machen, dass die Bandbreite in den Fähigkeiten und Fertigkeiten sowie im individuellen Verhalten nach dem Schulbeginn keineswegs geringer wird.

Das erste Beispiel ist dem Buch von J.H. Lorenz (1987): „Lernschwierigkeiten und Einzelfallhilfe" entnommen. Es geht dabei um einen 8-jährigen Jungen, Bernd, am Ende des 1. Schuljahres. Aufgefallen war er durch ungenügende Rechenfertigkeiten bei durchschnittlichen Lese- und Rechtschreibleistungen. Lorenz (1987, S. 45, 53f) äußert nach mehrstündiger therapeutischer Arbeit mit dem Jungen den „Eindruck, dass für Bernd zwei Welten existieren, einmal die symbolische, geschriebene und zum anderen eine ‚reale' Objektwelt, mit der er hantieren und die er manipulieren kann, die aber auch ihre eigenen Gesetzmäßigkeiten besitzt."

Therapeut: Wieviel ist neun plus neun?
Bernd Es muss eine ganz große Zahl sein.
Therapeut: Kann es fünfzehn sein?
Bernd Viel größer!
Therapeut: Zwanzig?
Bernd Viel größer!
:
Therapeut: Dreiunddreißig?
Bernd (nickt zustimmend)

Der Bitte, neun gelbe Mengenplättchen hinzulegen, kommt Bernd zügig unter Verwendung von Zahlzerlegeprozeduren (3+3+3) nach und ebenso der Aufforderung, neun schwarze Plättchen dazu zu fügen (3+2+2+2). Die beiden Häufchen wurden dann gemischt.

Therapeut: Wie viele gelbe Plättchen sind in dem Häufchen?
Bernd Neun.
Therapeut: Und wie viele schwarze?
Bernd Neun.

2 Zahlbegriff und Rechnen im Anfangsunterricht

Anschließend wurden Türmchen aus den gelben und den schwarzen Plättchen gebildet.

Therapeut: Wie viele Plättchen sind denn in dem einen Turm?
Bernd   Neun.
Therapeut: Und in dem anderen?
Bernd   Neun.
Therapeut: Wie viele Plättchen sind denn in den beiden Türmen zusammen?
Bernd   Achtzehn.
Therapeut: (auf das Blatt Papier deutend, auf der die Aufgabe stand) Was ist denn neun plus neun?
Bernd   (nachdenklich den Kopf wiegend) Dreiunddreißig.

Im zweiten Beispiel aus den Unterlagen des Autors geht es inhaltlich um die Schreibweise der Zahlen im dezimalen Stellenwertsystem und um das Ordnen dieser Zahlen. In einem am Beginn des zweiten Schuljahres im Klassenverband durchgeführten Kurztest sollten die Kinder zunächst zweistellige Zahlen in unterschiedliche Formen darstellen (einerseits mit Ziffern, z. B. „32", und andererseits mit Strichen und Punkten, z. B. |||:). Ein Junge, Oskar, hatte bei diesen Aufgaben allem Anschein nach keine besonderen Schwierigkeiten, er konnte zu den vorgegebenen Darstellungen mit Strichen und Punkten die Zahlen korrekt schreiben und umgekehrt zu den Zahlen die Darstellungen mit Strichen und Punkten angeben. Bei einer der weiteren Aufgaben waren zu zweistelligen Zahlen jeweils die unmittelbaren Vorgänger und Nachfolger aufzuschreiben. Oskars Lösungen zu dieser Aufgabe sind im Folgenden kursiv geschrieben, die Zahl in der Mitte jeder Dreiergruppe war vorgegeben:

59	39	*49*		24	*41*	34		*18*	17	*19*		*80*	70	*90*
49	54	*84*		69	*76*	86		92	*28*	78		*83*	63	*73*

Sieht man von dem Missverständnis ab, dass Oskar statt des Vorgängers und Nachfolgers zwei Nachfolger aufschreiben wollte (man erkennt dies sehr deutlich bei der Zahlenfolge „18, 17, 19"), haben fast alle Fehllösungen eine einzige Ursache: Er vertauschte beim Lesen oder beim Schreiben der Zahlen die Zehner und Einer, d. h. seine Zahlen sind (der Reihe nach, also beginnend jeweils mit der Zahl in der Mitte) zu lesen als 93, 94, 95 - 41, 42, 43 - 17, 18, 19 - 7, 8, 9 (?) - 45, 48, 49 - 67, 68, 69 - 28, 29, ? - 36, 37, 38.

Eine sichere Übereinstimmung zwischen geschriebenen und gelesenen (möglicherweise leise oder auch nur im Geist gesprochenen) Zahlwörtern gibt es bei Oskar nur in dem aus dem ersten Schuljahr vertrauten Zahlenraum bis 20, im übrigen sind - von wenigen Ausnahmen abgesehen - die Zehner und Einer vertauscht. Bemerkenswert an Oskars Lösungsverhalten ist vor allem, dass ihm bei der ersten Aufgabe die Übertragung von mit Ziffern geschriebenen Zahlen in die Darstellung mit Strichen und Punkten scheinbar mühelos gelang. Offensichtlich trügt hier der Schein: Vermutlich hat Oskar jeweils nur die links stehende Ziffer den Strichen und die rechts stehende den Punkten zugeordnet!

Damit stellt sich - über diesen Fall hinaus gehend - die Frage, welche Bedeutung bildliche (ikonische) Darstellungen mathematischer Sachverhalte für den Lernprozess haben und ob diese bildlichen Darstellungen überhaupt ein Hilfe sind oder möglicherweise zusätzlicher Lernstoff und damit gerade für schwächere Kinder eher ein Lernhindernis bedeuten. Auf die Tatsache, dass auch wohlgemeinte „Veranschaulichungen erst gelernt werden müssen" hat Schipper bereits 1982 (S. 109) hingewiesen.

In einem dritten Beispiel beziehen wir uns auf die in Abschnitt 1.5.2 angesprochene Untersuchung mit Kindern in ihrem letzten Kindergartenjahr. Diesen Kindern wurden in Einzelinterviews unter anderen Aufgaben zum elementaren Rechnen vorlegt. Die folgende war die schwerste in dieser Serie von Aufgaben: Die Interviewerin legt fünf Holzwürfel auf den Tisch und sagt: „Hier sind fünf Holzwürfel. Ich schiebe sie unter meine Hand." Sie schiebt die Holzwürfel unter ihre Hand. Dann schiebt sie sieben weitere Holzwürfel, die sie dem Kind zeigt, unter ihre Hand. „Ich füge sieben Holzwürfel dazu. Wie viele Holzwürfel habe ich jetzt unter meiner Hand?" Viele Kinder haben schlicht geraten, sie nannten z. B. 5, 17, 18 oder 80 als Ergebnis. Einige Kinder kamen zur richtigen Lösung, indem sie von der fünf aus weiter zählten, und drei (der insgesamt mehr als 40) Kinder lösten die Aufgabe durch eine Rechnung: Zwei von ihnen rechneten $7 + 3 + 2 = 12$ und eines $5 + 7 = 6 + 6 = 12$ (!).

Besonders bemerkenswert an den zuletzt genannten Lösungen ist, dass diese Kinder spontan sehr anspruchsvolle heuristische Strategien verwendet haben, die ihnen nicht in irgendeiner Form „vermittelt" worden waren. Es gibt also - auf der anderen Seite des Spektrum der individuellen Fähigkeiten - Kinder, die schon vor der Schulzeit in der Lage sind, nicht nur Situationen mental zu repräsentieren und mit diesen Repräsentationen zu operieren, sondern auch verallgemeinerungsfähige Rechenstrategien selbst zu entwickeln. Bereits am Schulbeginn und im Verlauf des mathematischen Anfangsunterrichts muss die Lehrerin damit rechnen, in ihrer Klasse Kinder mit sehr unterschiedlichen Lernvoraussetzungen vorzufinden. Unter diesen können sowohl Kinder mit einer ausgeprägten Rechenschwäche als auch Kinder mit einer frühen mathematische Hochbegabung sein.

2.3.2 Förderung von Kindern mit geringeren Lernvoraussetzungen

Lehrgänge, die speziell für den mathematischen Anfangsunterricht in Schulen für Kinder mit Lernbeeinträchtigungen konzipiert wurden (wie z. B. Beha und Mittrowann, 1992, oder Kutzer, 1998), erinnern in ihrem Aufbau auf den ersten Blick an Lehrgänge aus der Zeit der „Mengenlehre" (vgl. Abschnitt 2.2.1): Im Zentrum steht die intensive Betrachtung konkreter Mengen, denen die Zahlen als Kardinalzahlen zugeordnet werden. Das dabei verwendete Material ist jedoch so beschaffen, dass es das Zählen zulässt (Mengen von Plättchen, die ausgezählt werden können, farbige Stäbe mit Einkerbungen, so dass Einzelwürfel erkennbar sind und gezählt werden können). Die betrachteten Zahlenräume sind eng begrenzt und sollen überschaubar sein, z. B. im ersten Schritt bis zur Drei, und erst, wenn die Kinder in diesem Zahlenraum sicher sind, erfolgt die Erweiterung bis zur Sechs usw.

Das Zählen wird nicht ausgeschlossen, dennoch liegt nach einer Analyse von Moser Opitz (2001, S. 97) dem Lehrgang von Kutzer (1998) ein Zahlbegriff zugrunde, der Piagets Vorstellungen entspricht (vgl. Abschnitte 1.3.2 und 2.2.1). Aufgaben zur Diagnose der Lernvoraussetzungen bei den Kindern (Kutzer, 1998, S. 9) sind teilweise ein Abbild der Aufgaben, die Piaget in seinen Untersuchungen zur Invarianz von Mengen und zur Eins-zu-eins-Zuordnung verwendet hat. Wie in den Abschnitten 1.2 und 1.5 gezeigt wurde, dürfen aber die Vorkenntnisse der Kinder beim Zählen nicht ausgeblendet werden. Dies bedeutet, dass bei der Ermittlung der Lernvoraussetzungen schwächerer Kinder unterschiedliche Zahlaspekte berücksichtigt werden und dann auch im Unterricht zum Tragen kommen sollten.

Im Hinblick auf die konkreten Vorgehensweisen bei der Förderung lernschwächerer Kinder gibt es durchaus unterschiedliche Vorschläge, die hier kurz zusammengefasst werden sollen:

Weit verbreitet ist die Vorstellung, dass bei lernschwachen Kindern ohnehin nur ein sehr kleinschrittiges Vorgehen möglich ist. Diese Vorgehensweise ist darauf ausgerichtet, dass die Kinder durch ständiges Wiederholen einfache Rechnungen schließlich auswendig lernen. Verbunden ist sie mit der Hoffnung, dass sich im Laufe der Zeit eine gewisse Einsicht in Beziehungen zwischen diesen Aufgaben „von selbst" einstellt. Auch wenn eine solche, letztlich durch Resignation gekennzeichnete Haltung nachvollziehbar sein mag, so kann sie nicht Ausgangspunkt für die Arbeit mit den Kindern sein.

Ein theoretisches Modell, das insbesondere in den Schulen für Kinder mit Lernbeeinträchtigungen weite Verbreitung gefunden hat, wurde von Kutzer (1976, 1999) entwickelt. Eine Grundlage ist Piagets Begriff der „abstraction à partir de l'action" (vgl. Aebli, 1980, S. 217), also die Vorstellung, dass jeder abstrakte (mathematische) Begriff von den Kindern nur aus eigenen Handlungserfahrungen heraus gebildet werden kann. Dabei bilden nicht die Objekte, mit denen gehandelt wird, die Grundlage der Erkenntnis, sondern die Handlungen mit ihnen, d. h. der Begriff wird durch Reflexion dieser Handlungen gebildet. Kutzer unterscheidet in seinem Konzept eines „struktur-niveauorientierten Unterrichts" vier Niveaustufen zur Verinnerlichung der Sachstruktur:

- konkrete, strukturorientierte Handlungen
- teilweise vorstellendes Handeln
- vollständig vorstellendes Handeln
- Umgang mit Erkenntnissen (Transfer, Generalisierung).

In dieser Liste fällt auf, dass bildliche Darstellungen keine wesentliche Rolle spielen. Laut Kutzer (1999, S. 21) ist vielmehr „die konkrete, strukturierte Handlung ein wesentliches Element des Lernprozesses ..., die bewusste und gezielte Ablösung dieser konkreten Handlung durch das nachvollziehende oder vorweggreifende gedankliche Handeln ein noch bedeutsameres. Das Nichterkennen dieses Tatbestandes ist ein wesentlicher Schwachpunkt vieler so genannter ‚handlungsorientierter' Lernkonzepte." In diesem Zitat sollte vor allem Kutzers deutlicher Hinweis auf die Notwendigkeit des „gedanklichen Handelns" nicht übersehen werden. Zwar haben Lorenz und Radatz Recht, wenn sie schreiben (1993, S. 51), dass „die Phase des konkreten Handelns und des Erfahrens von Realitätsbezügen einer mathematischen Operation (leider) in der Unterrichtspraxis für einige Schüler viel zu kurz" ist. Doch diese Feststellung kann durchaus auch missverstanden werden, etwa in der Weise, dass man sich gerechtfertigt fühlt, weiterhin in einem viel zu wenig strukturierten Zahlenraum (z. B. dem bis 6) zu verweilen, nur weil einige Kinder in diesem Zahlenraum noch mit den Fingern rechnen (vgl. dazu auch Scherer, 1995, S. 57).

Kutzers Modell des Lernprozesses ist durch die drei Dimensionen Komplexität, Niveau und Lernart bestimmt. Die Dimension „Komplexität" verweist auf den Lerngegenstand und seine Struktur, die „Lernart" etwas vage auf verschiedene Arten, sich dem Gegenstand zu näher, z. B. ob es sich um Anwendungen vorhandenen oder den Erwerb neuen Wissens handelt. Die Dimension „Niveau" „gewährleistet die stufenweise subjektive Verinnerlichung objektiv gegebener Sachverhalte, die Konstruktion von Zusammenhängen ..., was nur über die Stufen des konkreten und vorstellenden Umgangs und über die Generalisierungen 1., 2. und 3. Art möglich ist" (Kutzer, 1998, S. 5). Ein Beispiel für Generalisierung:

- Immer wenn beim Werfen auf 6 Büchsen 2 auf dem Brett liegen bleiben, müssen 4 Büchsen heruntergefallen sein (Generalisierung 1. Art).
- Die Erkenntnisse werden auf andere Handlungsmodelle (z. B. das Wendeplättchenspiel) übertragen (Generalisierung 2. Art): Auch bei 6 Wendeplättchen gehören zu 2 roten Plättchen immer 4 blaue.

- Schließlich wird der Sachverhalt weiter verallgemeinert (Generalisierung 3. Art; Kutzer, 1998, S. 5). Beispiel: Wenn ich 6 Dinge zerlege, gehören zu 2 Dingen immer 4.

Das eben skizzierte Konzept wurde gezielt für die Schule für Kinder mit Lernbeeinträchtigungen entwickelt. Dagegen hatten die „Väter" des „aktiv-entdeckenden Lernens" zunächst die Regelschule im Blick. Auch dieses Konzept baut auf Piagets genetischer Erkenntnistheorie auf, außerdem liegen ihm Ideen von Kühnel zugrunde (vgl. Abschnitte 2.2.1 und 2.2.4). Aktiv-entdeckendes Lernen bedeutet, den Kindern mathematische Sachverhalte in Ganzheiten mit einer reichhaltigen mathematischen oder realen Struktur anzubieten, mit denen sie sich länger beschäftigen können und in denen es Anlässe zum Entdecken, Beschreiben und Begründen von Beziehungen gibt.

Während in Kutzers Konzept eher zu den Strukturen *hingearbeitet* wird, steht bei diesem das Arbeiten *mit den Strukturen* im Mittelpunkt. Statt Zahlzerlegungen (wie im Beispiel oben die Zerlegung der 6 in 4 und 2) zunächst in dem einen Handlungskontext (Büchsenwurf) zu betrachten und dann auf einen anderen (Plättchenspiel) zu übertragen, um daraus schließlich die allgemeine Erkenntnis zu gewinnen, werden bei dieser Vorgehensweise - ebenfalls handlungsorientiert - z. B. verschiedene Möglichkeiten, die Sechs zu zerlegen durchgeführt. Dazu wird eine Lernumgebung geschaffen, die unterschiedliche Strukturierungen zulässt (wie beispielsweise im Zwanzigerfeld, vgl. Abschnitt 2.2.8, insbesondere Abb. 2.36 und folgende).

Ebenso wie bildliche Darstellungen durchaus nicht „selbstverständlich" (also nicht aus sich selbst heraus zu verstehen) sind, erfordert auch die Übertragung eines mathematischen Sachverhaltes von dem einen in einen anderen Handlungskontext einen Denkprozess. Gerade schwächere Kinder neigen dazu, ihre Aufmerksamkeit auf irrelevante Details der Gegenstände oder der Handlungen zu richten und die „gemeinten" mathematischen Beziehungen zu übersehen. Es kann deshalb durchaus von Vorteil sein, sich auf eine einzige Lernumgebung, in der - konkret oder nur in der Vorstellung - gehandelt wird, zu beschränken (vgl. dazu auch Kapitel 4).

Zu fragen ist dennoch, ob Kinder mit geringen Lernvoraussetzungen in Mathematik überhaupt in der Lage sind, „entdeckend" zu lernen und *mit den Strukturen* zu arbeiten, oder ob dabei nicht genau die Fähigkeiten gefordert werden, die im Fall einer Lernbehinderung fehlen. Neuere Untersuchungen von Scherer (1995, 1999) und von Moser Opitz (2001) haben gezeigt, dass das Konzept des aktiv-entdeckenden Lernens auch bei lernschwachen Kindern erfolgreich sein kann. Anders als beim kleinschrittigen Lernen, das zur Abhängigkeit von den von außen vermittelten Verfahren führt, werden bei diesem Vorgehen keine Entwicklungsmöglichkeiten verhindert, und es bietet den Kindern die Chance, Vertrauen in das eigenen Lernen und Denken zu gewinnen.

Wenn bei Kindern geringere Lernvoraussetzungen vorhanden sind, so ist dies selbstverständlich zu berücksichtigen. Beim Konzept des „aktiv-entdeckenden Lernens" heißt dies insbesondere (vgl. Moser Opitz, 2001, S. 108 f):

- Konzentration auf die Grundideen der Arithmetik (und der Geometrie)
- Vermeidung von überflüssigem Formalismus
- Sparsamkeit in der Verwendung von Arbeitsmaterialien und Veranschaulichungsmitteln (z. B. Verwendung von Zwanzigerreihe und Zwanzigerfeld und deren Erweiterungen über mehrere Schuljahre hinweg)
- Aufbau mentaler Vorstellungsbilder durch strukturierende Operationen an diesen ausgewählten Materialien.

A. Schulz (1998, S. 84) hat darauf hingewiesen, dass Schwierigkeiten beim Lernen vor allem dann entstehen, wenn die individuellen Lernvoraussetzungen und die in einer bestimmten Lernumgebung zu erfüllenden Anforderungen nicht zueinander passen. Schon deshalb ist eine Erhebung dieser Lernvoraussetzungen in jedem Fall wichtig. Für einzelne Kinder bietet der „Osnabrücker Test zur Zahlbegriffsentwicklung (OTZ)" eine Möglichkeit, die individuelle Zahlbegriffsentwicklung einzuschätzen. Zwar ist dieser Test für Kinder im Vorschulalter konzipiert, doch hat er bei schwächeren Kinder im ersten Schuljahr genau das richtige Anspruchsniveau. Der OTZ ist insbesondere geeignet diejenigen Kinder herauszufinden, bei denen die Zahlbegriffsentwicklung relativ zu der ihrer Altersgenossen verzögert ist. Außerdem lässt sich feststellen, in welchen Bereichen gegebenenfalls besondere Stärken oder Defizite vorliegen (vgl. Abschnitt 1.5.1).

Tabelle 2.1: Erhebungsbogen zur Lernausgangslage in Mathematik

Name	Zählfertigkeit, Zahlverständnis	+ o −	Raum-Lagebeziehungen	+ o −	Visuelle Fähigkeiten	+ o −	Auditive Fähigkeiten	+ o −

Für die Arbeit im Unterricht haben wir bereits in Abschnitt 2.2.2 eine Reihe von Maßnahmen genannt, mit denen in den ersten Schulwochen für jede ein-

2 Zahlbegriff und Rechnen im Anfangsunterricht

zelne Schülerin und jeden einzelnen Schüler festgestellt werden kann, welche Kenntnisse, Fertigkeiten und Fähigkeiten vorhanden sind und welche nicht. Praktisch kann eine solche Erhebung mit Hilfe einer einfachen Tabelle vorgenommen werden[12].
In diese Klassenliste werden regelmäßig oder bei besonderen Anlässen Beobachtungen zu den vier genannten Aspekten eingetragen. Bei vielen Kindern wird die Kennzeichnung der jeweiligen Fähigkeiten durch ein „+" (gute Leistungen), „o" (durchschnittliche Leistungen) bzw. „–" (nicht zufriedenstellende Leistungen) ausreichen, in besonderen Fällen sind genauere Beschreibungen erforderlich. Beobachtungskriterien und Beobachtungen können sein:

- Zählverhalten: Im Chor zählen; Zahlenreihe rhythmisch sprechen; melodisches Zählen; Zählen mit Bewegungen verbinden; einem Kind einen Ball zuwerfen und eine Zahl nennen, das Kind soll von dieser Zahl aus vorwärts oder rückwärts zählen. Individuelle Beobachtungen: Das Kind zählt vorwärts bis ..., rückwärts von ...; zählt Gegenstände durch Antippen, nur mit den Augen.
- Zahlverständnis, simultane Zahlerfassung: Punktbild einer Zahl zeigen, auf Kommando zeigen alle Kinder gleichzeitig die Anzahl der Punkte mit den Fingern; Punktbilder im Stuhlkreis auslegen, eine Zahl nennen, die Kinder sollen ganz schnell die Karte mit dem Punktbild greifen; eine Anzahl von Tönen wird vorgespielt, die Kinder notieren die Anzahl als Ziffer oder in Form von Strichen. Individuelle Beobachtungen: Das Kind erkennt spontan die Mächtigkeit von Mengen bis ..., stellt spontan Mengen mit vorgegebener Mächtigkeit her bis ....
- Schreiben und Lesen von Ziffern: Male ein Bild von deiner Lieblingszahl und von allen Ziffern, die du schon kennst.
- Raum- / Lagebeziehungen: Orientieren und Zeichnen in einem vorgegebenen Feld mit neun Quadraten in drei Reihen und drei Spalten: Z. B. soll oben rechts ein Herz und unten links ein Haus gezeichnet werden. Orientieren und zeichnen im Punkteraster, z. B. ein Zeichendiktat, bei dem von vorgegebenen Startpunkt aus drei nach oben, drei nach rechts usw. gegangen werden soll. Handlungen nach Anweisungen ausführen: Z. B. „lege auf den Stuhl dein Rechenbuch, rechts neben den Stuhl legst du einen Bleistift. Bauen mit Holzwürfeln nach Vorlage; Muster nachlegen; Twister (Spiel, vgl. Abschnitt 2.2.2).
- Visuelle Fähigkeiten: Spiele wie Memory, Puzzles, „Schau genau"; Mappe mit laminierten Arbeitsblättern zur visuellen Differenzierung, die Kinder arbeiten selbstständig mit abwischbarem Folienstift.
- Auge-Hand-Koordination: Muster auf dem Geobrett nachspannen; Falt- und Schneideübungen.

---

[12] Ich verdanke diese Anregung A. Ebeling (vgl. Fußnote 6 in Abschnitt 2.2.2).

- Auditive Wahrnehmung: Hördiktate, z. B. Geräusche identifizieren, Richtungshören; Melodien nachsingen; Anzahl von Tönen hören; Bälle aus unterschiedlichem Material am Geräusch beim Aufprall unterscheiden.
- Größeneinschätzungen: Raum ausmessen: Wie oft passe ich mit meinem Körper in die Zimmerlänge? Messen mit Körperteilen: Wie oft passt meine Handfläche in eine festgelegte Strecke? (vgl. Milz, 1994, S. 134).

Verwiesen werden soll hier auch auf Anregungen zum Erstellen eines „Mathematikprofils" bei Lorenz und Radatz (1993, S. 48f) und die - sehr ausführlichen und umfassenden - Tests zur „Lernstandsermittlung" bei Scherer (1999, S. 25ff).

Fehlen bei einzelnen Kindern die für die Inhalte des aktuellen Mathematikunterrichts notwendigen Lernvoraussetzungen, so wird man versuchen sie auszugleichen. Oftmals reichen *gezielte* Übungen aus, selbst dann, wenn die Ursachen für die Defizite tiefer liegen. Z. B. konnte Lorenz (1987, S. 56f) in dem in Abschnitt 2.3.1 beschriebenen Fall „Bernd" mindestens im Hinblick auf dessen Raumorientierungsstörungen durch ein entsprechendes Programm eine deutliche Verbesserung erreichen (Bernd sollte geometrische Figuren nachzeichnen, seine Zeichnungen verbal begleiten und sich dabei selbst die „Befehle" bei der Durchführung der Zeichnungen geben: „1 nach oben, 3 nach rechts" usw). Diese Verbesserungen waren bei Bernd eine wesentliche Voraussetzung für die Mengenerfassung und die darauf aufbauenden Rechenoperationen.

Auch im Fall „Oskar" war ein individuelles Programm erforderlich. Oskar lehnte Materialien, mit denen seine Zahlvorstellungen gefördert werden sollten, vehement als „Kindergartenkram" ab. Bei ihm hatte schließlich eine einfache, mit der Schule abgesprochene Maßnahme Erfolg: Eine Studentin begleitete ihn im Rahmen ihres „förderdiagnostisch-kasuistischen Praktikums" für einige Zeit in den Mathematikunterricht und half ihm spontan und „vor Ort" bei auftretenden Problemen. Für Oskar selbst war vor allem wichtig, dass er zusammen mit seinen Klassenkameraden lernte und dasselbe machte wie sie.

Es ist wichtig, sich immer wieder klar zu machen, dass jede Lernschwierigkeit Ursachen hat, die in der individuellen Lebens- oder Lerngeschichte des Einzelnen zu suchen ist. Dies schließt nicht aus, dass viele dieser Schwierigkeiten, vor allem, wenn sie später im Mathematikunterricht auftreten, „didaktogen" sind, also durch den Mathematikunterricht selbst verursacht wurden (vgl. Grissemann und Weber, 1982, S. 41ff). In diesem Abschnitt sollen jedoch nur solche Defizite und Lernschwierigkeiten von Kindern angesprochen werden, die im Anfangsunterricht auftreten können und dort thematisiert werden müssen.

Fast alle Kinder können am Schulbeginn bis 10 zählen, die meisten sogar bis 20 (vgl. Abschnitt 2.2.2). In den Niederlanden werden diese elementaren Zähl-

2 Zahlbegriff und Rechnen im Anfangsunterricht

fertigkeiten bei den Kinder am Schulbeginn schlicht vorausgesetzt, weil sonst ein formaler mathematischer Anfangsunterricht gar nicht möglich ist (vgl. Abschnitt 1.4.1). Wie Kindern geholfen werden kann, die noch nicht sicher zählen können, haben wir in Abschnitt 1.4.3 mit Verweis auf das niederländische Programm „De rekenhulp voor kleuters" beschrieben: Ausgehend beispielsweise von Bildern einer Familie werden die Kinder auf diese Situation eingestimmt: Gibt es in der eigenen Familie Vater, Mutter, Brüder, Schwestern? Dann wird auf Kärtchen verwiesen: Welche und wie viele Personen gibt es in dieser Familie? Das Kind soll sagen, wie es die Anzahl festgestellt hat, gegebenenfalls wird besprochen, wie man sie abzählen kann bzw. es wird vorgeführt, wie man zählt; anschließend sollen die Kinder selbstständig genauso vorgehen. Im Übrigen bieten sich (immer wieder) die bereits in Abschnitt 2.2.2 genannten Zählübungen an: Gliederndes Zählen geordneter und ungeordneter Mengen, Zählen von Tönen, Klopfzeichen, rhythmisches Zählen usw. (vgl. auch Lorenz und Radatz, 1993, S. 118f).

Das Zählen-Können - nicht nur das Aufsagen der Zahlwortreihe, sondern das Ab- und Auszählen - ist wichtig, damit die Kinder eine Vorstellung von dem Zahlenraum bekommen, in dem sie arbeiten, den sie ordnen und in dem sie addieren und subtrahieren sollen. Wie in Abschnitt 2.2.8 ausführlich dargestellt, ist das zählende Rechnen offenbar ein bei fast allen Kindern notwendiger Zwischenschritt bei der Erarbeitung von Addition und Subtraktion. Dagegen ist nichts einzuwenden, solange sich das zählende Rechnen - unter Verwendung der Finger oder auch ohne - nicht verfestigt und nicht nach dem ersten Schuljahr noch die einzige Rechenmethode bleibt. Jede Lehrerin weiß, dass manche Kinder ausgesprochen findig sind, dieses zählende Rechnen zu verschleiern, nicht nur, indem sie die Finger versteckt benutzen, sondern auch, indem sie beispielsweise das Zifferblatt der Uhr im Klassenraum als Stütze zum Weiter- oder Rückwärtszählen verwenden.

Da das zählende Rechnen letztlich „eine Sackgasse dar(stellt), aus der die Schüler im 2. oder im 3. Schuljahr kaum mehr herauskommen" (Lorenz und Radatz, 1993, S. 117), müssen den Kindern bereits im Anfangsunterricht die Mittel an die Hand gegeben werden, diese Phase zu überwinden. Wir sind darauf in Abschnitt 2.2.8 - auch schon mit Blick auf Kindergartenkinder - ausführlich eingegangen. Die wichtigsten Maßnahmen sind

- Zerlegungen der 10 und das Ergänzen zu 10, Übungen dazu dienen gleichzeitig der Orientierung im Zehnerraum und zu seiner Strukturierung,
- die Verwendung von Materialien wie farbiger Plättchen oder Anschauungsmitteln wie Zwanzigerreihe oder Zwanzigerfeld, bei denen die Rolle der Fünf als weiteres Strukturierungsmerkmal hervorgehoben werden kann. Zusammenfassungen von jeweils fünf Objekten erleichtern die Anzahlbestimmung, da diese Anzahl von den Kindern statt durch Zählen unmittelbar durch Hinsehen (simultan) erfasst werden kann.

- Von manchen Autoren werden Materialien bevorzugt, die gar kein Zählen zulassen (wie z. B. die Cuisenairestäbe, vgl. Abschnitt 2.2.6, Abb. 2.22); statt dessen wird großer Wert auf das Verdoppeln und Halbieren gelegt (vgl. Besuden, 1998, Gerster, 1994).
- Bei konkreten Handlungen - gleichgültig, ob mit realem oder strukturiertem Material -, die die Kinder zum Verständnis von Rechenoperationen hinführen sollen, ist darauf zu achten, dass die Handlungen diesen Operationen präzise entsprechen. Nur dann und wenn sie verbal begleitet werden besteht die Chance, dass die Kinder die Handlungen zu Denkhandlungen „verinnerlichen" (vgl. dazu auch die oben skizzierten Niveaustufen und Generalisierungen im Sinne von Kutzer. Zur Rolle des Materials sei noch einmal auf Abschnitt 2.2.6 verwiesen). Unter diesen Voraussetzungen und wenn sie aus der Vielfalt der sich ständig verändernden Angebote der Lehrmittelverlage gezielt ausgewählt werden, können Materialien oder Anschauungsmittel hilfreich sein.

Auf die Bedeutung der *Sprache* sind wir schon mehrfach eingegangen (vgl. Abschnitte 1.4.2 und 2.2.7), insbesondere im Hinblick auf die Bedeutung des „inneren Sprechens" für die Begriffsbildung und für das Erkennen und das Herstellen von Mustern und Beziehungen (zum methodisches Vorgehen vgl. die Beispiele in Abschnitt 1.4.3. Mögliche Zusammenhänge zwischen Rechenschwächen und gestörter Sprachrezeption beschreibt M. Nolte, 2000, anhand von Fallstudien sehr ausführlich).

Die Bedeutung der Sprache im Unterricht ist also keineswegs darauf beschränkt, dass die Lehrperson fragt und die Kinder antworten, auch nicht in dem Sinne, dass durch Fragen die Aufmerksamkeit der Kinder auf bestimmte Sachverhalte gerichtet wird und die Fragen zur „vorstellungsmäßigen Vorwegnahme von geplanten Handlungen anleiten" (Lorenz und Radatz, 1993, S. 172). Außerdem werden mathematische Verfahren und Einsichten für die Kinder erst verfügbar, wenn sie sie *benennen* können. Auch deshalb sollte man gerade von den schwächeren Kindern immer wieder das Benennen von Eigenschaften und die sprachliche Begleitung von Handlungen fordern. Dabei sollten sich die sprachlichen Äußerungen der Kinder nicht auf Stichwörter beschränken, sondern zumindest auch *Verben* enthalten.

Ein Beispiel dafür, dass „Schwierigkeiten, die sich als sprachliche darstellen, ihren Ursprung nicht in der Sprache haben müssen" gibt Nolte (2000, S. 36f): Ein Kind (Barbara, 8 Jahre, 2. Schuljahr) sollte vorgegebene Zahlen der Größe nach ordnen und tat dies auch. Allerdings betrachtete es die am größten *geschriebene* Zahl als die „größte". Bei Kindern dieses Alters wird man erwarten, dass sie bei Bezugnahme auf *Zahlen* das Wort „groß" im Sinne von „kommt später in der Zahlwortreihe" interpretieren und wissen, dass dabei die Größe (Höhe) der Zahlzeichen irrelevant ist.

Wie wir bereits gesehen haben (vgl. Abschnitt 1.5.2), ist die den Erwachsenen geläufige Unterscheidung von Referenzbereichen für jüngere Kinder nicht

2 Zahlbegriff und Rechnen im Anfangsunterricht

selbstverständlich; für sie ist vielmehr die Art der Fragestellung entscheidend. Bei den in Abb. 1.15 und 1.16 (Abschnitt 1.5.2) angesprochenen Beispielen zeigte sich, dass Kindergartenkinder z. B. bei der Aufgabe mit einer „großen Eins" und einer „kleinen Vier" (Abb. 1.16) übereinstimmend die Eins für die „größere" Zahl hielten. Jedoch auf die Frage, was ist *mehr* ist, eins oder vier, gaben die meisten dieser Kinder zur Antwort, dass 4 mehr ist als 1. Bei dieser Aufgabe wurde also von der Mehrzahl der Kinder die Frage nach der „größeren" Zahl auf das Zahlzeichen, die Frage nach dem Mehr aber auf die Anzahl bezogen. Da das Ordnen der Zahlen Thema des Unterrichts im 1. Schuljahr ist, kann erwartet werden, dass Kinder im 2. Schuljahr (und damit auch Barbara) die Aufforderung, Zahlen zu ordnen, richtig (d. h. im Sinne der Erwachsenen) verstehen. Deshalb ist Barbaras Vorgehen ein deutliches Indiz dafür, dass ihr Zahlbegriff nicht altersgemäß ausgeprägt ist. Dennoch muss gerade bei schwächeren Kinder die Möglichkeit berücksichtigt werden, dass sie die Sprache der Erwachsenen *anders* verstehen als diese.

Wenn Zweifel daran besteht, ob die Zahlbegriffsentwicklung eines Kindes altersgemäß ist, muss geprüft werden - z. B. durch den Einsatz des OTZ (vgl. Abschnitt 1.5.1) oder durch gezielte Beobachtung (vgl. Tab. 2.1 in diesem Abschnitt) -, ob bzw. welche Zahlaspekte noch nicht hinreichend entwickelt und welche Übungen (Zählen, simultane Zahlerfassung, Erkennen von Zahlbildern, Ordnen, Eins-zu-eins-Zuordnungen) erforderlich sind.

Beim *Schreiben* der Zahlen können neben Problemen mit der Feinmotorik, die ebenfalls gezielte Übungen nötig machen, insbesondere zwei Phänomene auftreten: Zum einen schreiben manche Schulanfänger Ziffern spiegelbildlich (vgl. Abb. 2.56), zum anderen kommt es vor, dass Kinder - wie in 2.3.1 am Fall Oskar beschrieben - bei zwei- oder mehrstelligen Zahlen die Zehner und Einer vertauschen Dies fällt allerdings erst nach der Erweiterung des Zahlenraums bis 100 auf.

Übungen zum korrekten Schreiben von Ziffern gehören zum Standardprogramm des mathematischen Anfangsunterrichts (vgl. Abschnitt 2.2.4, insbesondere Abb. 2.16). Die spiegelverkehrte Schreibweise ist meist eine vorübergehende Erscheinung. Allerdings sind manche der Kinder, die öfter in Spiegelschrift schreiben, möglicherweise „umerzogene" Linkshänder.

Häufiges Vertauschen der Zehner und Einer muss dagegen als ein ernsthafteres Problem betrachtet werden. Lorenz und Radatz (1993, S. 119f) geben die „dringliche Empfehlung", die Kinder *nicht* darin zu bestärken, die zweistelligen Zahlen in der gesprochenen Reihenfolge (also von rechts nach links) zu schreiben, da diese Schreibweise sich verfestigt und bei mehrstelligen Zahlen im 3. und 4. Schuljahr sehr

Abb. 2.56: Ziffern in Spiegelschrift (Lorenz, 1983, S. 107)

fehleranfällig wird. Statt dessen empfehlen sie als Übungen unter anderem das Schreiben von Zahlen in Tabellen, wobei die Schreibrichtung farbig mit einem Pfeil gekennzeichnet werden kann. Auch das Schreiben der Zahlen auf dem Taschenrechner oder mit der Tastatur am Bildschirm ist eine mögliche Maßnahme. Außerdem muss die sinnvolle Schreibweise der Zahlen durch Zahlendiktate gefestigt werden (1993, S. 120). Zunächst aber ist zu prüfen, ob bei diesen Kinder keine Rechts-Links-Schwäche vorliegt.

Der in Abschnitt 2.3.1 beschriebene Fall Oskar zeigt recht eindrucksvoll, wie wertvoll *Fehleranalysen* sein können: Es geht nicht nur darum festzustellen, *dass* ein Kind etwas falsch macht, sondern *was* es falsch macht und, vor allem, *warum*. Fehler können sehr unterschiedliche Ursachen haben, die meisten sind keine „Flüchtigkeitsfehler" - also momentane Versehen -, sondern systematische Fehler, die verursacht werden durch bestimmte Schwierigkeitsmerkmale bzw. ein unzulängliches (oder anderes) Verständnis des Sachverhaltes, um den es geht, (vgl. Gerster, 1981, S. 14ff) Laut Radatz (1980, S. 72) sind zwischen 70 und 90% aller Fehler systematische Fehler. Fehler werden deshalb nicht mehr, wie früher sehr häufig, als ein zu vermeidendes Übel, sondern als eine im Lernprozess unumgängliche und sogar notwendige Erscheinung gesehen (eine ausführliche Diskussion hierzu findet man bei Krauthausen und Scherer, 2001, S. 177ff, sowie bei Lorenz und Radatz, 1993, S. 59ff).

Einige Fehlerursachen können relativ leicht durch genaues Hinhören oder Hinsehen ermittelt werden. So sind z. B. „Einsundeins-Fehler der Nähe", also Abweichungen des Ergebnisses bei der Addition oder Subtraktion im Zahlenraum bis 20 um ±1, deutliche Hinweise darauf, dass das Kind durch Weiter- bzw. Rückwärtszählen addiert oder subtrahiert hat (vgl. Abschnitt 2.2.8).

Ebenfalls leicht zu erkennen sind Fehler bei der Subtraktion zweistelliger Zahlen, wenn sie von der Art sind wie z. B. bei 14 − 6 = 12 oder 12 − 5 = 13. Sie entstehen dadurch, dass die Kinder stellenweise die kleinere von der größeren Zahl abziehen (gehäuft treten diese Fehler erst bei der schriftlichen Subtraktion auf, vgl. Gerster, 1981, S. 52ff). Dieses Fehlermuster ist eine Strategie zur Vermeidung des Zehnerübergangs und kann zum einen darauf hindeuten, dass die betreffenden Kinder den Aufbau zweistelliger Zahlen (mit Zehnern und Einern) noch nicht erfasst haben. In diesem Fall können Übungen zur Bündelung mit Eintragen der Bündelungsergebnisse in den Stellenwertordner durchgeführt werden (vgl. Abschnitt 2.2.8). Zum anderen kann dieses Fehlermuster ein Indiz dafür sein, dass die Kinder den Zehnerübergang zu vermeiden versuchen, weil sie nicht sicher sind bei Zahlzerlegungen (z. B. bei 14 − 6 ist die Zerlegung der 6 hilfreich: 14 − 4 − 2).

Bemerkenswert ist bei solchen Rechnungen, dass viele Kinder allem Anschein nach den - sollte man meinen: offensichtlichen - Unsinn ihrer Ergebnisse nicht erkennen (12 − 5 kann nicht 13 sein!). Insofern kann dieses Verhalten der Kinder auch ein Hinweis darauf sein, dass sie keinen Zusammenhang sehen zwischen Rechnungen einerseits und konkreten Handlungen andererseits (von 12 Äpfeln 5 wegnehmen). Dies wäre ein Alarmsignal für den

Unterricht insgesamt, in dem solche Zusammenhänge möglicherweise zu wenig thematisiert wurden.

Eine Frage, die sich vor wenigen Jahren noch nicht gestellt hätte, ist die, ob Lernprogramme, die am Computer eingesetzt werden, hilfreich sein können, um Kinder bereits im mathematischen Anfangsunterricht mehr Sicherheit beim Rechnen zu geben. Tatsächlich gibt eine größere Zahl solcher Programme, sie haben alle den Nachteil, dass die Kinder im Wesentlichen allein vor dem Rechner sitzen und dass keine echte Interaktion zwischen Kind und Computer stattfindet. Zwar geben die Programme Rückmeldungen, ob eine Aufgabe richtig oder falsch gelöst wurde. Es finden jedoch kaum Fehleranalysen statt, die dem Kind helfen könnten einzusehen, *warum* eine Lösung falsch ist (allerdings ist auch nur schwer vorstellbar, wie dies bei einem 6-jährigen Kind möglich sein sollte). Computerprogramme können in einem gewissen Umfang hilfreich sein, wenn sie im Wesentlichen als Übungsprogramme zu den Rechenoperationen oder zu den Zahlzerlegungen verstanden werden, wie z. B. das zum Lehrgang „Das Zahlenbuch" gehörenden Programm zum Blitzrechnen (vgl. Krauthausen, 1997), das Programm zum Lehrgang „Mathematikus" oder SoWoSoft (eine Lernsoftware für Grund- und Sonderschulen von D. und J. Wohlrab).

2.3.3 Förderung von Kindern mit besonders guten Lernvoraussetzungen

Bezogen auf den Kindergarten und auf den mathematischen Anfangsunterricht liegen nur wenige Erfahrungsberichte über Kinder mit besonders ausgeprägten Lernvoraussetzungen in Mathematik vor. Wenn überhaupt, so befassen sich die Autoren mit der Förderung potenziell mathematisch begabter Grundschulkinder in den Klassenstufen 3 und 4. Allerdings können einige dieser Ergebnisse auch auf den Anfangsunterricht übertragen werden können.

Dies gilt insbesondere für die gründliche Untersuchung von Käpnick (1998a) über mathematisch begabte Kinder in der Grundschule. Käpnick hat zunächst für Kinder des 3. und 4. Schuljahres einen „Indikatorenaufgaben-Test" entwickelt und erprobt. Die mathematisch besonders begabten Kinder unterscheiden sich demnach von den übrigen in einer Reihe von Merkmalen (Käpnick, 1998a, S. 264ff). Insbesondere können diese Kinder schon in der unmittelbaren Phase der Informationsaufnahme und -speicherung im Kurzzeitgedächtnis Sachverhalte nach zumeist sinnvollen mathematischen Gesichtspunkten strukturieren. Des Weiteren fallen sie auf durch ihre

- mathematische Phantasie
- Fähigkeit im Strukturieren mathematischer Sachverhalte
- Fähigkeit zum selbstständigen Transfer erkannter Strukturen beim Bearbeiten mathematischer Aufgaben

- Fähigkeit zum selbstständigen Wechseln der Repräsentationsebenen
- Fähigkeit zum selbstständigen Umkehren von Gedankengängen
- mathematische Sensibilität (ein ausgeprägtes Gefühl für Zahlen und Muster)
- umfangreichen mathematischen Kenntnisse.

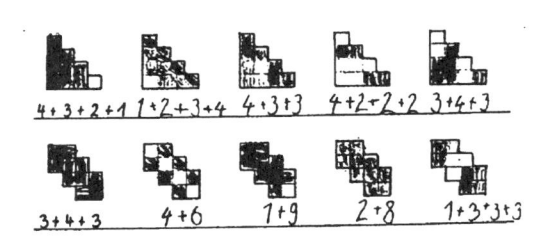

Abb. 2.57: Olivers Lösung zur Aufgabe „Male die Zehnermuster aus und schreibe passende Rechenaufgaben dazu" (aus: Fuchs, 2002, S. 23)

Fuchs (2002) hat durch gezielte Beobachtung im Mathematikunterricht überprüft, ob diese Merkmale auch schon bei Erstklässlern erkennbar sind. Dies ist durchaus der Fall, insbesondere beim Umgehen mit geometrischen *Mustern*. So sollten die Kinder beispielsweise mit Plättchen, Stäben oder anderen Materialien bestimmte Muster so herstellen, dass sie daraus die Anzahl der Objekte leicht erkennen konnten: „Bei diesen Übungen im Finden geometrischer Muster konnte ich feststellen, dass viele Kinder erstaunlich originelle Ideen entwickelten. Ich beobachtete aber ebenso, dass *nur einige* Schüler ... systematisch vorgingen. Nach einem ganz bestimmten Prinzip versuchten diese Kinder viele Möglichkeiten aus einer Grundform zu entwickeln" (Fuchs, 2002, S. 20).

Zum Erkennen und Fördern dieser Kinder ist es nötig, im regulären Mathematikunterricht der ersten Schuljahre *regelmäßig* geeignete, vor allem „offene" Aufgaben einzusetzen wie z. B. die erwähnten geometrischen Muster mit Zahlzerlegungen (vgl. Abb. 2.57).

Ein anderes Beispiel (Fuchs, 2002, S. 23) ist die Vorgabe von Quadraten mit Aufgaben von unterschiedlichem Anspruchsniveau:

- Setze Zahlen so ein, dass immer 10 herauskommt.

- Verwende nun zwei Ziffern jeweils doppelt. Welche Lösungen findest du?
- Setze nun jede Ziffer nur einmal ein. Was entdeckst du?
- Wähle nun eine andere Ergebniszahl.

2 Zahlbegriff und Rechnen im Anfangsunterricht

Die Intention ist dabei zum einem, für *alle* Kinder der Altersgruppe sinnvolle Anforderungen zu formulieren, so dass für alle Kinder ein „Beitrag zur Entwicklung grundlegender mathematischer Kompetenzen geleistet" wird (Fuchs, 2002, S. 24). Zum anderen soll den Kindern gleichzeitig die Möglichkeit gegeben werden, eine Vielzahl von Entdeckungen zu machen, Strukturen und Muster zu erkennen und diese darzustellen. Eine Sammlung solcher Aufgaben für die Klassen 3 und 4 findet man bei Käpnick (2001) und für die Klassen 1 und 2 bei Käpnick und Fuchs (2003). In diesem Band ist auch eine für das 1. und 2. Schuljahr geeignete Variante des „Indikatorenaufgaben-Tests" von Käpnick enthalten.

Eine weitere, sehr anregende Quelle für entsprechende Aufgaben ist das „Handbuch produktiver Rechenübungen" (Wittmann und Müller, 1993). Die meisten Übungen sind so angelegt, dass die Kinder über das Üben der Basisfertigkeiten hinaus die Möglichkeit haben, Strukturen oder Beziehungen selbstständig zu entdecken und ihre Entdeckungen altersgemäß zu begründen. Beispielsweise beim „Würfelraten" (S. 51ff) ermitteln die Kinder zunächst die Augensummen beim Würfeln mit drei Spielwürfeln. Sie werden aber auch zum „reflektiven Üben" angeregt. So können sie eine Systematik entdecken, die es ihnen erlaubt, *alle möglichen* Zahlzerlegungen zu finden: Auf welche Weisen kann man z. B. die Augenzahl 10 mit den drei Würfeln erreichen?

Weitere Anregungen zum Fördern mathematisch begabter oder interessierter Kinder findet man bei Bardy und Hrzán (1998), Christiani (1994), Käpnick (1998b), Lorenz (1994), Peter-Koop und Selter (2002), Radatz (1994), Spiegel und Selter (2003, Kap. 9), Wielpütz (1994, 1998) sowie in vielen Lehrerbänden zu den neueren Lehrgängen für das 1. und 2. Schuljahr.

3 Geometrischer Anfangsunterricht

In der Grundschule sollen die Kinder lesen, schreiben und rechnen lernen - das weiß man. Ohne Zweifel gehört die Vermittlung der so genannten Kulturtechniken zu den wichtigen und zentralen Zielen der Grundschule; im mathematischen Anfangsunterricht stehen deshalb die Einführung der Zahlen und das elementare Rechnen im Mittelpunkt. Doch ist „Mathematik" nicht nur „Rechnen". A.I. Wittenberg (1968) nennt sie ein *„Experiment* des reinen Denkens", und Müller und Wittmann unterstreichen im „Kleinen Zahlenbuch" mit Blick auf die Frühförderung, dass die Kinder die Mathematik als das erfahren sollen, was sie ihrem Wesen nach ist, nämlich als „Wissenschaft von Mustern, Gesetzmäßigkeiten und Regeln" (2002, Allgemeine Hinweise). Damit soll natürlich nicht gesagt sein, dass „Mathematik" nur auf einem hohen Abstraktionsniveau möglich wäre - ganz im Gegenteil: Um zu erfahren, was Mathematik ist, müssen die Kinder durch entsprechende Fragestellungen und Lernumgebungen in altersgemäßer Form an das mathematische Denken herangeführt werden. Im Zusammenhang mit den Zahlen haben wir immer wieder darauf hingewiesen, dass die Kinder die Gelegenheit haben müssen, Sachverhalte und Beziehungen selbst zu *entdecken* und ihre Einsichten zu *begründen* und *darzustellen*.

Geometrische Fragestellungen eignen sich zum Entdecken, Begründen und Darstellen ganz besonders, weil sie sich häufig unmittelbar aus der alltäglichen Lebenswelt der Kinder ergeben. Etwa seit 1970 sind in der BR Deutschland geometrische Inhalte in das Grundschulcurriculum aufgenommen worden, nicht nur mit Blick auf das dritte und vierte Schuljahr, sondern auch schon in den ersten beiden (zur Entwicklung in der DDR vgl. Franke, 2000, S. 13f). Allerdings werden die geometrischen Inhalte häufig im Vergleich mit dem Rechnen-Lernen als weniger wichtig und damit als eine Art inhaltlicher Reserve betrachtet, auf die nur zurückgegriffen wird, wenn alle anderen Dinge erledigt sind. Dabei ist die Geometrie gerade in der Grundschule eine echte „Schule des Denkens" (Polya, 1980), die zudem noch den Vorteil hat, über weite Strecken sehr anschaulich, lebensnah und attraktiv zu sein.

3.1 Geometrische Vorstellungen und Begriffe

Erfahrungen, die für den Geometrieunterricht von Bedeutung sind, machen die Kinder von ihren ersten Lebensjahren an: Sie betrachten und erkunden den sie umgebenden Raum; sie klettern auf Stühle und Tische um zu sehen, wie die Welt aus anderer Perspektive aussieht; sie lernen mit Begriffen wie lang, kurz, gerade, schräg, schief, oben, unten, vorn, hinten, dazwischen, daneben, innen, außen, rechts, links umzugehen.

Auf die geometrischen Inhalte des Anfangsunterrichts und auf Zusammenhänge zwischen geometrischen Vorstellungen und Zahlvorstellungen werden wir in Abschnitt 3.2 eingehen. In diesem Abschnitt geht es zunächst um die natürliche Entwicklung geometrischer Vorstellungen bei den Kindern (Abschnitt 3.1.1). Anschließend (Abschnitt 3.1.2) wird diskutiert, auf welche Weise die Kinder frühe geometrische Begriffe bilden.

3.1.1 Die Entwicklung des geometrischen Denkens

Untersuchungen über die natürliche Geometrie des Kindes (Piaget, Inhelder und Szeminska, 1975) und die Entwicklung des räumlichen Denkens (Piaget und Inhelder, 1971) nehmen auch im Werk Piagets einen wichtigen Platz ein. Das Denken von Vorschulkindern ist sehr stark auf die eigene Perspektive bezogen, die gesamte Periode des vor-operativen Denkens (etwa bis zum 5. oder 6. Lebensjahr) ist vom *Egozentrismus* geprägt. Piaget will mit diesem Begriff allerdings nicht nur die Tatsache kennzeichnen, dass die Kinder (noch) nicht fähig sind, den Blickwinkel anderer einzunehmen. Er erfasst damit auch „finalistische", „animistische" und „artifizielle" Naturerklärungen der Kinder, also solche, in denen Naturerscheinungen aus ihrem Zweck („Bäume sind da, um Schatten zu spenden") erklärt, als Wesen mit einem Willen gedeutet („der Wind ist böse, er heult, damit wir Angst haben") oder als von Menschen oder höheren Mächten „hergestellt" gedeutet werden (Oerter und Montada, 1987). Wie man weiß, kommen solche Deutungen jedoch nicht nur bei Vorschulkindern vor.

Dem Diagramm in Abb. 1.5 (Abschnitt 1.3.2) ist entnehmen, dass Piaget meinte, auch im Hinblick auf geometrische Begriffe eine Entwicklung in Stufen feststellen zu können. In seiner Terminologie ausgedrückt, erkennen die Kinder zunächst topologische und später projektive und euklidische Beziehungen und Begriffe. Unter topologischen Beziehungen versteht er solche, die sich bei Linien auf Aspekte wie „haben gemeinsame Punkte - keine gemeinsamen Punkte" beziehen oder sich mit Begriffen wie „innen - außen" oder

3 Geometrischer Anfangsunterricht

„offen - geschlossen" kennzeichnen lassen. Es werden also Gradlinigkeit, Winkel oder Parallelität noch nicht berücksichtigt. Untersuchungen mit Kindern, die ihn zu diesen Feststellungen geführt haben, sind ausführlich bei Piaget und Inhelder (1971) und bei Wittmann (1982) beschrieben; hier genügen einige Beispiele:

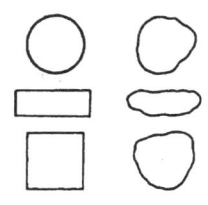

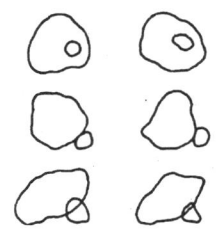

Abb. 3.1: Abzeichnen geometrischer Figuren

Abb. 3.2: Innen - außen - auf dem Rand

Unter anderem sollten Kinder im Alter von 3 bis 4 Jahren vorgegebene Figuren abzeichnen, so z. B. den in Abb. 3.1 links gezeichneten Kreis sowie das Rechteck und das Quadrat. In Abb. 3.2 sind zwei Zeichnungen von dreijährigen Kindern wiedergegeben. Die Vorlagen waren hier jeweils zwei unterschiedlich große geschlossene Figuren, von denen die kleinere im Innern, außerhalb (aber sie berührend) bzw. auf dem Rand der größeren Figur lag (vgl. Piaget, 1964, S. 69). Kinder dieses Alters können sicher offene und geschlossen Figuren sowie „innen" und „außen" unterscheiden, aber ihre Nachzeichnungen des Quadrats und des Kreises sehen völlig gleich aus. Erst ab etwa knapp vier Jahren beginnen die Kinder, euklidische Eigenschaften wie rechte Winkel, Parallelität und Länge zu berücksichtigen.

Sehr eindrucksvoll sind die Experimente zur Entdeckung der Horizontalen (Maringer, 1996; vgl. auch Hasemann, 1999, und Wittmann, 1982, S. 6). Gezeigt wird den Kindern eine Flasche, die zur Hälfte mit rot gefärbtem Wasser gefüllt ist, zunächst aber nur als Vergleichsobjekt auf dem Tisch steht. Die Kinder erhalten ein Arbeitsblatt (Abb. 3.3), auf dem eine Flasche in acht verschiedenen Positionen dargestellt ist.

Die Kinder werden aufgefordert, die erste Flasche oben links auf dem Arbeitsblatt derart mit roter Farbe anzumalen, dass sie genau so aussieht wie die Modellflasche, die zur Hälfte mit „Himbeersaft" gefüllt ist. Anschließend wird den Kindern erklärt, dass die übrigen Flaschen ebenfalls halb gefüllt und die Deckel fest verschraubt sind, so dass kein Saft herauslaufen kann; sie sollen auch in diesen Flaschen den Stand des Saftes eintragen. Die jeweilige Position der Flasche wird ihnen mit Worten wie „die Flasche liegt auf der

Seite" oder „die Flasche macht einen Kopfstand" erläutert. Die Modellflasche steht zu diesem Zeitpunkt weiterhin unberührt auf dem Tisch, da die Kinder den Flüssigkeitsstand zunächst allein aufgrund ihrer Vorstellungen eintragen sollen. Erst in einem zweiten Durchgang wird zu jeder Lage der gezeichneten Flasche auch die Modellflasche in die entsprechende Position gebracht, so dass die Kinder jetzt ihr Bild mit dem Original vergleichen und es - wenn sie dies wollen - korrigieren können.

Abb. 3.3: Gedrehte Flaschen

Piaget und Inhelder (1971, S. 443ff) nennen im Hinblick auf die Entdeckung der Horizontalen drei Stadien (das Entsprechende gilt auch für die Vertikale und andere geometrischer Begriffe. Das Erreichen des 3. Stadiums ist durch die Fähigkeit der Kinder zur Abstraktion gekennzeichnet):

1. Darstellungen der Flüssigkeit in der Flasche ohne Berücksichtigung der Lage und der Horizontalen (bis etwa 4 Jahre, vgl. Abb. 3.4).
2. Flüssigkeitsoberfläche parallel zum Boden des Gefäßes, unabhängig von dessen Lage im Raum (bis etwa 7-8 Jahre, vgl. Abb. 3.5).
3. Entdeckung der Horizontalen (beginnend ab etwa 7-8 Jahren, vollendet meist mit 9 Jahren, vgl. Abb. 3.6).

Es ist für Erwachsene immer wieder verblüffend zu beobachten, dass die Kinder tatsächlich erst in relativ fortgeschrittenem Alter ein klares Bild vom Wasserstand in einer geneigten Flasche bekommen, obwohl die meisten frühzeitig Erfahrungen mit gekippten Flaschen haben dürften, z. B. beim Trinken aus einer Flasche. Beispiele aus einer Untersuchung von Maringer (1996) machen dies sehr deutlich.

Typisch an der Darstellung von RAB (Abb. 3.6) ist, dass den Kindern vor allem die Flaschen in den geneigten Positionen Probleme bereiten (vgl. Piaget und Inhelder, 1971, S. 445). So bemerkte z. B. MAR (7;8) bei den Flüssigkeitsspiegeln in der stehenden und in der liegenden Flasche: „Es bleibt gerade", für die geneigte Position schloss er dies aber aus: „Geht nicht".

3 Geometrischer Anfangsunterricht 141

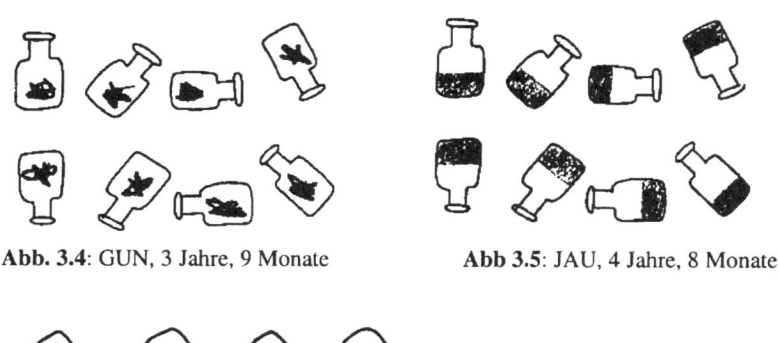

Abb. 3.4: GUN, 3 Jahre, 9 Monate   **Abb 3.5**: JAU, 4 Jahre, 8 Monate

Abb. 3.6: RAB, 7 Jahre, 5 Monate; diese vier Bilder beschreiben die zeichnerische Abfolge bei der Darstellung des Flüssigkeitsstandes. Das rechte Bild gibt - laut RAB - den Stand korrekt wieder.

3.1.2 Geometrische Begriffsbildungen

Die Beispiele in den Abb. 3.4, 3.5 und 3.6 machen besonders deutlich, dass sich bei geometrischen Einsichten Betrachten, Wahrnehmen und Denken in einem langen Prozess gegenseitig bedingen und beeinflussen: Während 4-jährige Kinder (Abb. 3.4) die Flüssigkeit in einer halb gefüllten Flasche auch beim Drehen stets als einen Klumpen in der Mitte der Flasche wahrnehmen, lösen sich 7- bis 8-jährige Kinder (Abb. 3.5 und 3.6) langsam von ihrer ursprünglichen Wahrnehmung und können sich *vorstellen*, wie sich der Flüssigkeitsstand beim Drehen einer Flasche ändert. Erfahrungen zu machen und etwas zu betrachten reichen offenbar nicht aus, um Einsichten zu gewinnen, dazu werden mentale Bilder der Vorgänge gebraucht: Es ist *Denken* erforderlich.

Mit „Betrachten" ist das einfache Hinsehen oder Ansehen eines Bildes gemeint. Es bedeutet nicht notwendig, dass z. B. in einem Bild Einzelheiten oder gar Strukturen erkannt (also „wahrgenommen") werden: „Visuelles Wahrnehmen bedeutet nicht nur das Sehen durch das Auge. Der Wahrnehmungsprozess ist eng mit anderen Funktionen (Denken, Gedächtnis, Vorstellungen, aber auch Sprache) verbunden. Zu wenige Anregungen und Erfahrungen in der Vorschulzeit ... beim Erkennen, Operieren und Speichern visueller Information können sich sehr verhängnisvoll auf das Verstehen in den verschiedenen Unterrichtsfächern auswirken" (Radatz und Rickmeyer, 1991, S. 15). Zum

„Wahrnehmen" gehört z. B. auch die Fähigkeit, räumliche Figuren in verschiedenen Lagen, Größen, Anordnungen usw. wiederzuerkennen und von anderen zu unterscheiden (vgl. unten).

Am Anfang jeder Einsicht in geometrischer Sachverhalte in der Grundschule stehen das Sehen und Betrachten und das eigene, reale Handeln. Vor allem in der Vorschulzeit und im Anfangsunterricht sind diese Tätigkeiten natürlich nicht auf geometrische Ziele hin ausgerichtet. Zunächst geht es darum, mit Gegenständen oder Materialien Erfahrungen zu machen. Es zeigt sich, dass uns manche Dinge besonders „schön" oder regelmäßig erscheinen. Man kann sich natürlich fragen, was an diesen Dingen das Besondere ist. Doch dass die Objekte beispielsweise symmetrisch sind oder Muster bilden, mag zwar für das Folgende und aus der Sicht der Lehrerin, die das Folgende bereits im Blick hat, wichtig sein, ist es aber nicht unbedingt für die Kinder. Es geht also zunächst einmal um Handlungen wie das Spiegeln, Falten, Legen und Basteln und um das Betrachten von Objekten. Dabei stehen die Freude am eigenen Tun und an der Sache selbst im Mittelpunkt.

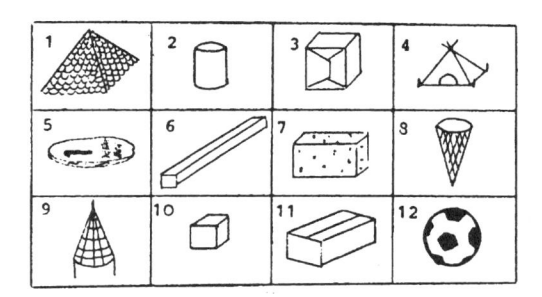

Abb. 3.7: Welche der Gegenstände haben die gleiche Form? (aus: Viet und Wallrabenstein, o.J, S. 68).

Wie können aus Handlungen und Betrachtungen geometrische Begriffe entstehen? Eine mögliche Antwort auf diese Frage haben D. und P.M. van Hiele gegeben. Sie versuchten, den Prozess des Mathematiklernens mit Hilfe einer Folge von Denkniveaus zu beschreiben (van Hiele-Geldorf, 1957, van Hiele, 1957, 1976, 1981). Entstanden ist diese „Niveautheorie" aus der reflektierten Beobachtung von Schülerinnen und Schülern im Mathematikunterricht und deshalb heute noch aktuell.

Die van Hieles kamen zu dem Schluss, dass jegliches Begreifen eines mathematischen Gegenstandes von Denkebenen aus erfolgt. „Es gibt eine Sprache auf dem nullten Niveau, die es möglich macht, über direkte Wahrnehmungen zu sprechen. Man benötigt diese Sprache nicht, um auf die wahrgenommene Struktur zu reagieren. ... Ursächliche, logische und andere Beziehungen, die in der Struktur enthalten sind, werden durch die Sprache des ersten Niveaus ausgedrückt. Durch den Gebrauch dieser neuen Sprache werden neue Strukturen geboren. Diese wären nicht denkbar, wenn nicht die Sprache des ersten Niveaus entwickelt worden wäre. Das diskursive Denken verläuft zu einem großen Teil in dieser Sprache. Auch Deutungen werden hauptsächlich in dieser Sprache vorgenommen. Die Sprache des zweiten Niveaus beschäftigt sich mit den ursächlichen, logischen und anderen Beziehungen einer Struktur, die selbst schon nicht mehr visuell wahrnehmbar ist. ... Die Diskussion über den logischen Zusammenhang von Sätzen in der Geometrie fällt in das Gebiet der Sprache des zweiten Niveaus. Wenn jemand Schwierigkeiten hat, einen solchen Zusammenhang zu begreifen, dann kann man ihm nicht dadurch helfen, dass man auf eine visuell wahrnehmbare Struktur verweist" (van Hiele, 1981, S. 70f).

Abb. 3.8: Erkennen von Symmetrie an der äußeren Gestalt von Figuren

Bei dieser als Zusammenfassung seiner Vorstellungen gemeinten Darstellung der Denkebenen fällt zum einen auf, dass auch van Hiele der Sprache eine zentrale Rolle bei der Denkentwicklung und insbesondere der Entwicklung von Einsicht in geometrische Zusammenhänge zuweist. Zum anderen fällt auf, dass er deutlich zwischen der Ebene der Wahrnehmung geometrischer Objekte und der Ebene des *Erkennens von Strukturen* in solchen Objekten oder zwischen solchen Objekten unterscheidet: Auf dem nullten Denkniveau werden geometrische Objekte *an ihrer äußeren Gestalt* erkannt; die Kinder „sehen" z. B., dass Objekte Dreiecke, Quadrate oder Kugeln bzw. dass Figuren symmetrisch sind, ohne dass dazu irgendwelche Definitionen erforderlich wären. Notwendig ist es allerdings, dass *über* diese Objekte gesprochen wird.

(Zwischen diesem „Erkennen der Objekte an ihrer äußeren Gestalt" im Sinne von van Hiele und neueren Erkenntnissen über das Lernen besteht durchaus kein Widerspruch. Zwar stellen z. B. Clements und Sarama, 2000 - vgl. auch Krauthausen und Scherer, 2001, S. 55 - fest, dass die Fähigkeit, Muster zu erkennen, nicht am Beginn der geometrischen Wissensentwicklung steht, sondern deren *Ergebnis* ist. Doch man kann einerseits nur solche Strukturen und

Muster *erkennen*, die man kennt; aber andererseits kann man diese Strukturen nur *kennen lernen*, wenn man sie wahrnimmt. Wegen dieses – scheinbaren – Widerspruchs spricht van den Heuvel-Panhuizen, 2003, S. 96, von einer „Paradoxie des Lernens" und sogar einem „Wunder des Lernens". Wir haben diese Idee, dass neues Wissen nur mit Hilfe des bereits vorhandenen erworben werden kann, bereits in Abschnitt 2.1.2 in einem Modell zum „Funktionieren" des Lernens angesprochen.)

Bei einer symmetrischen Figur (vgl. Abb. 3.8) stellen die Kinder z. B. fest, dass sie „auf beiden Seiten gleich" aussieht. Blicken sie etwas genauer hin, so erkennen sie, dass – wie fast immer bei realen Objekten oder bei Bildern – keine exakte Gleichheit in allen Einzelheiten vorliegt, sondern dass nur ein visueller Eindruck wiedergegeben wird. Dieses Sprechen über Beobachtungen auf dem nullten Denkniveau ist aber nötig, um auf dem ersten Denkniveau die Symmetrie von Figuren *an ihren Eigenschaften* erkennen zu können. Erst wenn diese Eigenschaften erfasst werden, lässt sich feststellen, warum beide Seiten „gleich aussehen" und wie die Figur beschaffen sein müsste, damit beide Seiten wirklich genau gleich sind[1].

Van Hieles Niveautheorie weist der Beschäftigung der Kinder mit den Objekten ihrer alltäglichen Umwelt eine wichtige Rolle zu, nicht nur im Hinblick auf die Bildung geometrischer Begriffe, sondern auch auf die Entwicklung des mathematischen Denkens insgesamt. Die Beschäftigung mit geometrischen Objekten im mathematischen Anfangsunterricht ist ein Prototyp für die immer wiederkehrende Abfolge der Denkniveaus bei der Bildung von Begriffen und bei der Einsicht in Strukturen.

Die von den van Hieles vorgeschlagene Vorgehensweise im Unterricht kann auch auf andere Weise begründet werden, nämlich durch Bezugnahme auf Jerome Bruners „Spiralprinzip" (Wittmann, 1975, S. 68). Laut Bruner sollte „der Anfangsunterricht in den Naturwissenschaften, Mathematik ... so angelegt sein, dass diese Fächer mit unbedingter intellektueller Redlichkeit gelehrt werden, aber mit Nachdruck auf dem Erfassen und Gebrauchen der grundlegenden Ideen. Das Curriculum sollte bei seinem Verlauf wiederholt auf diese Grundbegriffe zurück kommen und auf ihnen aufbauen, bis der Schüler den ganzen formalen Apparat, der mit ihnen einhergeht, begriffen hat. ... Man muss

---

[1] Am Beispiel „achsensymmetrische Figuren" können die drei Niveaus im Sinne von van Hiele z. B. wie folgt gekennzeichnet werden: Auf dem nullten Denkniveau werden als Objekte Klecksbilder, Bilder wie in Abb. 3.8, reale Gegenstände oder gefaltete Figuren betrachtet, deren Symmetrie durch „Hinsehen" erkannt wird. Eigenschaften symmetrischer Figuren wie die, dass ein Punkt und sein Spiegelpunkt (bei Faltübungen: ein Punkt und sein Faltpartner) auf einer Geraden liegen, die senkrecht zur Spiegelachse steht, und dass diese Punkte von der Achse den gleichen Abstand haben, werden auf dem ersten Denkniveau erkannt und formuliert. Auf dem zweiten Denkniveau können diese Eigenschaften als eine die Achsenspiegelung definierende Konstruktionsvorschrift genommen werden, und es wird überprüft, welche Eigenschaft das neue Objekt „Achsenspiegelung" hat.

3 Geometrischer Anfangsunterricht

noch viel über die ‚Curriculum-Spirale' lernen, die auf höheren Ebenen immer wieder zu sich selbst zurückkommt" (Bruner, 1972, S. 26f).

Einer der Grundbegriffe, von denen Bruner spricht, ist der der Symmetrie. Im Anfangsunterricht werden symmetrische Figuren betrachtet, gespiegelt und durch Falten oder Legen von Plättchen selbst hergestellt. Außerdem wird geprüft, welche Figuren symmetrisch sind. Wenn man später auf diese Figuren zurückkommt, können die Schülerinnen und Schüler bei der rein geometrischen Beschreibung und Konstruktion der Figuren auf diese Erfahrungen zurückgreifen. (Z. B. wird in der Bilderfolge in Abb. 3.9 demonstriert, wie man aus einer gefalteten Figur die in Fußnote 1 genannten Beziehungen zwischen Punkt und Bildpunkt heraus arbeiten kann.)

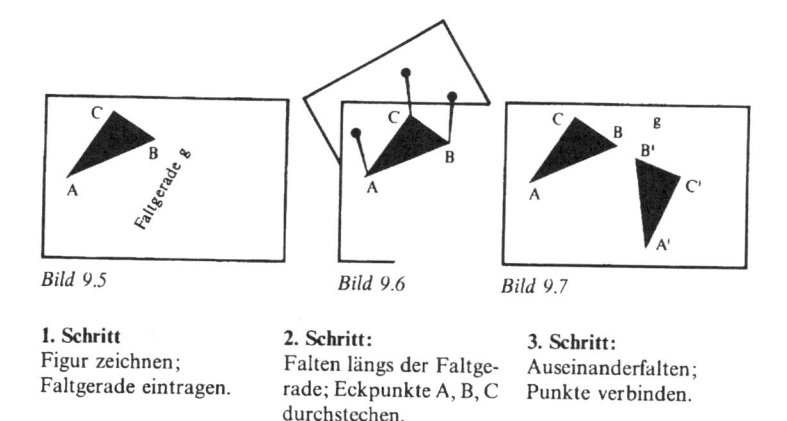

Bild 9.5   *Bild 9.6*   *Bild 9.7*

1. Schritt
Figur zeichnen;
Faltgerade eintragen.

2. Schritt:
Falten längs der Faltgerade; Eckpunkte A, B, C durchstechen.

3. Schritt:
Auseinanderfalten;
Punkte verbinden.

Abb. 3.9: Konstruktion von Symmetrien (Bigalke und Schröder, 1980, S. 181)

Noch später bilden unter anderem Erfahrungen mit der Konstruktion symmetrischer Figuren die Grundlage für deren mathematische Interpretation als Abbildungen der Ebene auf sich und damit eine Grundlage für die Kongruenzgeometrie. Wesentlich ist bei jedem dieser Schritte, dass er nicht mit Blick auf ein fernes Ziel, sondern um seiner selbst willen durchgeführt wird. D. h. er wird durchgeführt, weil die jeweiligen Fragestellungen für Kinder dieses Alters interessant sind und *mit ihren Mitteln unverfälscht* (also intellektuell redlich) beantwortet werden können.

Weitere Gründe für die - nicht nur beiläufige - Behandlung geometrischer Inhalte im mathematischen Anfangsunterricht hat Wittmann (1999, S. 206f) zusammengestellt (vgl. auch de Moor, 1991):

- Geometrische Vorstellungen, besonders für das Lesen von Karten, Plänen und Skizzen, sind grundlegend dafür, dass wir uns im Erfahrungsraum orientieren und zielgerichtet bewegen können.
- In vielen ... Berufen sind einschlägige geometrische Kenntnisse, die in der heutigen Zeit auch den Umgang mit ... bildhafter Software einschließen, unerlässlich.
- Die Geometrie leistet einen fundamentalen Beitrag zur Entwicklung intelligenten Verhaltens ganz allgemein. ... Unsere Sprache weist dementsprechend einen großen Reichtum an geometrischen Metaphern auf, deren wir uns vielfach gar nicht mehr bewusst sind: Be-greifen, Er-fassen, unter-fordern, usw. ... Raumerfahrungen behalten auch während der Psychogenese im Kindesalter ihren starken Einfluss auf die Denkentwicklung: Aus den sensomotorischen Schemata der Babys erwachsen geometrische Vorstellungen, die in der weiteren Entwicklung zunehmend differenziert, artikuliert und miteinander koordiniert werden. ... Viele Menschen haben ihre Stärken ausgesprochen im geometrischen Bereich.
- Geometrische Vorstellungen durchdringen in starkem Maße auch andere Inhaltsbereiche der Mathematik wie die Arithmetik und die Analysis ... .
- Wie kein anderer Bereich weist die Geometrie einen großen Reichtum an anschaulichen Problemen aller Schwierigkeitsniveaus auf und ist damit von der Grundschule an für die allgemeinen Lernziele „Entdecken von Strukturen" und „Argumentieren" ergiebig ....
- Zur Beschreibung geometrischer Vorstellungen werden laut Franke (2000, S. 78ff) verschiedene Typen von Begriffen verwendet: Objektbegriffe (wie z.B: „Würfel", „Quader" und „Dreieck"), Eigenschaftsbegriffe (wie z. B. „rechteckig", „Seitenfläche" und „Kante") sowie Relationsbegriffe (wie z. B. „steht senkrecht auf", „ist parallel zu" und „ist genauso lang wie". Diese Begriffstypen treten auch in anderen Bereichen der Mathematik auf.

3.2 Geometrische Inhalte im Anfangsunterricht

Im geometrischen Anfangsunterricht werden realitätsgebundene Fragestellungen behandelt, die mit Hilfe konkreter oder mentaler Handlungen zu beantworten sein sollen (Franke, 2000, S. 18). Welcher Art diese Fragestellungen sein können, haben de Moor und van den Brink (1997) zusammengestellt:

3 Geometrischer Anfangsunterricht

- Die Kinder sollen unter Verwendung der elementaren Begriffe für Raum- und Lagebeziehungen ihren eigenen Ort und den von anderen Objekten im Raum ermitteln können. Im Unterricht werden Pläne, Grundrisse, Aufrisse, Bilder und andere Mittel zur Beschreibung des Raumes verwendet (Orientieren im Raum und in der Ebene).
- Angesprochen werden können solche Phänomene der Realität, die sich mit geraden Linien erklären lassen, wie z. B. Schattenwürfe durch die Sonne oder eine Lampe, und Fragestellungen, die die Sichtbarkeit oder Unsichtbarkeit von Objekten von gewissen Standorten aus zum Inhalt haben (Abbilden und Anvisieren).
- Die Kinder sollen lernen, bei einfachen Fragestellungen anschauliche Erklärungen zu geben (Anschauliches Denken und „Beweisen").
- Behandelt werden das Spiegeln, Verschieben, Drehen, Vergrößern und Verkleinern von Figuren sowie das Verändern und Umstrukturieren von Figuren und Körpern (Transformieren)
- sowie das Interpretieren, Zeichnen, Konstruieren und Messen von Figuren mit Hilfe von Modellen, Bildern oder Grafiken, auch unter Verwendung von Hilfsmittel zum Messen (Konstruieren und Messen)

An den tatsächlichen, konkreten Inhalten des Unterrichts orientiert ist eine Liste mit sieben geometrischen „Grundideen" von Wittmann (1999, S. 210ff). Sie wird hier in leicht veränderter Reihenfolge und - bezogen auf den geometrischen Anfangsunterricht - ergänzt wiedergegeben:

1. *Formen in der Umwelt*: Reale Gegenstände, ihre Lage im Raum und Operationen mit ihnen sowie Beziehungen zwischen ihnen können mit Hilfe geometrischer Begriffe beschrieben werden.
   Beispiele: Raum-/Lagebeziehungen (das Buch liegt auf dem Tisch, das Bild hängt zwischen zwei Fenstern); der Ball als Kugel; Lichtstrahlen als gerade Linien; Knoten (vgl. unten) usw.
2. *Geometrische Formen und ihre Konstruktion*: Tragendes Gerüst der elementargeometrischen Formenwelt ist der dreidimensionale Raum, der von Formgebilden unterschiedlicher Dimension bevölkert wird: 0-dimensionale Punkte, 1-dimensionale Linien, 2-dimensionale Flächen und 3-dimensionale Körper. Geometrische Formen lassen sich auf vielfältige Weise herstellen; dadurch werden ihnen Eigenschaften aufgeprägt.
   Beispiele: Zeichnen von Linien und von Figuren, Handlungen wie das Falten, Formen, Schneiden und Basteln von Figuren und Körpern aus Papier, Ton, Kartoffeln usw.
3. *Muster*: Es gibt viele Möglichkeiten, Punkte, Linien, Flächen und Körper so in Beziehung zu setzen, dass geometrische Muster und Strukturen entstehen; diese Muster und Strukturen können bereits auf inhaltlich-anschaulichem Niveau sauber begründet werden.
   Beispiele: Symmetrien; Fortsetzung von Reihen; Parkette.

4. *Operationen mit Formen*: Geometrische Figuren und Körper lassen sich verschieben, drehen und spiegeln, in Teile zerlegen, mit anderen Figuren und Körpern zu komplexeren Gebilden zusammensetzen usw.
Beispiele: Begriffe wie Deckungsgleichheit (Kongruenz) und Zerlegungsgleichheit von Figuren.
5. *Koordinaten*: Zur Lagebeschreibung von Punkten mit Hilfe von Zahlen können auf Linien und Flächen Koordinatensysteme eingeführt werden.
Beispiel: „Eckenhausen" (vgl. unten).
6. *Maße*: Exakte Längen- oder andere Messungen sind noch nicht Thema des Anfangsunterrichts, wohl aber können z. B. Flächen mit verschiedenen, auch verschieden geformten Plättchen ausgelegt werden.
7. *Geometrisierung*: Raumgeometrische Sachverhalte und Problemstellungen, aber auch Zahlbeziehungen und abstrakte Beziehungen können in die Sprache der Geometrie übersetzt werden und geometrisch bearbeitet werden. Während z. B. Schrägbilder von Würfeln, Grundrisse und Landkarten erst Thema der höheren Klassen der Grundschule sind, kommen für den Anfangsunterricht geometrische Darstellungen von Zahlbeziehungen in Frage wie z. B. die Darstellung der Summe 3 + 4 + 5 als Treppe oder figurierte Zahlen (vgl. Abb. 3.25 am Ende dieses Abschnitts).

Zur unterrichtlichen Umsetzung dieser Themen gibt es viele Anregungen in der Literatur und in den Schulbüchern, außerdem sind der Fantasie von Lehrerinnen und Kindern - außer technischen oder handwerklichen - kaum Grenzen gesetzt. Wir beschränken uns hier auf die eben genannten Punkte.

Zu 1. (Formen in der Umwelt): 3-dimensionale *Körper* sind in der alltäglichen Umwelt der Kinder ebenso zu entdecken wie 2-dimensionale Flächen. Bei den Körpern kann man sich an Beispielen wie in Abb. 3.7 (Abschnitt 3.1.2) oder Abb. 3.10 orientieren. Dass beispielsweise Bälle die Form einer Kugel haben, weiß jedes Kind, und gerade an Bällen lassen sich einige Eigenschaften der Kugel leicht entdecken (vgl. Abb. 3.10; diese Eigenschaften würde man z. B. an einer Eiskugel weniger gut finden). Sehr viel weniger eindeutig ist dagegen zu erkennen, dass beispielsweise die Papierrolle und die Münze in Abb. 3.7 die gleiche Form (einer Säule bzw. im Fachterminus eines „Zylinders") haben. Die „äußere Gestalt" dieser Körper unterscheidet sich in den Augen der Kinder möglicherweise so sehr, dass sie sie nicht als „gleichartig" betrachten wollen. Dennoch wäre die Diskussion darüber eine wichtige Erfahrung, um später die Notwendigkeit von formalen Definitionen in der Geometrie und in der Mathematik überhaupt einzusehen[2].

---

[2] Die realen Körper, die wir beispielsweise als Kugeln sehen (d. h. an ihrer äußeren Gestalt als solche erkennen), sind zu unterscheiden von dem abstrakten Begriff der (idealen) Kugel. Diese Unterscheidung ist zwar noch kein Thema für das 1. Schuljahr, dennoch kann man mit Kindern z. B. einen Fußball genauer betrachten und prüfen, wie seine Oberfläche hergestellt ist und warum er „kugelig" aussieht.

3 Geometrischer Anfangsunterricht

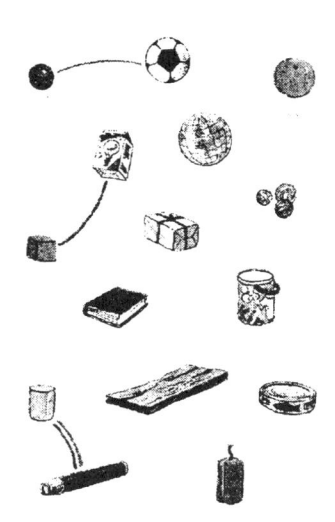

Abb. 3.4: „rollt" / „steht" / „rollt und steht" (Rinkens und Hönisch, 1998, S. 108)

Zwei Körper, bei denen „äußere Gestalt" und mathematische Definition für viele Kinder (und Erwachsene) auseinander klaffen, sind Würfel und Quader: Laut Definition ist jeder Würfel auch ein Quader; Kinder, aber auch viele Erwachsene, sehen in dem regelmäßigen Würfel einen Körper eigener Art, der sich „offensichtlich" von Quadern (mit unterschiedlich langen Kanten) unterscheidet (entsprechendes gilt bei den ebenen Figuren für das Quadrat und das Rechteck).

Beim Würfel kommt ein weiterer Aspekt hinzu: Für die Kinder ist der „Würfel" ein Spielwürfel. Diesen Würfel kennen sie alle, aber das wichtigste Kriterium bei seiner Identifikation dürften die Zahlbilder auf den sechs Flächen sein (und nicht die Tatsache, dass diese Flächen alle gleich groß und Quadrate sind. Das Problem unterschiedlicher Wortbedeutungen in der Alltagssprache und in der mathematischen Fachsprache tritt gerade im Geometrieunterricht noch häufiger auf. Eines der markantesten Beispiele ist die Bedeutung des Wortes „senkrecht": In der Alltagssprache ist damit meist „von oben nach unten" - also „lotrecht" - gemeint, während „senkrecht" in der Geometrie ein Relationsbegriff ist: Zwei Geraden können „aufeinander senkrecht stehen").

Flächen treten für die Kinder zunächst häufig gar nicht als Objekte eigener Art, sondern als (genau genommen 3-dimensionale) flache Körper wie Holzplatten oder Wandtafeln in Erscheinung, und wenn überhaupt als 2-dimensionale Objekte, dann als Begrenzungsflächen von Körpern: Rechteck begrenzen die Quader, Quadrate die Würfel, Dreiecke oben und unten die Prismen, Kreise oben und unten die Zylinder. Das im Abschnitt 1.4.3 schon erwähnten Montessori-Material (vgl. Milz, 1994, S. 158ff) ist auch im Geometrieunterricht der Grundschule vorzüglich geeignet, die verschiedenen Aspekte der räumlichen Körper miteinander zu verbinden (die konkreten Objekte, ihre Seitenflächen, die Namen der Körper und ihrer Seitenflächen, 2-dimensionale Darstellungen der Körper im Schrägbild sowie - später - Aufrisse).

In den meisten Lehrgängen für das 1. Schuljahr wird von Anfang an vorausgesetzt, dass die Kinder zumindest Würfel, Quadrate und Kreise kennen und unterscheiden können. Denn diese Objekte kommen bei der Einführung des Zahlbegriffs und der Rechenoperationen als Materialien vor (z. B. in Form von Steckwürfel oder Plättchen; vgl. Abschnitt 2.2.6). Thematisiert werden Körper und Flächen - meist unabhängig voneinander - in den Lehrgängen für das 1. Schuljahr erst später. Z. B. in den „Rechenwegen" (Käpnick u. a., 2000, S. 21) dienen Körper aus einem Holzbaukasten zunächst zum freien Bauen (vgl. Abb. 3.11). Später lernen die Kinder, sie anhand von (Bildern von) Gegenständen in der Umwelt zu identifizieren und gezielt zum Herstellen weiterer räumlicher Körper zu verwenden (vgl. Abb. 3.12). Vom 2. Schuljahr an können mit Würfeln auch größere Objekte hergestellt werden (vgl. z. B. Radatz und Rickmeyer, 1991, S. 34ff).

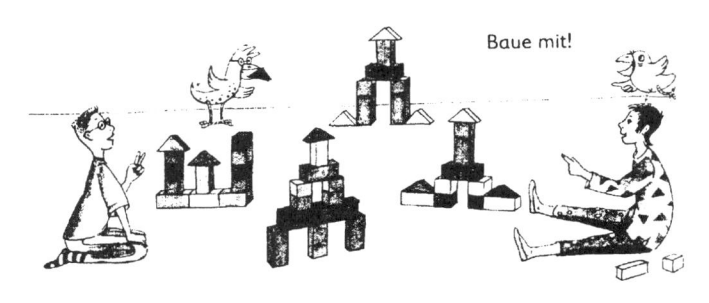

Abb. 3.11: Freies Bauen mit Körpern (Käpnick, 2000a, S. 21)

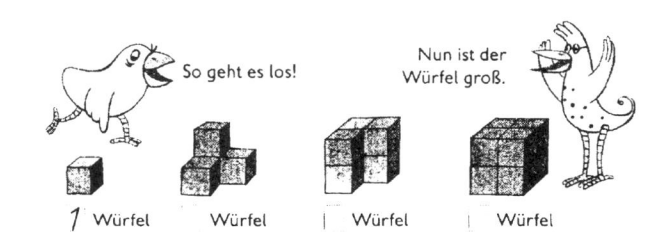

Abb. 3.12: Räumliche Körper aus Würfeln (Käpnick, 2000a, S. 57)

An einer späteren Stelle in den „Rechenwegen", aber in ähnlicher Weise, werden ebene Figuren (vgl. Abb. 3.13) und „gerade und gekrümmte Linien" behandelt.

Abb. 3.13: Ebene Figuren (Käpnick, 2000a, S. 104)

In den „Matheprofis" (Schütte, 2000) dagegen steht die Betrachtung von ebenen Figuren am Anfang (vgl. Abb. 3.14).

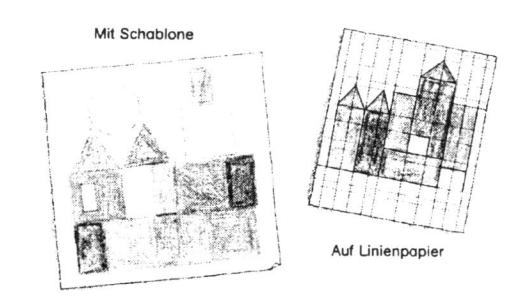

Abb. 3.14: Ebene Figuren (Schütte, 2000, S. 50)

Wittmann und Müller (2000) ergänzen im Zahlenbuch diese Betrachtung von Körpern und Figuren noch durch *Knoten* (vgl. das Beispiel „Schuhschleife" in Abb. 3.15). Zur Begründung verweist Wittmann (1999, S. 214) unter anderem auf Freudenthal (1983, S. 279) und mit ihm darauf, dass „jeder weiß, was ‚Knoten' und ‚Durchdringung' bedeuten. All diese Konzepte entstehen im Kopf spontan, und da kein Bedarf an begrifflicher Klärung besteht, werden sie als Unterrichtsgegenstand leicht übersehen". Dies wäre auch insofern bedauerlich, als die Knoten große praktische Bedeutung haben. Im Laufe der Grundschulzeit lernen die Kinder in diesem Lehrgang insgesamt 13 verschiedene Knoten kennen.

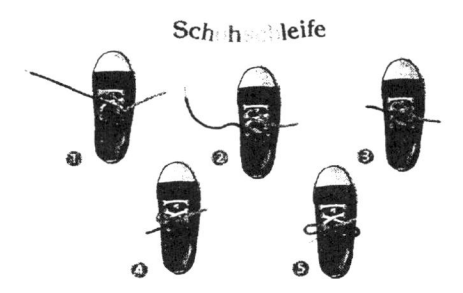

Abb. 3.15: Schuhschleife (Wittmann und Müller, 1994a, S. 95)

Zu 2. bis 4 (Operationen mit geometrische Formen und Muster): Es versteht sich von selbst, dass alle Objekte im geometrischen Anfangsunterricht (Körper, Flächen, Knoten) von den Kindern auch selbst *hergestellt* werden sollen. Die verschiedenen Körper können aus knetbarem Material („Knete") geformt, aus Kartoffeln geschnitten, im 2. Schuljahr auch als Kantenmodell (vgl. Abb. 3.16 und Abb. 3.17) gebaut oder aus Pappe gebastelt werden.

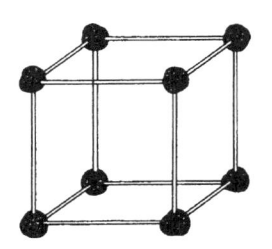

Abb. 3.16: Kantenmodell eines Würfels (Radatz und Rickmeyer, 1991, S. 53)

3 Geometrischer Anfangsunterricht

Abb. 3.17: Modelle von Körpern

Die ebenen Figuren werden ausgeschnitten, ausgemalt und selbst gezeichnet. Abb. 3.18 zeigt an einem Beispiel, wie im Unterricht verschieden farbige Quadrate gefaltet, zu Rechtecken zerschnitten, in Mustern gelegt, zu kleineren Quadraten oder zu Dreiecken weiter zerschnitten und zu neuen Mustern zusammengelegt werden können. Umgekehrt kann die Lehrerin - z. B. am Tageslichtprojektor - Muster vorgeben, die von den Kindern nachgebaut werden sollen. In ähnlicher Weise können die Kinder *Bandornamente* und *Parkette* mit verschiedenen Materialien selbst herstellen oder nachbauen bzw. zeichnen und färben (vgl. Abb. 3.19 und 3.20 sowie Franke, 2000, S. 226ff). Bandornamente sind Streifen mit Figuren, die sich wiederholen, sie lassen sich durch lineare Verschiebungen zur Deckung bringen. Parkette dehnen sich in der Fläche aus, hier können die sich wiederholenden Grundfiguren durch Verschieben in verschiedenen Richtungen, aber z. B. auch durch Drehen zur Deckung gebracht werden).

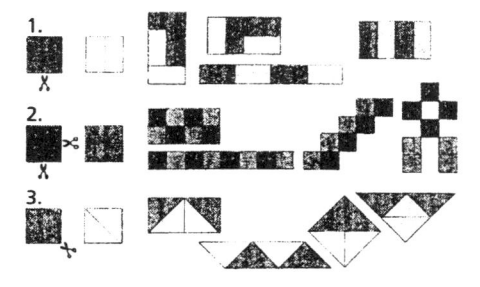

Abb. 3.18: Falten, schneiden, legen (Müller und Wittmann, 1994a, S. 57)

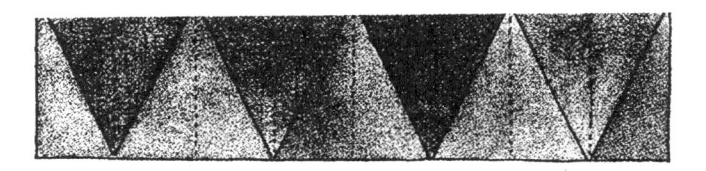

Abb. 3.19: Bandornamente (Käpnick, 2000a, S. 109)

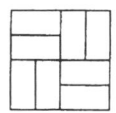

Abb. 3.20: Parkette (Franke, 2000, S. 236)

Beim Falten und Zerschneiden von Figuren wie in Abb. 3.18 stellt sich die Frage, wie die entstehenden Figuren zueinander in Beziehung stehen: Einige sind, wie die Kinder durch Aufeinanderlegen sehen, *deckungsgleich*. Die Deckungsgleichheit (oder Kongruenz) von Figuren verweist auf einen weiteren Aspekt bei der Behandlung ebener Figuren (der aber auch anhand von räumlichen Körper angesprochen werden kann): deren *Symmetrie*.

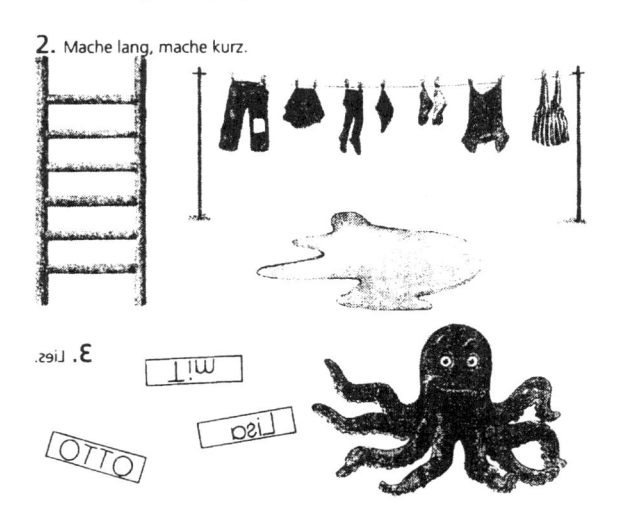

Abb. 3.21: Spiegeln (Wittmann und Müller, 2000a, S. 30)

3 Geometrischer Anfangsunterricht 155

Außer durch Falten lassen sich Symmetrien auch durch *Spiegeln* entdecken und studieren. Wenn die Symmetrie im Zentrum der Betrachtungen steht, ist das Spiegeln in mancher Hinsicht leichter durchführbar als das Falten; außerdem treten dabei andere Aspekte in den Vordergrund als beim Falten. Einige Anregungen dazu „was der Spiegel alles kann" findet man in Abb. 3.21 (vgl. Wittmann und Müller, 2000, S. 30).

Bei diesen Aktivitäten kann ein Taschenspiegel verwendet werden. Bei Aufgabe 2 geschieht dies z. B. in der Weise, dass durch Bewegen des Spiegels aus einer kurzen Leiter eine lange wird. Bei den Namensschildern in Aufgabe 3 muss der Spiegel längs oder quer gestellt werden. Die Namen „Lisa" und „Tim" kann man ohne Spiegel nicht lesen, wohl aber „OTTO" (bei „OTTO" kann der Spiegel auch in die Mitte des Wortes gestellt werden. Man kann dann auch die Frage stellen, ob dies z. B. bei „ANNA" ebenfalls ginge).

Anschaulich gesprochen „verdoppelt" der Spiegel eine Figur. Durch diese Eigenschaft lassen sich sehr gut auch Bezüge zum Verdoppeln von Zahlen (Anzahlen) herstellen: Man kann z. B. Mengen von Plättchen durch Spiegeln verdoppelt (vgl. Abb. 3.21), aber den Spiegel auch so aufstellen, dass eine ungerade Anzahl von Quadraten entsteht (Abb. 3.22).

Abb. 3.22: Verdoppeln von Anzahlen im Spiegel (Wittmann und Müller, 1994a, S. 32)

Abb. 3.23: Ungerade Anzahlen im Spiegel (Schütte, 2000a, S. 89)

Bei vielen Aktivitäten mit geometrischen Figuren ist es günstig, statt eines Taschenspiegels einen halb-durchsichtigen Spiegel (den sog. Mira-Spiegel) zu verwenden, weil bei ihm zu erkennen ist, was „hinter" dem Spiegel liegt. Der Mira-Spiegel ist z. B. günstig, wenn eine (oder auch mehrere) Spiegelachsen gefunden, Teilfiguren symmetrisch ergänzt werden oder die Kinder versuchen sollen, - z. B. ihren Namen - selbst in Spiegelschrift zu schreiben (vgl. auch Franke, 2000, S. 218ff). Im 2. Schuljahr wird die Arbeit mit dem Spiegel z. B. in der Weise fortgesetzt, dass die Kinder aus einer gegebenen Figur eine Zielfigur herstellen sollen (vgl. Hartmut Spiegel, 1996: Spiegeln mit dem Spiegel).

Zu 5.: Die Einführung von *Koordinaten* dient in der Sekundarstufe unter anderem dem Ziel, geometrische Sachverhalte (wie z. B. Kongruenzabbildungen) rechnerisch zu beschreiben. Dazu werden die Punkte der Ebene z. B. durch eine x- und eine y-Koordinate gekennzeichnet. Ein amüsanter Einstieg in die Behandlung von Koordinaten in der Sekundarstufe ist eine Geschichte von den Schildbürgern: Sie wollten ihre wertvolle Kirchenglocke dadurch vor dem anrückenden bösen Feind retten, dass sie sie in einem See versenkten. Um sie später wiederfinden zu können, markierten sie am Bootsrand die Stelle, an der sie die Glocke über Bord geworfen hatten, mit einer Kerbe.

Abb. 3.24: Eckenhausen (Wittmann und Müller, 2000a, S. 90)

Die Betrachtung von Koordinaten in der Grundschule geht auf Ideen von F. und G. Papy (1990) zurück. Es geht z. B. darum, sich auf einem Stadtplan zurecht zu finden (vgl. Abb. 3.24: „Eckenhausen"; vgl. auch die „Gitter-City" bei Radatz und Rickmeyer, 1991, S. XI). Bei einem Plan wie dem von „Eckenhausen" ist zum einen zu klären, ob man sozusagen „von oben" auf den Plan

3 Geometrischer Anfangsunterricht

sieht oder ob man sich in Gedanken auf den Straßen entlang bewegt. Zum anderen müssen die Richtungen und Abstände auf dem Plan festgelegt werden: „Die Kinder sollen ... sich mit Hilfe des Plans ‚im Raum' bewegen. Die Straßenanordnung und das Arbeiten mit dem Plan dient einer langfristigen Vorbereitung des rechtwinkligen Koordinatensystems in der Ebene. Die Gebäude in Eckenhausen sind so angeordnet, dass sie an einer Kreuzung liegen. Damit ist der Startpunkt eines Weges eindeutig festgelegt. Dies ist für das Zählen der Wegstücke wichtig. Beim Beschreiben der Wege werden sich die Kinder auf eine gemeinsame Sprechweise einigen müssen" (Wittmann und Müller, 1997, S. 176). Es geht also bei diesem Thema ganz wesentlich auch um das Fördern der sprachlichen Ausdrucksfähigkeit der Kinder, wobei sowohl Lagebeziehungen (oben, unten, rechts und links) als auch Zahlen verwendet werden.

Zu 6. und 7.: Auf *Maße* wird im nächsten Kapitel ausführlicher eingegangen. Behandelt werden soll hier abschließend noch ein Aspekt der *Geometrisierung*, in dem - wie schon beim Stadtplan - die Verbindung zwischen geometrischen und arithmetischen Beschreibungen von Sachverhalten im Vordergrund steht: die *figurierten Zahlen*. „In jedem Unterrichtswerk finden sich Beispiele der Darstellung von figurierten Zahlen, die ... zwei verschiedenen Intentionen zugeordnet werden können: Zum einen der Gebrauch von Punktmustern als passend zugeordnete *Veranschaulichung* zur Einübung von Rechenfertigkeiten, zum anderen der Umgang mit figurierten Zahlen als eigenständigem Thema, bei dem deutlich wird, dass figurierte Zahlen Beziehungen innerhalb eines Musters, wie auch Beziehungen zwischen zwei Mustern ... darstellen können, die denkend erforscht werden sollen" (Steinweg, 2002, S. 130.).

Hefendehl-Hebeker (1998, S. 108) bemerkt dazu, dass figurierte Zahlen mehr sind „als bloße Veranschaulichung. Sie stehen nicht nur historisch, sondern auch epistemologisch am Übergang zwischen gegenstandsbezogenem und symbolischem Rechnen. Sie fördern das *theoretische Sehen*."

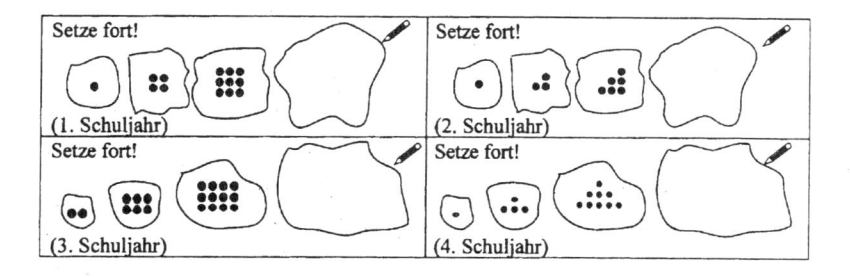

Abb. 3.25: Reihen figurierter Zahlen (Steinweg, 2002, S. 135)

In ihrer empirischen Untersuchung ging es Steinweg unter anderem um die Frage, ob die Kinder Sequenzen von figurierten Zahlen wie in Abb. 3.25 eher dynamisch als Momentaufnahme eines Prozesses deuten oder eher statisch, indem sie ihr Augenmerk auf die Anzahlen richten. Tatsächlich steht bei jüngeren Kindern der arithmetische (kardinale) Aspekt von Punktmustern zunächst im Vordergrund, die geometrische Gestalt wird vernachlässigt. Dies bedeutet, dass im Unterricht „der Wechsel zwischen den Repräsentationsebenen ... gezielt zu fördern (ist) ... (er) ergibt sich, wie bei allen anderen Unterrichtszielen, nicht von selbst (Steinweg, 2002, S. 150).

4 Größen, Sachaufgaben und mathematisches Verständnis

„Überall sind Zahlen" wissen die Kinder schon am Schulbeginn (vgl. Abb. 2.9 in Abschnitt 2.2.3). Sieht man sich die Vielfalt des Auftretens von Zahlen in der alltäglichen Umwelt etwas genauer an, so findet man sie, genau genommen, nur selten „rein", sondern häufig zusammen mit einer Maßbezeichnung: 1 Euro, 2 Stunden, 3 Meter, aber auch als Ordnungszahlen (4. Stock, Haus Nr. 5), in Telefonnummern oder Autokennzeichen. Auf die verschiedenen Zahlaspekte sind wir in Abschnitt 2.2.3 schon eingegangen.

Bei der Verwendung von Zahlen zusammen mit einer Maßbezeichnung spricht man von *Größen* (vgl. Abschnitt 4.1). Im Alltag rechnen wir meist mit Größen, wenn wir beispielsweise beim Einkaufen Preise addieren oder vergleichen, mit Hilfe des Kilometerzählers eine zurückgelegte Wegstrecke oder die Geschwindigkeit aus Weg und Zeit berechnen. Rechenaufgaben, die solche Situationen des täglichen Lebens oder sonstige Anwendungen von Mathematik zum Inhalt haben, werden *Sachaufgaben* genannt; in der Grundschule spricht man auch vom „Sachrechnen", in höheren Klassen von „angewandtem Mathematikunterricht". Aufgaben und Rechnungen dieser Art sollen den Schülerinnen und Schülern zeigen, dass sie die Mathematik nicht nur um ihrer selbst willen betreiben, sondern dass die Mathematik brauchbar und hilfreich ist und das Leben erleichtern kann (vgl. Abschnitt 4.2).

Insbesondere im Anfangsunterricht haben Sachaufgaben noch eine weitere Funktion: Sie sind sehr gute Indikatoren dafür, in wie weit die Kinder die Rechenaufgaben nur als auszuführende Prozeduren (deren Ergebnis „richtig" oder „falsch" ist) sehen. Sie zeigen, ob die Kinder die in diesen Rechnungen hergestellten Beziehungen zwischen Zahlen erkennen und sie mit den Situationen, um die es in den Rechnungen geht, verbinden können. Sachaufgaben sind Indikatoren für *mathematisches Verständnis* (d. h. ob und wie die Kinder mathematische Zusammenhänge verstehen). Wir gehen darauf in Abschnitt 4.3 ausführlich ein.

4.1 Größen

4.1.1 Begriffsklärung

Bei der Definition des Begriffs „natürliche Zahl" haben wir auf endliche Mengen zurückgegriffen und sie im Hinblick auf ihre „Mächtigkeit" verglichen (vgl. Abb. 2.1 in Abschnitt 2.1.1). Eine ähnliche Idee hilft auch bei der Erklärung dessen, was - mathematisch gesehen - unter „Größen" verstanden werden soll (zumindest reicht diese Idee für unsere Zwecke aus; eine systematische Einführung findet man z. B. bei Bigalke und Hasemann, 1977, S. 85ff).
In der Grundschule kommen Längen, Gewichte, Zeitspannen, Geldwerte, Flächeninhalte und Volumina vor, während andere wie Geschwindigkeit oder Stromstärke erst später thematisiert werden. Da sich die Begriffsbildung am Beispiel der Längen sehr einfach und anschaulich erläutern lässt, nehmen wir sie hier als Beispiel.
Werden Kinder oder Erwachsene gefragt, was „1 Meter" ist, so breiten viele die Arme aus und zeigen mit den Händen einen Abstand: Ungefähr so lang ist ein Meter. Unsere Vorstellung von einer Länge ist an Abstände, genauer: an Strecken gebunden, ebenso wie unsere Vorstellung von natürlichen Zahlen, wenn wir sie als Anzahlen - als Kardinalzahlen - auffassen, an Mengen gebunden ist. Der Gleichmächtigkeit von Mengen entspricht bei den Strecken (die wir uns durch Stäbe repräsentiert denken können) die Eigenschaft, „gleich lang" zu sein. Man überprüft die gleiche Länge ganz einfach durch Aufeinanderlegen und Hinsehen (vgl. Abb. 4.1).

Abb. 4.1: Gleich lange und nicht gleich lange Strecken

Längen und natürliche Zahlen haben eine weitere Gemeinsamkeit: Man kann sie *ordnen* und man kann sie *addieren*: Die Ordnung ergibt sich direkt aus dem Vergleich von Strecken (vgl. Abb. 4.1), die Addition wird durch das Aneinanderlegen von Strecken repräsentiert. Allerdings lassen sich Längen - anders als natürliche Zahlen - *nicht multiplizieren*. Auf den ersten Blick sieht es zwar so aus als ginge es doch: Ein Rechteck mit den Seitenlängen 2 Meter und 3 Meter hat bekanntlich den Flächeninhalt 6 Quadratmeter. Doch dabei ist „Quadratmeter" keine Maßbezeichnung für Längen, sondern eine für Flächeninhalte, d. h. wir befinden uns in einem anderen Größenbereich. Die 6 Quadratmeter sind zu verstehen als „6 mal 1 Quadratmeter", wobei „1 Quadratmeter" der

4 Größen, Sachaufgaben und mathematisches Verständnis

Flächeninhalt einer bestimmten Fläche ist (ebenso wie „1 Meter" die Länge einer bestimmten Strecke).[1]

Mit diesen Betrachtungen haben wir schon übergeleitet zu der Frage, wie die Maßeinheiten zustande kommen. Maßeinheiten sind stets Vereinbarungen zwischen Menschen, also in irgendeiner Weise festgelegt. Bei der Einheit 1 Euro wird dies besonders deutlich, während sich beispielsweise die Einheit 1 Stunde (als der vierundzwanzigste Teil eines Tages) an einer Naturerscheinung orientiert (allerdings kann man auch hier fragen: warum ausgerechnet 1/24?). Die Längeneinheit „1 Meter" (kurz: 1 m) hat in dieser Hinsicht eine besonders interessante Geschichte.

Wenn man messen will, zeigt sich nämlich sehr schnell, dass die Festlegung von Maßeinheiten unumgänglich ist. In Deutschland hatte man früher unter anderem Einheiten mit den Maßbezeichnungen Zoll, Fuß, Elle und Meile (die teilweise von einem Fürstentum zum anderen differierten). In manchen technischen Bereichen sind diese Einheiten heute noch gebräuchlich, z. B. misst man Rohrdurchmesser meist in Zoll, und in den USA verwendet man weiterhin die inches[2], feet, yards[3] und miles. Die Festlegung auf die Einheit „1 Meter" (mit den Verfeinerungen Dezimeter, Zentimeter und Millimeter sowie der Vergrößerung Kilometer) ist auf einen Beschluss der französischen Nationalversammlung aus dem Jahre 1791 zurückzuführen, die diese neue Längeneinheit als den 40-millionsten Teil des Erdumfangs festlegte. Dazu musste der Erdumfang selbstverständlich so genau wie möglich vermessen werden. Damit beauftragt wurden zwei französische Astronomen, die unter abenteuerlichen Bedingungen zwischen 1792 und 1798 – also in einer Zeit kurz nach der französischen Revolution – den 2. Längengrad östlicher Länge zwischen Barcelona und Dünkirchen vermaßen.

Das Meter wurde ab der Mitte des 19. Jahrhunderts von den meisten europäischen Staaten, 1870 auch in Deutschland, übernommen. Das „Ur-Meter" - ursprünglich ein Platinstab, seit 1889 ein Stab aus 90 % Platin und 10 % Iridium - wird heute noch in einem Museum in Sèvres bei Paris aufbewahrt. Dieser Vergleichsstab, zu dem jeder Maßstab (*Zollstock!*) mit der Länge 1 Meter gleich lang ist, liegt also tatsächlich und konkret vor. (Wegen höherer Ansprüche an die Genauigkeit werden heute allerdings andere Methoden zur Be-

---

[1] Dass man Größen nicht multiplizieren kann wird noch deutlicher, wenn man sich einmal überlegt, was „6 Quadratstunden" oder „6 Quadrateuro" sein könnten.
[2] Angeblich hat Heinrich I. im Jahre 1101 in England die Breite seines Daumens als Einheit „1 inch" festgelegt.
[3] Derselbe Heinrich soll die Einheit „1 yard" als Abstand zwischen seiner Nasenspitze und dem Daumen seines ausgestreckten Armes eingeführt haben (für die Richtigkeit dieser Angabe wird vom Autor keine Gewähr übernommen).

stimmung der Länge 1 Meter verwendet. In Deutschland geschieht dies durch die Physikalisch-Technische Bundesanstalt (PTB) in Braunschweig.)

Im Hinblick auf die begriffliche Klarheit ist es nützlich, auch schon in der Grundschule zu unterscheiden zwischen der *Maßbezeichnung* (bei den Längen also „Meter") und der *Maßeinheit* (bei den Längen „1 Meter", kurz: „1 m"). Wie wir oben sahen, wird die Einheit durch Konventionen oder (internationale) Vereinbarungen festgelegt; die Maßbezeichnung ist dagegen nur ein Name. Eine bestimmte Länge wird angegeben durch die *Maßzahl* und die Maßbezeichnung, z. B. „3 m", „1 m 25 cm" oder auch „1,25 m". Man kann also, falls erforderlich, sowohl Verfeinerungen der Maßeinheit als auch andere als natürliche Zahlen als Maßzahlen verwenden.

4.1.2 Größen im Anfangsunterricht

Die meisten Schulanfänger bringen Kenntnisse über Standardmaße mit, d. h. sie kennen einige Maßbezeichnungen wie „Stunden", Euro", „Liter"; „Kilometer" usw., manche können auch schon Größenangaben (wie z. B. „50 Cents" oder „zwei Stunden") mehr oder weniger korrekt verwenden. Dies bedeutet allerdings nicht, dass die Kinder bereits eine sichere Vorstellung von den Größen hätten (ebenso wie das Zählen-Können zwar ein wichtiger Schritt in der Zahlbegriffsentwicklung der Kinder ist, aber nicht bedeutet, dass der Zahlbegriff bereits erworben sei, vgl. Abschnitte 2.2.2 bis 2.2.4). Bei vielen Kindern sind die Größenvorstellungen bis weit in die Grundschulzeit hinein durchaus unsicher (vgl. Franke, 2003, S. 210ff; Grassmann, 1999).

Eine gründliche empirische Untersuchung zum Maßzahlverständnis haben Schmidt und Weiser (1986) vorgelegt. Zusammen mit einigen neueren Ergebnissen ergibt sich im Hinblick auf Schulanfänger das folgende Bild:

- Die Kinder haben Erfahrungen beim Einkaufen und mit anderen Situationen, in denen Geld eine Rolle spielt; die meisten kennen auch die gängigen Münzen. Dies bedeutet aber nicht, dass ihnen der Geld*wert* voll bewusst wäre. Selbstverständlich können sie mit „Geld" in einem abstrakten Sinne - seiner Rolle für die Wirtschaft - noch nichts anfangen, aber auch der Wert einzelner Münzen ist ihnen häufig noch nicht klar. Legt man Kindern eine Anzahl von Münzen vor, so zählen sie diese, und bei unterschiedlichen Häufchen mit Münzen beziehen sie die Frage, wo „mehr Geld" ist, meist auf die Anzahl der Münzen und nicht auf den Wert jeder einzelnen (vgl. Schmidt und Weiser, 1986, S. 151). Außerdem haben die Schulanfänger - außer bei sehr vertrauten Waren - häufig nur eine sehr vage Vorstellung über deren Preis.
- Ähnliche Erfahrung haben die Kinder auch mit dem Messen von Längen: Bei zwei Stäben können die meisten durch direkten Vergleich ent-

4 Größen, Sachaufgaben und mathematisches Verständnis

scheiden, ob sie gleich oder verschieden lang sind. Schwieriger ist es schon, die Länge von Objekten oder die Größe von Personen zu schätzen und mit Standardmaßen anzugeben. Dies gilt auch noch für Kinder im 3. und 4. Schuljahr (vgl. z. B. Grassmann, 1999, S. 32: „1 Meter ist so groß wie ein ausgewachsener Mensch").

- Bei Zeitspannen liegt eine Schwierigkeit darin, dass die Repräsentanten, also Vorgänge, die eine gewissen Zeitdauer erfordern, wie z. B. das Zurücklegen einer Strecke auf dem Schulhof oder das Klopfen einer Folge von Tönen, nicht gut vergleichbar sind. Außerdem ist unser „Gefühl für Zeit" subjektiv und von den jeweiligen Situationen abhängig, beispielsweise, wenn wir ungeduldig auf etwas warten oder einem spannenden Film zusehen.
- Auch Gewichte sind - ohne technische Hilfsmittel - nur schwer vergleichbar. Beim Schätzen von Gewichten neigen Kinder (aber auch Erwachsene) dazu, auf das - nicht sichtbare - Gewicht eines Körpers zu schließen, indem sie von wahrnehmbaren Eigenschaften, wie z. B. seiner Dicke oder seinem Volumen, ausgehen (vgl. Schmidt und Weiser, 1986, S. 151). Andererseits aber können (ältere) Grundschulkinder das Gewicht ihrer Schulfreunde recht gut schätzen, sofern sie ihr eigenes Körpergewicht kennen (Grassmann, 1999, S. 32).
- Über die Kenntnisse von Schulanfängern über Flächeninhalte und Volumina liegen kaum empirische Daten vor. Allerdings weiß man, dass gerade Flächeninhalte auch von älteren Kindern häufig noch völlig falsch eingeschätzt werden (vgl. Fraedrich, 1991).

Radatz und Schipper (1983, S. 125) schlagen für die Behandlung von jeder Art von Größen (wie z. B. Längen) im Grundschulunterricht eine „didaktische Stufenfolge" vor. Diese Stufenfolge führt

- von ersten Erfahrungen mit dieser Größe in Sach- oder Spielsituationen
- über den direkten Vergleich von Repräsentanten der Größe,
- den indirekten Vergleich mit Hilfe willkürlicher Maßeinheiten,
- das Erkennen der Invarianz einer Größe (dass sich also z. B. die Länge einer Schnur nicht ändert, wenn sie statt gradlinig geschwungen auf dem Boden liegt, oder der Abstand zweier Bäume, wenn ein Zaun dazwischen gebaut wird),
- den indirekten Vergleich mit Hilfe standardisierter Maßeinheiten,
- der Entwicklung einer Vorstellung von Größeneinheiten,
- das Messen mit technischen Hilfsmitteln,
- das Verfeinern und Vergröbern von Maßeinheiten
- hin zum Rechnen mit Größen.

Für den Anfangsunterricht kommen allerdings nur einige Stufen, vor allem das Sammeln von Erfahrungen mit Größen in Sach- oder Spielsituationen und der

Aufbau von Größenvorstellungen in Frage (vgl. Radatz u. a., S. 162). Außerdem werden in den neueren Lehrgängen im 1. Schuljahr von den Größen nur die Geldwerte, manchmal in Ansätzen auch die Längen behandelt. Beim Thema „Zeit" geht es zunächst nicht um Zeitspannen, sondern um Zeitpunkte (Uhrzeit, Geburtstagskalender). Zeitspannen, Gewichte sowie Flächeninhalte und Volumina sind erst Inhalte höherer Schuljahre, und dann hauptsächlich in Sachaufgaben (vgl. Abschnitt 4.2).

Spielgeld (Münzen, teilweise auch Geldscheine) ist fast jedem neueren Lehrgang für das 1. Schuljahr beigefügt. Dieses Spielgeld, wenn möglich aber auch echte Münzen (die nicht ausschließlich Euros und Cents zu sein brauchen), sollten zunächst dazu verwendet werden sicherzustellen, dass alle Kinder mit dem Wert jeder einzelnen Münze vertraut sind. Außerdem sollten die Kinder in der Lage sein, Geldbeträge von gleichen Wert mit unterschiedlichen Münzen herzustellen. Dazu müssen sie die Münzen - ihrem Wert entsprechend - zählen können, insbesondere werden nicht nur gleichartige Münzen (z. B. nur 1- oder nur 2- Cent Stücke) gezählt, sondern auch Geldbeträge mit unterschiedlichen Münzen. Weitere Fragen beziehen sich auf den Vergleich von Geldwerten, die mit Münzen dargestellt sind: In welchen Sparschwein ist mehr Geld? Wofür kann ich mir mehr kaufen? (vgl. Radatz u. a., 1996, S. 163). Wie viele 10-, 20-, 50-Cent Münzen ergeben zusammen 1 Euro?

Beim Betrachten entsprechender Schulbuchseiten hat man gelegentlich den Eindruck, dass nicht der Umgang mit Geldwerten, sondern das Üben des Rechnens im Vordergrund steht. Dieses Rechnen unter Verwendung von Münzen (bzw. die Darstellung von Zahlensätzen nicht mit „reinen" Zahlen wie in „35 + 23 = 58" oder „58 − 35 = 23", sondern mit Hilfe von Maßzahlen, etwa in der Gestalt „35 ct + 23 ct = 58 ct" bzw. „58 ct − 35 ct = 23 ct") kann in zweifacher Hinsicht sinnvoll sein: Zum einen ist es möglich, dass die Kinder eine solche Rechnung leichter mit Hilfe von Material (hier: mit Rechengeld) ausführen können. Zum anderen kann bei solchen Rechnungen auch die Bewältigung von Alltagssituationen im Vordergrund stehen, wenn z. B. Gesamtpreise oder Rückgeld berechnet werden (vgl. Abb. 4.2 und 4.3).

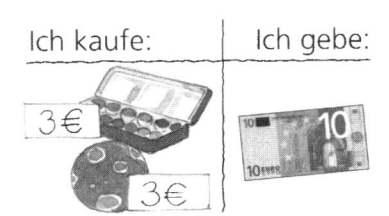

Abb. 4.2: Rückgeld (Wittmann und Müller, 2000a, S. 69)

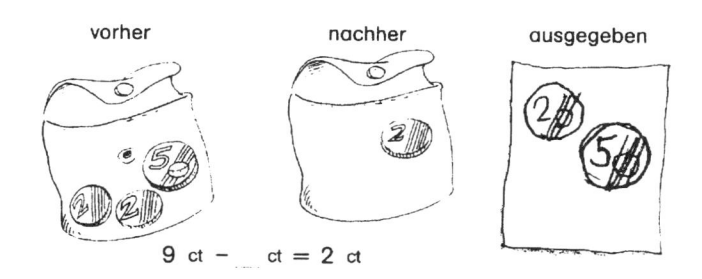

4 Größen, Sachaufgaben und mathematisches Verständnis 165

vorher   nachher   ausgegeben

9 ct - ___ ct = 2 ct

Abb. 4.3: Berechnung der Ausgaben (Schütte, 2000a, S. 59)

Bei diesen Rechnungen mit Größen darf es nicht nur darum gehen, alte Aufgaben in „neuem Gewand" daher kommen zu lassen. Wir kommen auf die Behandlung von Sachaufgaben in Abschnitt 4.2 noch einmal zurück, sie setzt aber in jedem Fall die Sicherheit der Kinder im Umgang mit den Größen voraus.

Längen werden meist erst im 2. Schuljahr genauer betrachtet. Im „Zahlenbuch" (Wittmann und Müller, 2000b, S. 54) gibt es zwar schon im 1. Schuljahr Anregungen zum Messen mit einem Meterstab, doch ist auch in diesem Lehrgang die Maßeinheit „1 Meter" (mit ihrer Verfeinerung zu Zentimetern) erst Thema des 2. Schuljahres. Üblich ist die Einführung der Längen entsprechend der oben skizzierten didaktischen Stufenfolge (zum „direkten Vergleich" siehe Abb. 4.4, zum „indirekten Vergleich mit Hilfe willkürlicher Maßeinheiten" Abb. 4.5 und zum „Messen mit technischen Hilfsmitteln" Abb. 4.5 und 4.6).

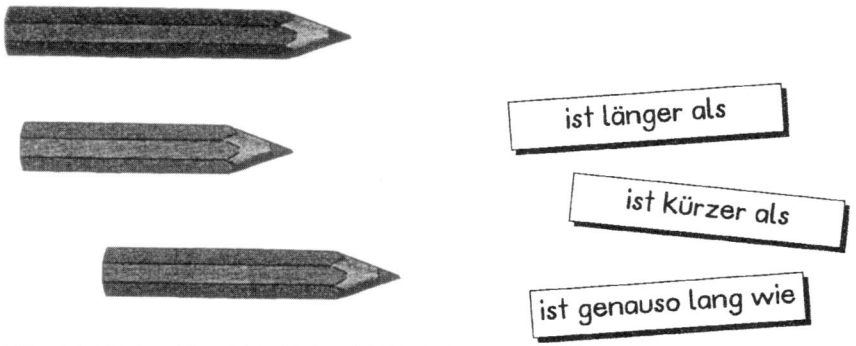

Abb. 4.4: Direkter Vergleich (Reiss, 1999b, S. 36)

Wie lang ist der Bleistift?

a)
b)
c)
d)
e)

Wie lang sind die Streifen?

Wie viel Zentimeter sind es?
a) ein großer Schritt
b) der kleine Finger
c) ein Fuß
d) ein Fingernagel
e) eine Armlänge
f) einmal um den Arm herum

Was ist ungefähr so lang?
| 1 cm | 5 cm | 10 cm |
| 50 cm | 100 cm | 20 cm |

Zeichne mit dem Lineal Strecken in dein Heft.

a) |— 3 cm —|

a) 3 cm   b) 14 cm
b) 8 cm   e) 1 cm
c) 10 cm f) 6 cm

1 Meter = 100 Zentimeter
1 m = 100 cm

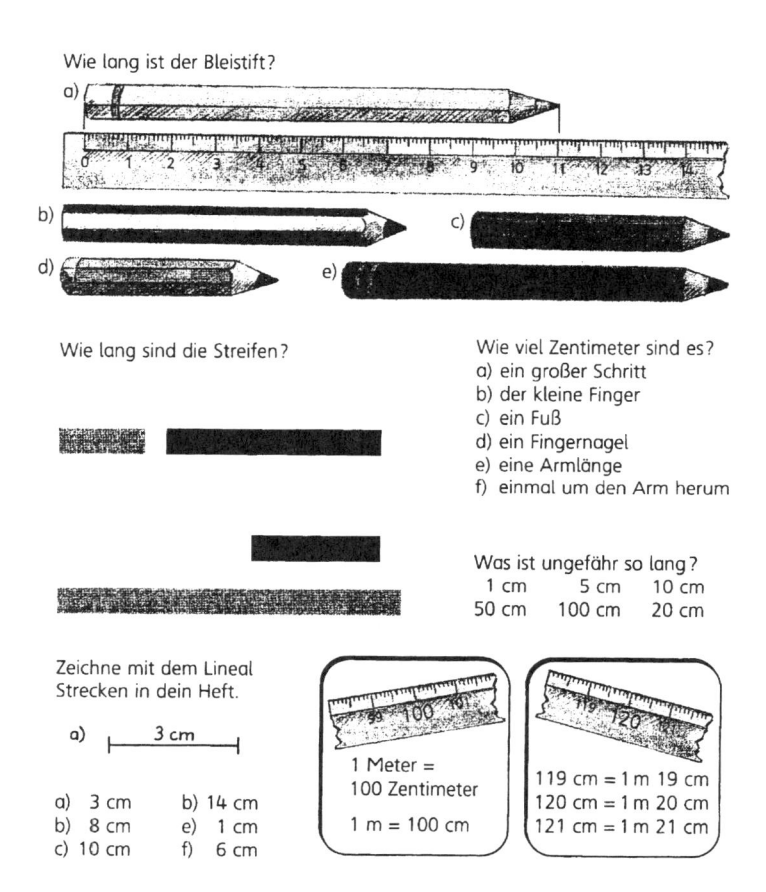

119 cm = 1 m 19 cm
120 cm = 1 m 20 cm
121 cm = 1 m 21 cm

Abb. 4.5: Messen von Längen (Rinkens und Hönisch, 1998c, S. 38)

(5) Kennst du diese Messgeräte? Was kann man damit messen?

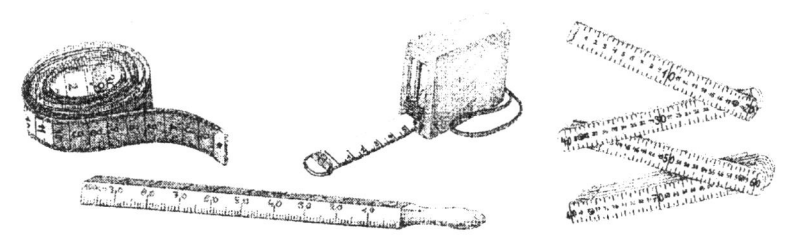

Abb. 4.6: Messgeräte (Schütte, 2001, S. 69)

4 Größen, Sachaufgaben und mathematisches Verständnis

Bei der Betrachtung der „Zeit" stehen zunächst Zeitpunkte (wie die Uhrzeit oder Daten auf dem Kalender) im Vordergrund. Zeitpunkte sind zwar keine „Größen" in dem in Abschnitt 4.1.1 definierten Sinne. Sie kommen aber in der Lebenswelt der Kinder vor, so dass mit ihnen unmittelbare und authentische Erfahrungen angesprochen werden, die vertieft und präzisiert werden sollten. Uhrzeiten wie der morgendliche Schulbeginn sowie Beginn und Ende der Pausen sorgen ohnehin in jeder Schulklasse für Gesprächsstoff. Es ist auch eine nahe liegende Idee, die Kinder einen Geburtstagskalender selbst basteln zu lassen und ihn im Klassenraum aufzuhängen.

Eine große Zahl an Anregungen zur wiederholten Beschäftigung mit dem Thema „Zeit" findet man z. B. in den Schulbüchern für das 1. und 2. Schuljahr des Lehrgangs „Die Matheprofis" (Schütte, 2000, 2001). Im 1. Schuljahr geht es um die „Vorfreude auf den Geburtstag" (Abb. 4.7) und um Uhrzeiten im Tagesablauf eines Kindes, aber auch schon um die Frage, in welchen Situationen die Zeit „schnell" oder „langsam vergeht" (Abb. 4.8).

Abb. 4.7: Kalender
(Schütte, 2000, S. 30)

Abb. 4.8: Die Zeit vergeht
(Schütte, 2000, S. 108)

Im 2. Schuljahr werden die Kinder angeregt, sich Gedanken über die Zeit zu machen: „Was ist Zeit?" (Abb. 4.9).

Abb. 4.9: Was ist Zeit? (Schütte, 2001, S. 55)

Konkrete Anregungen, auf welche Weise die Kinder Erfahrungen mit Zeitspannen machen können, geben Radatz u. a. (1996, S. 165). Zum Beispiel kann man ausprobieren, wer am längsten die Luft anhalten oder am schnellsten um den Schulhof laufen kann (direkter Vergleich), und man kann die Dauer von Vorgängen durch regelmäßiges Zählen oder Klatschen messen (indirekter Vergleich). Eine Reihe von Aktivitäten für das 2. Schuljahr zum Vergleich von Zeitspannen ist in dem Lehrgang „Mathebaum 2" (Reiss, 1999b, S. 84f) beschrieben: Pausenbrot essen, 1 x 6 aufsagen, von 30 an rückwärts zählen, 30-mal atmen, Gießkanne füllen, Rätsel abschreiben. Der Vergleich kann (indirekt) durch langsames, regelmäßiges Zählen erfolgen (vgl. auch Abb. 4.10).

Abb. 4.10: Zeitvergleiche (Reiss, 1999, S. 85)

4.2 Sachaufgaben

4.2.1 Typen von Sachaufgaben

Mit der Wahl des Terminus „Sachaufgaben" in der Überschrift soll angedeutet werden, dass es in diesem Abschnitt nicht um das Sachrechnen mit all seinen Facetten geht, sondern um eine - dem Alter der Kinder entsprechende - Beschränkung auf bestimmte Aufgabentypen. (Zum Thema „Sachrechnen" gibt es eine Vielzahl von Büchern und sonstigen Veröffentlichungen. Verwiesen sei nur auf Radatz und Schipper, 1983, S. 123ff; Winter, 1985; Rasch, 2001; Krauthausen und Scherer, 2001, S. 71ff, und Franke, 2003.)

Im Hinblick auf das Sach*rechnen* in der Grundschule hat Winter (1985) drei Funktionen unterschieden:

- Sachrechnen als Lernstoff: Gemeint sind insbesondere das Kennen und Vertrautwerden mit den Größen (vgl. Abschnitt 4.1).
- Sachrechnen als Lernprinzip: Bezüge zu realen Situationen, die für die Schülerinnen und Schüler Bedeutung haben, wecken Interesse an der Mathematik und fördern die Motivation. Mathematische Objekte werden anschaulicher, wenn sie sich in alltäglichen Situationen wiederfinden lassen. Das Sachrechnen dient damit auch dem mathematischen Verständnis.
- Sachrechnen als Lernziel: Das Sachrechnen soll nicht nur als Anwendung von Mathematik verstanden werden, sondern einen Beitrag zur Umwelterschließung leisten. Dazu ist es erforderlich, reale (authentische) Situationen zu „mathematisieren", also das reale Problem in ein mathematisches Problem zu übersetzen. Dazu müssen Modelle und Verfahren gefunden werden, mit denen sich das reale Problem beschreiben und lösen lässt. Die mathematische Lösung des Problems ist dahingehend zu interpretieren, in wie weit sie tatsächlich zur Lösung des realen Problems beiträgt. (Beispiel: Es soll festgestellt werden, wie viele Kilogramm/Kubikmeter Müll pro Tag/Woche/Jahr in der Klasse/Schule anfallen und auf welche Weise diese Menge verringert werden kann; vgl. Müller, 1991).

Die drei von Winter genannten Funktionen des Sachrechnens sind bereits für den mathematischen Anfangsunterricht bedeutsam. Vor allem machen sie deutlich, was Sachrechnen *nicht* ist: Die „Einkleidung" von Rechenaufgaben, wenn also das Üben des Rechnens einziges Ziel ist. Selbstverständlich ist es wichtig, das Rechnen zu üben - vgl. Abschnitt 2.2.9 -, aber Rechenübungen sind kein *Sach*rechnen und keine *Sach*aufgaben.

Radatz und Schipper (1983, S. 130) haben Typen solcher Aufgaben zusammengestellt. Sie unterscheiden zwischen „eingekleideten Aufgaben" (das sind die eben angesprochenen, in Worte gefassten Rechenaufgaben), „Textaufgaben" (in Textform dargestellte Aufgaben, bei denen die Sache weitgehend bedeutungslos und austauschbar ist) sowie „Sachaufgaben/Sachproblemen" (bei denen die Sache/Umwelt im Vordergrund stehen und die Mathematik nur Hilfsmittel ist).

Zu dieser Unterteilung bemerkt Franke (2003, S. 35), dass „aus heutiger Sicht die Unterscheidung der drei Aufgabentypen nicht erforderlich (ist), weil sowohl der mathematische Inhalt als auch die Sache gleichberechtigte Komponenten in den Aufgaben sein sollen". Sie schlägt statt dessen die Bezeichnung „Sachaufgaben" für alle diese Aufgaben vor und klassifiziert sie

- nach den in den Aufgaben beschriebenen Situationen: Reale Situationen und fiktive Situationen (dazu gehören z. B. auch Knobel- und Scherzaufgaben sowie Aufgaben aus Kinderbüchern),
- nach den mathematischen Inhalten: U. a. geometrische und arithmetische Inhalte sowie Sachaufgaben zum Aufbau von Größenvorstellungen, und
- nach der Art der Präsentation der Aufgaben: U. a. reale Phänomene, authentische Materialien, Bildaufgaben, Sachtexte und Projekte

(vgl. Franke, 2003, S. 36ff).

Im angelsächsischen Sprachraum wird das Lösen von Sachaufgaben meist „problem solving" genannt - ein weiterer Hinweis darauf, dass hier nicht das Lösen von Routineaufgaben gemeint ist. In diesem Abschnitt geht es mit Blick auf den Anfangsunterricht darum zu zeigen, dass mathematische Fragestellungen aus realen Situationen erwachsen können und dass die im Mathematikunterricht erworbenen Einsichten, Fähigkeiten und Fertigkeiten auch im Alltag nützlich und hilfreich sind. Thema von Abschnitt 4.3 wird es dann allerdings sein zu zeigen, dass sich „Mathematik" nicht ausschließlich auf diese beiden Aspekte - Realitätsbezug und Anwendbarkeit - reduzieren lässt.

Angesprochen werden sollen hier zunächst solche „Sachaufgaben", die sich aus einer alltäglichen oder auch konstruierten Sachsituation ergeben und zu deren Lösung mathematische Mittel verwendet werden können oder müssen. (Im Anfangsunterricht wird für diese Art von Aufgaben gelegentlich der Terminus „Rechengeschichten" verwendet.) Wesentlich ist dabei zum einen, dass die Kinder die in den Aufgaben oder Geschichten angesprochenen Sachsituationen (den „Kontext", wie man auch sagt) gut kennen. Zum anderen müssen die Geschichten im Hinblick auf Wortwahl und Komplexität der Darstellung dem Alter der Kinder angemessen sein.

Die Komplexität der Alltagssituationen muss in vielen Fällen eingeschränkt werden. So ist es im 1. und 2. Schuljahr noch nicht sinnvoll, bei Aufgaben reale Preise zu verwenden, da im Alltag kaum „glatte" Euro-Beträge vorkommen. Dieses Problem, dass die Komplexität der Alltagssituationen Kenntnisse oder Rechenfertigkeiten erfordert, über die die Kinder noch nicht verfügen, tritt bei Sachaufgaben immer auf. Es ist häufig erforderlich, die Komplexität der Realität einzuschränken und/oder die vorkommenden Zahlen zu „schönen"; dies gilt auch für Sachsituationen, mit denen die Kinder vertraut sind. Sinnvoll ist es deshalb, den Kindern reale Situationen aus ihrer Erfahrungswelt in Bildern oder als Bildgeschichten („Bild-Text-Darstellungen", vgl. Franke u. a., 1998) zu präsentieren. (Dies bedeutet aber nicht, dass die *Umwelterschließung*, die von Winter als dritte Funktion des Sachrechnens genannt wurde, im Anfangsunterricht gar nicht umsetzbar sei; wir werden darauf noch eingehen.)

4.2.2 Sachaufgaben im Anfangsunterricht

Gelungene Beispiele für Sachaufgaben findet man in fast allen neueren Schulbüchern. In vielen sollen die Kinder die dargestellten Situationen beschreiben und selbst „passende" Aufgaben erfinden. Damit tragen solche Aufgaben auch ganz wesentlich zur Entwicklung der *sprachlichen Fähigkeiten* der Kinder bei. Im „Zahlenbuch 1" (Wittmann und Müller, 2000a, S. 50) ist z. B. ein Bäckerladen mit Broten, Brötchen, Kuchenstücken usw. abgebildet. Die Kinder werden angeregt zu beschreiben, was sie sehen, und Rechenaufgaben selbst zu finden (beispielsweise: Wie viele Brote sind schon da und wie viele bringt der Bäcker neu hinzu?). In den „Rechenwegen 1" (Käpnick, 2000, S. 86) geht es um Geschichten im Zusammenhang mit Zähnen und einem Besuch beim Zahnarzt. Berechnet wird unter anderem, wie viele (Schneide-, Eck- und Backen-) Zähne ein Kind hat, wie viele übrig bleiben, wenn einige bereits ausgefallen sind usw. („Fächerübergreifende" Aspekte, wie z. B. Hinweise darauf, welche Süßigkeiten den Zähnen schaden können, sind in den Bildern natürlich ebenfalls enthalten.)

Eine Einkaufssituation ist in Abb. 4.11 dargestellt. Hier geht es nicht ausschließlich um Rechenaufgaben, sondern auch um adäquate Preisvorstellungen, die Voraussetzung sind für einen bewussten Umgang mit dem Vergleich von Preisen und Rechnungen mit Geldwerten. (Auf derselben Seite dieses Schulbuchs für die 2. Klasse werden die Kinder aufgefordert, „reale" Preise wie „2,98 €" in Euro und Cent aufzuschreiben, also 2,98 € = 2 € 98 ct. Die Kommaschreibweise in 2,98 € ist natürlich noch nicht als Notation eines Dezimalbruchs aufzufassen, vielmehr trennt das Komma nur Maßeinheiten.)

Mit diesen Aktivitäten verbunden ist die Erwartung, dass die Kinder lernen, die im Text oder im Bild dargestellten realen Situationen mit mathematischen Begriffen auszudrücken und formal (also mit Zahlensätzen) darzustellen (wir haben diesen Vorgang oben „Mathematisieren" genannt). Die Schwierigkeit dieses Prozesses darf keinesfalls unterschätzt werden; sie ist das zentrale Problem des Sachrechnens nicht nur in der Grundschule. Schon deshalb ist es sinnvoll, Sachaufgaben bereits im Anfangsunterricht zu behandeln und die Beziehungen zwischen Sachsituationen und Zahlensätzen immer wieder zum Inhalt des Unterrichtsgesprächs zu machen.

(1) Hast du schon einmal alleine Schulsachen eingekauft? Erzähle.
Kennst du die Preise deiner Schulsachen?

Abb. 4.11: Schulsachen einkaufen (Schütte, 2001, S. 38)

Das Verstehen von Sachaufgaben ist ein Prozess, der aus (mindestens) zwei Schritten besteht: Zum einen muss der Text[4] korrekt erfasst werden, sowohl syntaktisch als auch im Hinblick auf die Bedeutung der einzelnen Wörter und im Hinblick auf den dargestellten Sachzusammenhang (Textverständnis). Zum anderen muss der Sachverhalt mit adäquaten mathematischen Operationen in Beziehung gesetzt werden (Operationsverständnis). Beispiel: „5 Vögel haben Hunger. Sie finden 3 Würmer. Wie viele Vögel bekommen keinen Wurm?" Dieser Text ist syntaktisch und sprachlich sehr einfach. Man kann auch davon ausgehen, dass bereits Erstklässler die Situation erfassen und sie in der „gemeinten" Weise interpretieren, nämlich dass von den fünf Vögeln drei je einen Wurm fressen (und nicht etwa ein Vogel alle drei Würmer). Die Lösung der Aufgabe finden die Kinder dann z. B. durch Übersetzen der Situation in die Subtraktion $5 - 3 = 2$, aber es sind auch andere Lösungsverfahren denkbar. So

---

[4] Wir gehen im Folgenden davon aus, dass bei der Formulierung der Aufgaben Texte verwendet werden. Für reine Bildgeschichten gelten die Bemerkungen allerdings entsprechend.

z. B. die Eins-zu-eins-Zuordnung zwischen Vögeln und Würmern mit (gedanklichem) „Wegstreichen" der drei Vogel-Wurm-Paare. (Tatsächlich wird diese Aufgabe am Ende des 1. Schuljahres von mehr als 90% der Kinder richtig gelöst, bei einer kleinen Veränderung im Wortlaut des Aufgabentextes jedoch nur noch von etwa 25%. Wir kommen deshalb auf diese Aufgabe im Abschnitt 4.3 noch einmal zurück.)

Im Verlauf des Mathematikunterrichts in der Grundschule wird zur Lösung von Sachaufgaben häufig ein Verfahren entwickelt, das als das „Frage - Rechnung - Antwort - Schema" bekannt ist, es kann auch aus vier Schritten bestehen: wir fragen / wir wissen / wir rechnen / Antwort (vgl. Radatz und Schipper, 1983, S. 131ff). Dieses schematische Vorgehen hat den großen Vorteil, dass den Kindern ein Verfahren an die Hand gegeben wird, mit dem sie Sachaufgaben angehen können. Im ersten Schritt ist zu klären, wie die Frage lautet[5]. Anschließend sollen die Schülerinnen und Schüler prüfen, welche Fakten im Aufgabentext als bekannt vorausgesetzt werden. Daraus leitet sich ab, wie man die nicht bekannten (also die „gefragten") Sachverhalte rechnerisch ermitteln kann. Die „Antwort" dient auch dazu zu überprüfen, ob das Berechnete wirklich zu der Frage passt und eine plausible Lösung der Sachaufgabe darstellt.

Die Gefahren einer zu schematischen Vorgehensweise liegen auf der Hand: Die Kinder versuchen möglicherweise gar nicht erst den Text zu verstehen, sondern suchen nur noch nach Zahlen und Schlüsselwörtern (wie „dazu", „wegnehmen", „mehr"), um von diesen auf „passende" Rechenoperationen zu schließen. Diese Vorgehensweise verleitet manche Kinder dazu, auch Aufgaben zu lösen, die unsinnig oder mit den gegebenen Informationen gar nicht zu lösen sind (sog. „Kapitänsaufgaben, vgl. Baruk, 1989, oder Radatz und Schipper, 1983, S. 133). Solche Kapitänsaufgaben werden z. B. im „Zahlenbuch 2" den Kindern - mit einer kleinen Warnung - gezielt präsentiert, beispielsweise „In Klasse 2b sind 11 Jungen und 14 Mädchen. Wie alt ist die Lehrerin?" oder „Ein Ei muss 8 min kochen. Wie lange brauchen 5 Eier?" (Wittmann und Müller, 2000b, S. 59ff).

In den oben betrachteten Beispielen sollen die Kinder gegebene Situationen mit - bekannten - mathematischen Mitteln beschreiben. Winter hat diese Vorgehensweise in der Funktion „Sachrechnen als Lernziel" (vgl. Abschnitt 4.2.1) noch um einen Aspekt ergänzt: Man kann Situationen konstruieren, die die Bildung *neuer* mathematischer Begriffe oder Verfahren nahelegen, die also - möglichst von den Kindern selbst - als Anlässe für die Erweiterung ihres mathematischen Repertoires gesehen werden. Beispiele dazu findet man schon

---

[5] In manchen Lehrgängen gilt es als chic, die Situationen ohne Frage - „offen" - in den Raum zu stellen, die Kinder sollen überlegen, was man alles fragen könnte. Das ist sinnvoll, sofern die Aufgaben - und die Lehrerin - wirklich verschiedene Fragestellungen zulassen. Diese Methode ist allerdings nicht ganz neu, sie wurde bereits vor fast 4000 Jahren von den Babyloniern verwendet, vgl. Hasemann, 1993, S. 161.

im Anfangsunterricht, insbesondere geeignet ist die Einführung der Multiplikation im 2. Schuljahr (vgl. Abb. 4.12).

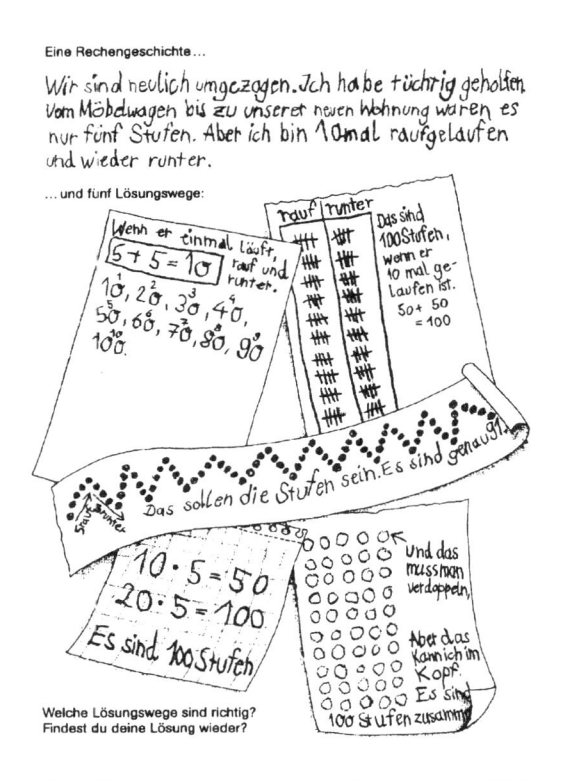

Abb. 4.12: Rechengeschichte zur Einführung der Multiplikation (Schütte, 2001, S. 42)

Diese Vorgehensweise - die Entwicklung mathematischer Begriffe aus Alltags- oder Anwendungssituationen - kann auch mit dem vor einigen Jahren entwickelten Konzept der „situierten Kognition" (vgl. Greeno, 1989; Brown, Collins und Duguid, 1989; Stern, 1998) begründet werden. Danach ist Wissen nicht „abstrakt" vorhanden, sondern der Mensch verfügt über sein Wissen stets im Hinblick auf die Bewältigung ganz bestimmter Anforderungen (vgl. Stern, 1998, S. 29). Dies ist sicher richtig. Einige Vertreter dieses Konzeptes gehen allerdings so weit zu behaupten, dass anwendbares Wissen deshalb überhaupt nur aus realen Situationen heraus entwickelt und an realen Problemen verstanden werden kann und dass Lern- und Anwendungssituationen einander möglichst ähnlich zu gestalten sind.

Auf mathematisches Wissen bezogen ist diese Sichtweise sicher zu eng. Für mathematische Begriffe und Verfahren und damit für mathematisches Wissen typisch ist ja gerade die universelle Anwendbarkeit. Z. B. mathematische Operationen wie die Rechenoperationen sind in vielfältigen und sehr unterschiedlichen Anwendungsbereichen verwendbar. Darüber hinaus sind sie ihrerseits Ausgangspunkte weiterer Fragestellungen und damit Grundlage neuer Begriffsbildungen (wenn man z. B. die Eigenschaften der Rechenoperationen - Kommutativität, Assoziativität, Reversibilität - untersucht oder Möglichkeiten ihrer Verallgemeinerung - z. B. mit Blick auf Verknüpfungen von Elementen irgendwelcher Mengen - diskutiert). Dies sind zwar keine Themen für den Anfangsunterricht. Doch wir haben bereits im Zusammenhang mit der Betrachtung geometrischer Inhalte (vgl. Kapitel 3) angesprochen, dass die Kinder schon recht früh erfahren sollten, in wie weit mathematische Begriffsbildungen unabhängig von realen Situationen existieren und bedeutsam sind. Dieser Aspekt ist auch Inhalt des folgenden Abschnitts 4.3.

Rosa, Felix und Paula haben Getreidekörner in die Erde gelegt.
Nach ungefähr einer Woche entdecken sie einen kleinen grünen Stängel.
Gemeinsam basteln sie ein „Pflanzen-Tagebuch".

(1) Das sind die Streifen für die ersten drei Tage. Sie sind in Originalgröße abgebildet.
Schätze und miss nach.

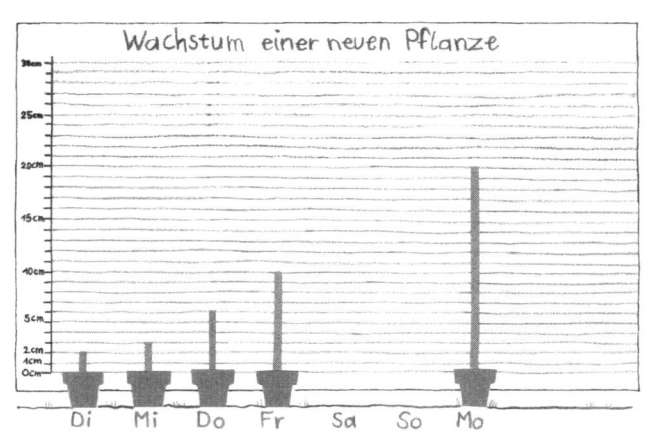

(2) Was kannst du aus diesem Schaubild über die Pflanze erfahren? Wie groß könnte die Pflanze am Samstag und am Sonntag gewesen sein?

Abb. 4.13: Wachstum einer Pflanze (Schütte, 2001, S. 84)

Abb. 4.14: Störche (Wittmann und Müller, 2000c, S. 78)

Die Bemerkungen zur „situierten Kognition" sollen allerdings nicht dahin gehend verstanden werden, dass die Entwicklung mathematischer Begriffe und Verfahren aus anregenden Situationen heraus abzulehnen sei - ganz im Gegenteil. Zu beachten ist nur, dass die entsprechenden Lernumgebungen reichhaltig und für die Schülerinnen und Schüler attraktiv, gleichzeitig aber auch strukturiert sein müssen, so dass die *mathematischen* Beziehungen in ihnen tatsächlich entdeckt werden können. In dem Beispiel in Abb. 4.12 ist dies sicher der Fall. Dort wird eine Situation beschrieben, in der sich ein- und derselbe Vorgang wiederholt. Dies ist eine der Möglichkeiten, die Multiplikation in der Grundschule zu begründen (vgl. Abschnitt 2.2.11).

Nur kurz angesprochen werden soll Winters dritte Funktion des Sachrechnens, nämlich dass Sachaufgaben einen Beitrag zur Umwelterschließung leisten können. Tatsächlich sind zu diesem Aspekt vielfältige, fächerübergreifende Aktivitäten im Anfangsunterricht möglich und auch üblich. Zwei Beispiele sind in den Abb. 4.13 und 4.14 dargestellt.

4.3 Die Entwicklung des mathematischen Verständnisses

Sachaufgaben sind sehr gute Indikatoren, wenn es darum geht zu prüfen, in wie weit Kinder mit mathematischen Beziehungen umgehen können. Wie schon erwähnt, werden diese Aufgaben vielfach nur gestellt, um die Kinder „passende" Rechnungen finden und lösen zu lassen. Sie wirken deshalb häufig gekünstelt. Ein Beispiel: „Jan hat 7 Hasen. Er hat 4 Hasen mehr als Thomas. Wie viele Hasen haben beide zusammen?"

In diesem Abschnitt werden wir gezielt auf das Verhalten der Kinder beim Lösen von Aufgaben dieser Art eingehen. Es wird sich zeigen, dass diese Aufgaben neben den alltagsnahen Sachaufgaben im mathematischen Anfangsunterricht durchaus eine Existenzberechtigung haben. Denn wenn sie entsprechend eingesetzt und zum Thema des Unterrichts gemacht werden, ist ihre Behandlung gerade für die schwächeren Kindern bei der Entwicklung ihres mathematischen Verständnisses von großer Bedeutung.

4.3.1 Schwierigkeit der Aufgaben

In Abschnitt 4.2.2 haben wir die Aufgabe „5 Vögel haben Hunger. Sie finden 3 Würmer. Wie viele Vögel bekommen keinen Wurm?" angesprochen; sie wurde von über 90% der Kinder am Ende ihres ersten Schuljahres richtig gelöst.

Wie Hudson (1983) gezeigt hat, führt eine - scheinbar - geringfügige Veränderung in der Fragestellung in derselben Altersgruppe zu einem völlig anderen Ergebnis: Wenn die Frage lautet: „Wieviel mehr Vögel als Würmer gibt es?", lösen nur noch etwa 25% der Kinder die Aufgabe richtig.

Dieser gewaltige Unterschied wirkt auf Erwachsene irritierend, da die Situation unverändert bleibt. Verursacht wird er durch die Art der Fragestellung: Bei der zuerst genannten Frage wird auf eine Handlung Bezug genommen, jedenfalls können sich die Kinder das Gefressenwerden der Würmer durch die Vögel als Handlungsfolge vorstellen und dadurch zur Lösung kommen. Dagegen erfordert es die zuletzt genannte Frage, Zahlen in Beziehung zu setzen: Wieviel sind x mehr als y? In den mentalen Bildern (vgl. Abschnitte 2.1.2 und 2.2.8), die die Kinder zur Lösung aufbauen, müssen bei dieser Art der Fragestellung abstrakte Beziehungen zwischen Zahlen repräsentiert werden. Dies ist sehr viel schwieriger (und wird von weniger Kindern spontan geleistet) als die Repräsentation von Handlungen.

Es ist seit langem bekannt (vgl. Stern, 1998, S. 87ff), dass man 14 Grundtypen solcher Aufgaben unterscheiden kann. In diesen Aufgaben werden jeweils vergleichbare Zahlen verwendet und ähnliche Sachsituation angesprochen, sie unterscheiden sich aber in der Art der Fragestellung. Die Aufgaben wurden in verschiedenen Ländern und zu unterschiedlichen Zeitpunkten eingesetzt, dabei wurden stets Ergebnisse ähnlich denen in Tab. 4.1 ermittelt. In dieser Tabelle sind (nach Stern, 1998, S. 89) die Prozentzahlen richtiger Lösungen von deutschen Kindern im ersten Schuljahr (D1) sowie von amerikanischen Kindern im 1., 2. und 3. Schuljahr (A1, A2 und A3) zusammengestellt.

Tabelle 4.1: Prozentsätze richtiger Lösungen bei 14 Grundtypen von Sachaufgaben

		D1	A1	A2	A3
	Kombinationsaufgaben				
K 1	**Gesamtmenge unbekannt** Maria hat 3 Murmeln. Hans hat 5 Murmeln. Wie viele Murmeln haben beide zusammen?	87	100	100	100
K 2	**Teilmenge unbekannt** Maria und Hans haben zusammen 8 Murmeln. Maria hat 7 Murmeln. Wie viele Murmeln hat Hans?	55	33	70	100
	Austauschaufgaben				
A1	**Endmenge unbekannt** Maria hatte 6 Murmeln. Dann gab ihr Hans 5 Murmeln. Wie viele Murmeln hat Maria jetzt?	89	100	100	100
A 2	Maria hatte 6 Murmeln. Dann gab sie Hans 4 Murmeln. Wie viele Murmeln hat Maria jetzt?	95	100	100	100

4 Größen, Sachaufgaben und mathematisches Verständnis   179

A 3	**Austauschmenge unbekannt** Maria hatte 2 Murmeln. Dann gab ihr Hans einige Murmeln. Jetzt hat Maria 9 Murmeln. Wie viele Murmeln hat Hans ihr gegeben?	52	56	100	100
A 4	Maria hatte 8 Murmeln. Dann gab sie Hans einige Murmeln. Jetzt hat Maria 3 Murmeln. Wie viele Murmeln hat sie Hans gegeben?	49	78	100	100
A 5	**Startmenge unbekannt** Am Anfang hatte Maria einige Murmeln. Dann gab ihr Hans 3 Murmeln. Jetzt hat Maria 5 Murmeln. Wie viele Murmeln hatte sie am Anfang?	49	28	80	95
A 6	Am Anfang hatte Maria einige Murmeln. Dann gab sie Hans 2 Murmeln. Jetzt hat Maria 6 Murmeln. Wie viele Murmeln hatte sie am Anfang?	38	39	70	80
	Vergleichsaufgaben				
V 1	**Differenzmenge unbekannt** Maria hat 5 Murmeln. Hans hat 8 Murmeln. Wie viele Murmeln hat Hans mehr als Maria?	28	28	85	100
V 2	Maria hat 6 Murmeln. Hans hat 2 Murmeln. Wie viele Murmeln hat Hans weniger als Maria?	32	22	75	95
V 3	**Vergleichsmenge unbekannt** Maria hat 3 Murmeln. Hans hat 4 Murmeln mehr als Maria. Wie viele Murmeln hat Hans	53	17	80	100
V 4	Maria hat 5 Murmeln. Hans hat 3 Murmeln weniger als Maria. Wie viele Murmeln hat Hans?	58	28	90	100
V 5	**Referenzmenge unbekannt** Maria hat 9 Murmeln. Sie hat 4 Murmeln mehr als Hans. Wie viele Murmeln hat Hans?	22	11	65	75
V 6	Maria hat 4 Murmeln. Sie hat 3 Murmeln weniger als Hans. Wie viele Murmeln hat Hans?	16	6	35	75

Vergleicht man die Prozentzahlen der deutschen Kinder am Ende des 1. Schuljahres (D1) für die einzelnen Aufgaben, so fällt auf, dass es unter ihnen leichte, mittelschwere und sehr schwere gibt. Betrachtet man nur die beiden ersten Aufgabengruppen (Kombinations- und Austauschaufgaben), so könnte man meinen, die Schwierigkeit einer Aufgabe sei im Wesentlichen durch die Komplexität ihrer sprachlichen Struktur bestimmt: Die Austauschaufgaben A 3 bis A 6 sind sprachlich sehr viel komplexer als die vorauf gehenden Aufgaben. Zu dieser Hypothese passen aber in keiner Weise die Ergebnisse bei den Vergleichsaufgaben. Diese sind sprachlich sehr einfach, umfassen aber die mit Abstand schwersten in der Liste. Die Gründe für die unterschiedliche Schwierigkeit müssen also vor allem in der *mathematischen Anforderungen* zu suchen sein, die die Aufgaben an die Kinder stellen.

Die Lösungsverfahren, die bei den einzelnen Aufgaben möglich sind, geben schon eher Hinweise auf plausible Erklärungen für den jeweiligen Schwierigkeitsgrad: Alle Aufgaben, die sich ohne allzu großen Aufwand durch *Weiter-* oder *Rückwärtszählen* lösen lassen, sind leicht. Das sind vor allem die Aufgaben, in denen Handlung beschrieben werden oder die sich leicht durch Zählprozesse darstellen lassen (A 1 und A 2 bzw. K 1). Zwar werden auch in den restlichen Austauschaufgaben (A 3 bis 6) Handlungen beschrieben, doch kön diese nicht ohne weiteres durch Zählprozesse dargestellt werden (z. B. bei A 3 müsste man abzählen, wie viele Murmeln zu 2 hinzuzufügen sind, um 9 zu erhalten). Entsprechend höher ist der Schwierigkeitsgrad.

Allerdings versagt auch diese Erklärung bei den Vergleichsaufgaben, insbesondere bei V 1 und 2 sowie V 5 und 6. Spätestens diese Aufgaben zeigen, wo das eigentliche Problem vieler Kinder im Umgang mit Sachaufgaben zu suchen ist (vgl. auch Stern, 1998, S. 90ff): Sie sind nicht in der Lage, sich die in den Aufgaben beschriebenen Situationen im Hinblick auf die darin enthaltenen mathematischen Beziehungen vorzustellen. Die Schwierigkeit einer Aufgabe hängt hauptsächlich davon ab,

- wie leicht oder schwer es ist, die Situation im Kopf zu repräsentieren,
- sie mit dem vorhandenen Wissen zu verknüpfen und
- daraus adäquate Rechenverfahren abzuleiten.

Auch schwächere Kinder können sich gut reale Situationen, Objekte und deren Eigenschaften sowie Handlungen vorstellen, nicht aber (abstrakte) Beziehungen zwischen Zahlen. Wir haben diese Erkenntnis bereits früher einmal bei der Diskussion der arithmetischen Vorkenntnisse von Schulanfängern angesprochen (vgl. Abschnitt 1.5.2). Dort hatten wir mit Gray, Pitta und Tall (1997, S. 117) festgestellt, „dass die unterschiedliche Art der *Wahrnehmung* der mathematischen Objekte (eher als *mentale* oder eher als *physikalische* Objekte) den zentralen Unterschied in der Art des Denkens ausmacht, der über Erfolg oder Misserfolg in der elementaren Arithmetik entscheidet".

Etwas vereinfacht ausgedrückt: Erfolgreich sind im Mathematikunterricht der Grundschule die Kinder, die in der Lage sind, selbstständig in Sachaufgaben die Beziehungen zwischen den genannten Zahlen zu entdecken. Die weniger erfolgreichen können genau dies nicht allein und brauchen Hilfe. Schon deshalb ist es erforderlich, bereits im Anfangsunterricht auch auf Aufgaben einzugehen, in denen *nicht* nur Handlungen beschrieben oder reale, den Kindern vertraute alltägliche Situationen dargestellt sind. Im späteren Mathematikunterricht, spätestens bei der Bruchrechnung, ist es unumgänglich, mentale Bilder aufbauen, in denen auch rein mathematische Beziehungen repräsentiert

4 Größen, Sachaufgaben und mathematisches Verständnis 181

sind. Die Fähigkeit dazu zu entwickeln gehört zu den wesentlichen Zielen des Mathematikunterrichts (vgl. Abschnitt 2.1.3).

Werden die Ausbildung und das Training dieser Fähigkeiten im Anfangsunterricht vernachlässigt, so benachteiligt man gerade die schwächeren Kinder. Es ist deshalb erforderlich, die Kinder auch tatsächlich mit Fragestellungen zu konfrontieren, die kein Ausweichen auf reine Alltagsbezüge erlauben. Viele Kinder benötigen dabei und zum Aufbau geeigneter mentaler Bilder die Hilfe der Lehrerin. Diese Hilfe zu verweigern mit dem Hinweis, solche Aufgaben seien für die schwächeren Kinder zu schwierig, wäre eine Flucht vor der Herausforderung und pädagogisch nicht zu verantworten.

Wie den schwächeren Kindern beim Aufbau adäquater mentaler Bilder im Unterricht geholfen werden kann, ist Inhalt des folgenden Abschnitts.

4.3.2 Mathematisches Verständnis fördern

Zum Einstieg betrachten wir einen kurzen Ausschnitt aus einem Interview-Transkript. Eine Schülerin sollte am Ende des zweiten Schuljahres folgende Aufgabe lösen:

Jan hat 7 Hasen. Er hat 4 Hasen mehr als Thomas. Wie viele Hasen haben beide zusammen?

L.: „Liest du die Aufgabe mal vor?"
S. liest Aufgabe vor. ... „7 + 4."
L.: „Wie hast du das gerechnet? Wieso rechnest du das so?"
S.: „Weil die, 'wieviel Hasen haben beide zusammen?' 7 + 4 sind 11."
L.: „Wie kommst du auf 7 + 4? ... (16 sec) ... Wieviel Hasen hat Jan?"
S.: ... „7."
L.: „Und wieviel Hasen hat Thomas?"
S.: „4."
L.: „4? (S. nickt) Wo steht das?"
S. zeigt auf den Text.
L.: „Lies mal vor."
S.: „Er hat 4 Hasen mehr als Thomas."
L.: ... „Wer ist denn 'er'?"
S.: „Jan."
L.: „Aha. Also Jan hat 4 Hasen mehr als Thomas ... und wieviel Hasen hat Thomas?"
S.: „4."
L.: „4?"
S. nickt.
L.: „Gucken wir uns nochmal die Frage an: 'Wieviel Hasen haben beide zusammen?' (...) Was rechnest du da?"

J.: ... „7 + 4."
L.: „Schreibst du das mal als Rechnung hin?"
J. schreibt: 7+4 =11.
L.: „Wieviel Hasen haben dann beide zusammen?"
J.: „11."

Das Verhalten dieser Schülerin ist kein Einzelfall, und je nach Standpunkt kann man es unterschiedlich interpretieren. So z. B., dass im Mathematikunterricht solche Aufgaben zu wenig geübt worden sind oder dass das Verständnis der Schülerin für diese Art von Aufgaben - vielleicht sogar für die Mathematik insgesamt - nur wenig entwickelt ist. Man könnte auch vermuten, dass beides gilt (die Schülerin wurde übrigens von ihrer Lehrerin als relativ schwach in Mathematik, aber recht gut in Deutsch eingeschätzt). Beide Interpretationen sind nicht ganz von der Hand zu weisen: Im Unterricht ist vielleicht etwas nicht gut gelaufen, aber wenn diese spezielle Schülerin besser aufgepasst hätte, so könnten die Fehler nicht passieren.

Dennoch greift diese Folgerung zu kurz. Es ist keineswegs so, dass die Schülerin nicht gewusst hätte, was „mehr" oder „weniger" bedeutet. Vielmehr ignorierte sie diesen Teil der Aufgabe völlig und richtete ihre Aufmerksamkeit ganz auf das Schlüsselwort „zusammen"; davon ließ sie sich auch durch mehrere Interventionen der Interviewerin nicht abbringen.

E. Stern und der Autor haben ein Programm entwickelt, das speziell auf die hier angesprochenen Bedürfnisse der schwächeren Schülerinnen und Schüler im mathematischen Anfangsunterricht zugeschnitten ist. Erprobt und mit anderen Vorgehensweisen verglichen wurde das Programm in mehreren Klassen am Ende des 2. Schuljahrs (Hasemann und Stern, 2002, 2003).

In allen Klassen wurde zunächst ein Vortest und abschließend ein Nachtest durchgeführt. Für den Unterrichtsversuch mit insgesamt neun Klassen und 175 Schülerinnen und Schülern standen jeweils 12 Unterrichtsstunden (verteilt auf sechs Wochen) zur Verfügung. Da Sachaufgaben bereits früher Thema des Unterrichts gewesen waren, ging es nicht mehr um die Einführung neuer Inhalte, sondern um eine erneute und vertiefenden Behandlung dieses Themas. Ausgewählt wurden dazu 12 Sachaufgaben, die teilweise den schwierigeren der in 4.3.1 genannten Grundaufgaben ähnlich, teilweise aber auch komplexer waren, also mehr als einen Rechenschritt erforderten. Dabei war sicherzustellen, dass der Kontext zum einen altersgemäß war, es aber zum anderen nicht zuließ, dass sich die Kinder ausschließlich auf eigene Erfahrungen aus ihrem Alltag verlassen konnten. Das Ziel war die Verbesserung ihres *mathematischen Verständnisses* und nicht (nur) die Erhöhung der pragmatischen Fertigkeiten beim Lösen solcher Aufgaben. Außerdem musste im 2. Schuljahr die Verwendung von Zahlen aus dem Zahlenraum bis 100 möglich sein.

In der holländischen Didaktik ist ein „Bus"-Kontext (vgl. z. B. van den Brink, 1989) entwickelt worden, der die Konstruktion vieler, mathematisch unterschiedlich anspruchsvoller Aufgaben ermöglicht. Auf diesen Kontext

4 Größen, Sachaufgaben und mathematisches Verständnis

wurde ebenso zugegriffen wie auf den „Murmeln"-Kontext, der in den Untersuchungen zu den Grundtypen von Sachaufgaben häufig verwendet wird; dabei wurden aber die „Murmeln" durch „Pokémon-Karten" ersetzt. Hinzu kam noch ein weiterer Kontext („Stundenplan"), der in einigen Aufgaben das Operieren mit nur vorgestellten Quantitäten oder mit Beziehungen zwischen ihnen erfordert. Verwendet wurden in allen neun Klassen die folgenden Aufgaben in der angegebenen Reihenfolge:

1. (V 1)   Die Klasse 2a macht einen Ausflug. Die Kinder fahren mit einem roten und einem grünen Kleinbus. Im roten Bus sitzen 12 Kinder. Im grünen Bus sitzen 7 Kinder.
Wie viele Kinder sitzen im roten Bus mehr als im grünen Bus?

2. (V 3)   Im roten Bus sitzen 8 Kinder. Im grünen Bus sitzen 5 Kinder mehr als im roten Bus.
Wie viele Kinder sitzen im grünen Bus?

3. (komplex)   Im roten Bus sitzen 13 Kinder. Im grünen Bus sitzen 6 Kinder weniger als im roten Bus.
Wie viele Kinder sitzen in beiden Bussen zusammen?

4. (V 1)   Tom hat 27 Pokémon-Karten. Sarah hat 33 Pokémon-Karten.
Wie viele Karten hat Sarah mehr als Tom?

5. (K 2)   Moritz und Thorsten haben zusammen 34 Pokémon-Karten gesammelt. Moritz hat 19 Karten gesammelt.
Wie viele Karten hat Thorsten gesammelt?

6. (V 1)   Katrin hat 17 Stunden in der Woche. Ihr älterer Bruder Lars hat 22 Stunden in der Woche.
Wie viele Stunden hat Lars mehr als Katrin?

7. (V 5)   Im zweiten Halbjahr hat Lars 21 Stunden. Er hat 4 Stunden mehr als Katrin.
Wie viele Stunden hat Katrin?

8. (A 3)   Der Schulbus fährt zur Haltestelle. Im Bus sitzen 8 Kinder. Es steigen einige Kinder ein. Nach der Haltestelle sitzen 15 Kinder im Bus.
Wie viele Kinder sind eingestiegen?

9. (A 6)   David sammelt Pokémon-Karten. Am Wochenende hat er 15 Karten bekommen. Jetzt hat er 89 Karten.
Wie viele Karten hatte er vorher?

10. (komplex)   Claudia hat 24 Stunden in der Woche. Sie hat 6 Stunden mehr als Thomas. Oliver hat 5 Stunden mehr als Thomas.
Wie viele Stunden hat Oliver?

11. (V 6)   Lisa hat 29 Karten. Astrid hat 11 Karten weniger als Lisa.
   Wie viele Karten hat Astrid?

12. (komplex)   Jana hat 33 Pokémon-Karten. Sie hat 17 Karten mehr als Thomas.
   Wie viele Karten haben beide zusammen?

Drei Klassen wurden als Vergleichsklassen ausgewählt, in denen die jeweilige Lehrerin diese 12 Aufgaben so, wie sie es für richtig hielt, behandelte. Ebenfalls in drei Klassen wurde ein Programm eingesetzt, in dem gezielt „vom Konkreten zum Abstrakten" vorgegangen wurde, und in den restlichen drei Klassen ein Programm, das „abstrakt-symbolisch" genannt wurde und in dem das Herstellen von Beziehungen zwischen Zahlen im Vordergrund stand (zu den Details siehe unten). Der Verlauf des Unterrichts in den beiden speziell konzipierten Programmen kann hier nur durch die überblickartige Beschreibung einiger markanter Stellen angedeutet werden.

Zum Vorgehen „vom Konkreten zum Abstrakten": In den ersten drei Unterrichtsstunden wurde je eine der drei ersten Busaufgaben behandelt (Aufgaben Nr. 1, 2 und 3). Die jeweiligen Vergleichssituationen können sehr gut „gespielt" werden, indem Kinder die Businsassen darstellen und auf diese Weise die Antworten auf die Fragen aus ihren Handlungen direkt ermitteln. Die ersten Unterrichtsstunden hatten allerdings auch schon das Ziel, den Kindern bei dem schwierigen Prozess der Transformation von konkreten Handlungen in Denkhandlungen und damit in mentale Repräsentationen dieser Situationen zu helfen. Zur Förderung dieses Prozesses wurden „Zeichnungen" und „Skizzen" eingesetzt: Mit „Zeichnungen" sind unmittelbare Wiedergaben der Situationen mit den technischen Mitteln der Kinder gemeint. In „Skizzen" sollten die *mathematischen Zusammenhänge* in den Situationen, z. B. die relevanten Mengen oder Zahlen und deren Beziehungen, gekennzeichnet werden. Selbstverständlich hatte alle Kinder zunächst Probleme zu erfassen, was mit „Skizzen" gemeint war.

Eine Skizze zu der Aufgabe 2:

> Im roten Bus sitzen 8 Kinder. Im grünen Bus sitzen 5 Kinder mehr als im roten Bus.
> Wie viele Kinder sitzen im grünen Bus?

kann z. B. wie in Abb. 4.15 aussehen:

⟨|||||||⟩   roter Bus   ⟨|||||||⟩|||| grüner Bus

Abb. 4.15: Skizzen zur Aufgabe 2

In den folgenden Stunden zeichnete die Lehrerin unter anderem ähnliche Skizzen an die Tafel und fragte nach dazu passenden Rechenaufgaben. Die Aufgaben wurden im Hinblick auf die Frage, ob bzw. warum sie passten, diskutiert. Die vierte Aufgabe

> Tom hat 27 Pokémon-Karten. Sarah hat 33 Pokémon-Karten.
> Wie viele Karten hat Sarah mehr als Tom?

wurde mit Karten im Sitzkreis durchgespielt, anschließend sammelte die Lehrerin dazu passende Rechenaufgaben. Von den Kindern genannt wurden $33 - 27 = \Box$, $27 + \Box = 33$ und $33 - \Box = 27$.

Eine Beobachtung aus der 5. Stunde bei der Behandlung der Aufgabe

> Moritz und Thorsten haben zusammen 34 Pokémon-Karten gesammelt. Moritz hat 19 Karten gesammelt.
> Wie viele Karten hat Thorsten gesammelt?

zeigte jedoch, wie schwer es manchen Kindern fällt, sich von der realen Situation zu lösen: Ein Schüler hatte 34 Karten auf den Tisch gelegt, eine Mitschülerin sollte eine mögliche Verteilung dieser 34 Karten auf zwei Kinder vornehmen und griff (zufällig) 20 Karten für „Thorsten" (und damit 14 für „Moritz"). Während der gesamten Unterrichtszeit, in der die Lehrerin mit der Klasse mögliche Vorgehensweisen zur Lösung der Aufgabe behandelte, bestand diese Schülerin darauf, dass „Thorsten" 20 (eben genau die von ihr ausgewählten) Karten gesammelt hatte. Die Aufgabe selbst und ihre Anforderungen traten gegenüber dieser eigenen Handlungserfahrung völlig in den Hintergrund, und auch noch nach der Unterrichtsstunde zeichnete sie ein (durchaus gelungenes) Bild von „Thorsten" und seinen 20 Karten an die Tafel.

Im Anschluss an die Behandlung der 9. Aufgabe

> David sammelt Pokémon-Karten. Am Wochenende hat er 15 Karten bekommen. Jetzt hat er 89 Karten.
> Wie viele Karten hatte er vorher?

wurden die Schülerinnen und Schüler aufgefordert, selbst Rechengeschichten zu erfinden, die die gleiche Struktur haben wie diese Aufgabe. Es zeigte sich, dass die meisten Kinder zwar in der Lage waren, sinnvolle Geschichten zu erfinden, aber nur etwa 20 % dieser Geschichten hatten die gleiche oder eine vergleichbare Struktur wie die in Aufgabe 9 (vgl. z. B. Abb. 4.16). Dieses Beispiel in Abb. 4.16 ist insofern erfreulich als es zeigt, dass der Unterricht durchaus auch Kinder mit sprachlichen Defiziten in die Lage versetzt hat, den mathematischen Kern einer Aufgabe präzise in eine völlig andere Situation zu übertragen. Allerdings überwogen Lösungen wie die in Abb. 4.17 bei Weitem.

> Tomas kauft sich so und so
> fiel Bäle und hat 5 dazugekau
> ~~wie fiel es~~ hat er fahrhea?
> ~~Jetzt hat er 20 Bäle~~
> R: 15 + 5 = 20
>
> A: Er hat e zuerst 15 Bäle
> ~~Jetzt hat er 20 Bäle~~
> Sanfiana

Abb. 4.16: Geschichte mit zur Aufgabe passender Struktur

> F: Natalie hat 2 Hunde sie
> kricht 10 Hude dazu.
> R: 2 + 10 = 12
>
> A: sie hat insesamt 12 Hunde.
> Skizze

Abb. 4.17: Geschichte mit nicht zur Aufgabe passender Struktur

Es lohnt, Abb. 4.16 etwas genauer zu betrachten: Hier hat ein Mädchen nicht nur die Struktur der zuvor behandelten Aufgabe präzise wiedergegeben ($\Box + b = c$), sondern sogar noch für die unbekannte Ausgangsgröße einen Variablennamen („so und so fiel") verwendet. Wir haben durchaus noch mehr Lösungen dieser Art gefunden, doch bildeten sie die Minderheit; die meisten sind eher von der Art der Abb. 17. Das einzige, was in der Geschichte in Abb. 4.17 stimmt, ist die auswendig gelernte Form der Aufgabenlösung nach dem Frage-

4 Größen, Sachaufgaben und mathematisches Verständnis

Rechnung-Antwort-Schema. Die Aufgabenstruktur ist die für Sachaufgaben allereinfachste (a + b = ☐) und nicht die der Beispielaufgabe. Es fällt auf, wie sehr diese Schülerin im Konkreten verhaftet ist: Die 12 Hunde sind sorgfältig aufgezeichnet, und auch die Besitzerin der Hunde ist zu sehen. Der Zusammenhang mit der genannten Rechnung 2 + 10 = 12 ist jedoch in der Zeichnung nur mit gutem Willen zu erkennen. Diese „Eigenproduktion" ist typisch für die Mehrzahl der Lösungen, die wir in dieser Unterrichtssituation erhalten haben:

- Es wird ein gelerntes Lösungsschema verwendet.
- Die Struktur der Beispielaufgabe ist nicht erkannt.
- In der Zeichnung ist keine mathematische Beziehung, sondern eine konkrete Situation mit überwiegend irrelevanten Details dargestellt.

Die Realisierung des neuartigen *„abstrakt-symbolisch" genannten Programms* erfordert ein Umdenken in der Art, wie Lernumgebungen zu gestalten sind, um die entsprechenden Lernprozesse in den Köpfen der Schülerinnen und Schüler anzuregen. Denn es scheint doch so, dass es mit Blick auf Kinder im frühen Grundschulalter keine Alternative gibt zu einem Vorgehen, bei dem realen Situationen und Handlungen am Anfang des Lernprozesses stehen.

Beim alltagsnahen Programm bekommt eine Zeichenkette wie „3 + ☐ = 7" für die Kinder dadurch Bedeutung, dass sie lernen, die Zeichenkette mit unterschiedlichen Situationen in Verbindung zu bringen, um sie dann in verschiedenen Situationen verwenden zu können. Die Alternative besteht nun darin, von vorne herein eine Vorstellung davon zu vermitteln, dass Zeichenketten als Darstellungen von *Beziehungen zwischen Zahlen* verstanden werden können. Diese Art des Verständnisses ist selbstverständlich auch bei jedem anderen Vorgehen ein Ziel des Lernprozesses, und dieses Ziel wird sicher auch bei vielen Kindern erreicht. Das abstrakt-symbolische Programm unterscheidet sich hiervon durch ein anderes Setzen der Prioritäten. Bei der Unterrichtsplanung zu diesem Programm wird von der Frage ausgegangen, welche Art von Aufgaben, genauer: welche Art von mathematischen Beziehungen und Strukturen den Kindern besondere Schwierigkeiten bereiten und warum. Das Programm zielt darauf, diese Schwierigkeiten explizit zum Thema des Unterrichts zu machen und gezielte Hilfen zu ihrer Überwindung anzubieten.

Selbstverständlich muss auch das abstakt-symbolische Programm kindgemäß, also dem zweiten Schuljahr angemessen sein. Es ist also nicht in dem Sinne „abstrakt", dass über die Bedeutung von formalen Notationen gesprochen würde, sondern auch in diesem Programm wird „spielerisch" vorgegangen. Allerdings sind die Spiele von anderer Art als die im Programm „vom Konkreten zum Abstrakten"; die für „Spiele" aufgewandte Zeit ist jedoch bei beiden Programmen etwa gleich. Veranschaulichungsmittel und Konkretisierungen sind vor allem der Zahlenstrahl bzw. der Rechenstrich und die Hundertertafel (ggf. zunächst Vorformen von beiden wie Perlenketten und Rechenrahmen, vgl. Abschnitt 2.2.6 und Abb. 2.49 in Abschnitt 2.2.10). Es geht

aber auch um Denkspiele der folgenden Art: „Ich denke mir zwei Zahlen, die eine ist um 5 größer als die andere. Welche Zahlen könnten das sein?".
In allen drei Klassen wurden im Verlauf dieses Programms dieselben Aufgaben behandelt wie im vorher skizzierten alltagsnahen Programm. Die Einstiegsaufgabe

> Die Klasse 2a macht einen Ausflug. Die Kinder fahren mit einem roten und einem grünen Kleinbus. Im roten Bus sitzen 12 Kinder. Im grünen Bus sitzen 7 Kinder.
> Wie viele Kinder sitzen im roten Bus mehr als im grünen Bus?

wurde zunächst nach dem in den Klassen bekannten „Frage-Rechnung-Antwort" Schema behandelt. Im Anschluss daran erinnerten die Lehrerinnen an die in den Klassen bekannte Hundertertafel (und im Laufe des Programms auch an den ebenfalls bekannten Zahlenstrahl). Diese beiden Veranschaulichungsmittel wurden zu den wichtigsten Strukturierungshilfen bei der Lösung der Sachaufgaben. Das Programm besteht demzufolge vor allem aus Übungen, in denen Beziehungen zwischen Zahlen im Mittelpunkt stehen.

Übungen an der Hundertertafel sehen etwa wie folgt aus: Die Kinder sitzen im Halbkreis vor einem großen Poster mit einer solchen Tafel, die Lehrerin lässt die Kinder anhand der Tafel folgende „Wegbeschreibung" nachvollziehen:

„1. Am Anfang stand ich auf der 7.
2. Dann bin ich einen Schritt nach unten gegangen.
3. Danach bin ich 26 Schritte vorwärts gegangen.
4. Dann bin ich 3 Schritte nach oben und einen nach links gegangen.
5. Wo bin ich?"

Ebenfalls vor der Hundertertafel wird besprochen, was es *rechnerisch* bedeutet, einen Schritt nach links, rechts, oben, unten, links oben, rechts unten usw. zu gehen (dabei können Pfeile zur Kennzeichnung dieser Schritte vereinbart werden). Anschließend betrachten die Kinder Wege, auf denen sie 34 Schritte vorwärts gehen können, z. B. Schritt für Schritt oder drei Zeilen herunter und vier Spalten nach rechts. Die jeweiligen Rechnungen werden aufgeschrieben. Beim „Wo bin ich?"-Spiel sollen die Kinder, die sich dies zutrauen, jetzt mit geschlossenen Augen versuchen herauszufinden, wo sich die Lehrerin am Ende befindet. Weitere Übungen bestehen z. B. darin, in Ausschnitten aus der Hundertertafel fehlende Zahlen zu ergänzen (vgl. Abb. 4.18; zu den Schwierigkeiten, die Kinder im zweiten Schuljahr mit diesen Übungen haben können, vgl. Krummheuer, 2003).

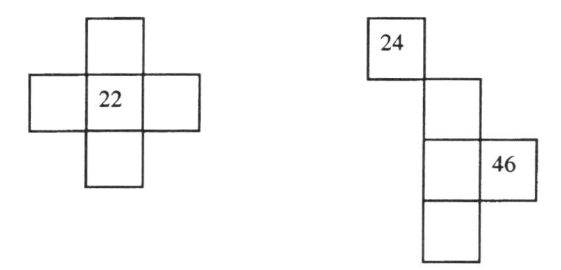

4 Größen, Sachaufgaben und mathematisches Verständnis 189

					24	
22						
					46	

Abb. 4.18: Zahlen ergänzen

Ein Spiel am Zahlenstrahl heißt „Mister X". Dabei wird ein (bis auf die 0 und die 100) leerer Zahlenstrahl an die Tafel gezeichnet und die Lehrerin (oder ein/e Schüler/in) schreibt an die Rückseite der Tafel eine Zahl zwischen 0 und 100. Die Spieler versuchen diese Zahl zu erraten, indem sie den Zahlbereich immer weiter eingen. Mitgeteilt wird nur, ob die genannte Zahl zu groß oder zu klein war. Die Spieler haben höchstens 10 Versuche.

Die bei diesen Übungen entwickelten Fähigkeiten im Erkennen von Beziehungen zwischen Zahlen wurden von den Schülerinnen und Schülern zunehmend zur Lösung der Sachaufgaben verwendet. Wird beispielsweise die Aufgabe

> Im zweiten Halbjahr hat Lars 21 Stunden. Er hat 4 Stunden mehr als Katrin.
> Wie viele Stunden hat Katrin?

betrachtet, so kann eine große Hundertertafel als Veranschaulichungsmittel im Klassenraum aufgehängt sein. Die Kinder suchen in der Hundertertafel die 21; da 21 laut Aufgabentext 4 mehr ist als die gesuchte Zahl, lässt sie sich leicht ermitteln, entweder durch eine Rechnung oder durch vier Schritte rückwärts auf der Tafel. Sollte als Lösung „25" (21 + 4 wegen des Schüsselwortes „mehr") genannt werden, so ist die Kontrolle anhand der Hundertertafel einfacher und naheliegender als wenn die Rechenoperation direkt aus dem Aufgabentext entnommen worden wäre: Die 21 (die Stundenzahl von Lars) wird markiert, da Lars *mehr* Stunden hat als Katrin, kann deren Stundenzahl nicht größer sein als 21. Der Zahlenstrahl und der Rechenstrich lassen ganz ähnlich Überlegungen zu. Sie werden von denjenigen Menschen (Kindern wie Erwachsenen) bevorzugt, die sich die Zahlen lieber linear geordnet als flächig vorstellen.

Um die Kinder dazu anzuregen, sich von dem konkreten Veranschaulichungsmittel zu lösen und auf einer nur vorgestellten Tafel mental zu operieren, werden sie in nächsten Schritt - bei derselben Aufgabe mit anderen Zahlen - aufgefordert, die Augen zu schließen (wer will, mag noch „blinzeln"); zu verbalisieren ist der Weg zur Lösung. Weitere, ähnliche Aufgaben sollen dann möglichst ganz ohne Hilfsmittel gelöst werden.

Ein zweites Beispiel: Die Aufgabe

> David sammelt Pokémon-Karten. Am Wochenende hat er 15 Karten bekommen. Jetzt hat er 89 Karten.
> Wie viele Karten hatte er vorher?

erfordert das Zugreifen auf eine unbekannte Startmenge. Da die Aufgabe keine direkte Übersetzung in Handlungen zulässt, gehört sie zu den schwierigeren. Die Kennzeichnung der 89 auf der Hundertertafel oder am Zahlenstrahl erleichtert aber auch hier den Zugang zur Lösung, weil die Kinder zunächst am Material erkennen, wo die Startzahl zu suchen ist, um dann die Beziehung zwischen gesuchter Startzahl, Abstand und Zielzahl in eine Rechenoperation zu übersetzen. Dies gilt erst recht für eine der schwierigste der eingesetzen Aufgaben, nämlich

> Claudia hat 24 Stunden in der Woche. Sie hat 6 Stunden mehr als Thomas. Oliver hat 5 Stunden mehr als Thomas.
> Wie viele Stunden hat Oliver?

Die mentale Repräsentation dieser Aufgabe ist kaum möglich, wenn man das Augenmerk nur auf die Zahlen selbst richtet.

Bei der Lösung der Sachaufgaben wird zunehmend Wert auf die formale Darstellung der Rechnungen gelegt, d. h. man löst die Aufgaben zunächst unter Verwendung von Materialen wie Rechenrahmen, Hundertertafel oder Zahlenstrahl, anschließend werden verschiedene Lösungswege erarbeitet und die dazugehörenden Formalisierungen an der Tafel festgehalten, so zum Beispiel bei der 5. Aufgabe:

> Moritz und Thorsten haben zusammen 34 Pokémon-Karten gesammelt. Moritz hat 19 Karten gesammelt.
> Wie viele Karten hat Thorsten gesammelt?

$19 + \square = 34$ oder $34 - 19 = \square$ oder $34 - \square = 19$.

Die Schülerinnen und Schüler werden aufgefordert, einen Antwortsatz zu schreiben, die schnelleren können dieselbe Aufgabe auch noch mit anderen Zahlen lösen.

Wie oben schon erwähnt, wurde in allen an der Erprobung der Programme beteiligten neun Klassen ein Vortest und - nach Abschluss der Programme - ein Nachtest durchgeführt. Beide Tests umfassten nicht nur Sachaufgaben von der Art, wie sie im Unterricht behandelt worden waren, sondern auch eine Reihe von reinen Rechenaufgaben. In allen Aufgabenbereichen, also sowohl bei den Sachaufgaben als auch bei den reinen Rechenaufgaben, zeigte sich, dass das „abstrakt-symbolische" Programm bei den Kindern den größten und

4 Größen, Sachaufgaben und mathematisches Verständnis

das Programm „vom Konkreten zum Abstrakten" den geringsten Leistungszuwachs bewirkt hatte. Dies bedeutet, dass das an alltäglichen Vorstellungen orientierte Programm im Durchschnitt noch weniger bewirkte als das unbeeinflusste Vorgehen der Lehrerinnen in den Vergleichsklassen.

Betrachtet man in allen Klassen nur die im Vortest jeweils *schwächere Hälfte der Kinder*, so ist das Ergebnis noch deutlicher: In dieser unteren Leistungsgruppe war das „abstrakt-symbolische" sogar mit großem Abstand das wirkungsvollste Programm, während das Programm „vom Konkreten zum Abstrakten" eindeutig am wenigsten bewirkte (vgl. Hasemann und Stern, 2002, S. 235ff).

Dieses Ergebnis der Studie ist nur auf den ersten Blick überraschend. Zwar herrscht bei vielen Lehrerinnen und Lehrern, aber auch bei Didaktikern und Lehrbuchautoren die Meinung vor, dass gerade Grundschulkinder mathematische Sachverhalte grundsätzlich nur ausgehend von konkreten Handlungen lernen könnten, doch ist diese Sichtweise zu eng. Es ist vielmehr plausibel, dass man gerade die weniger leistungsstarken Kinder am besten fördern kann, wenn man ihnen gezielt dabei hilft, die im Konkreten und Offensichtlichen enthaltenen Beziehungen, Muster und Strukturen zu erkennen, die sie - anders als die leistungsstärkeren Kinder - nicht selbst finden. Gerade den schwächeren Kindern hilft es nicht, wenn sie immer wieder auf das Offensichtliche und Konkrete verwiesen werden. Es ist sogar wahrscheinlich, dass ein Unterricht, der zu sehr auf die Alltagspraktiken der unterprivilegierten Kinder eingeht, Gefahr läuft, die sozialen Unterschiede zwischen den Kindern weiter zu zementieren (vgl. Rowlands und Carson, 2002).

Man kann davon ausgehen, dass die Schwierigkeiten vieler Kinder mit der Mathematik im Unterricht der Sekundarstufe zumindest teilweise auf unzureichende Förderung in der Grundschule zurückzuführen sind. Die für den gegenwärtigen Grundschulunterricht typische Konzentration auf die Verwendung der Zahlen als Rechenzahlen bzw. als Kardinalzahlen (Mächtigkeiten von Mengen) in Sachaufgaben führt zu einem eingeschränkten mathematischen Verständnis. In den ersten Schuljahren lassen sich die meisten Aufgaben allein mit Hilfe konkreter Handlungsvorstellungen lösen. Dieses Denken ist in den höheren Klassen völlig unzureichend (verwiesen sei noch einmal auf die bekannten Probleme in der Bruchrechnung, vgl. z. B. Hasemann und Mangel, 1989). Kinder sollten bereits in der Grundschule lernen, Beziehungen zwischen Zahlen zu modellieren.

Selbstverständlich muss im Mathematikunterricht anfangs auch von konkreten Situationen und Handlungen und von dem für die Kinder direkt Erfassbaren ausgegangen werden. Darüber hinaus ist es aber erforderlich, *gezielt* (und nicht nur implizit) auf Beziehungen und Strukturen einzugehen. Wenn sie nicht ausschließlich als Zählwerkzeuge verstanden werden, können Materialien wie z. B. die Hundertertafel und der Zahlenstrahl (mit ihren Vorformen wie Rechenrahmen, Zwanzigerfeld und Rechenkette) sehr gute Erfahrungs- und Übungsfelder sein. Sie erlauben es gerade den schwächeren Kindern, mentale Bilder von Situationen zu konstruieren, in denen auch die mathematischen Beziehungen repräsentiert sind. Bestärkt werden wir in dieser Überzeugung durch die Beobachtung, dass es im Wesentlichen nicht Sprachprobleme (geringe Lesefertigkeiten oder mangelnde Kenntnisse der deutschen Sprache) sind, die den Kindern die Probleme mit den Sachaufgaben bereiten, sondern dass mathematische Einsichten in gewissem Umfang unabhängig von der gesprochenen Sprache sind (vgl. das Beispiel in Abb. 4.16).

Literatur

Aebli, H. (1980, 1981): Denken: Das Ordnen des Tun, Band 1,2. Stuttgart: Klett-Cotta
Allgemeinbildung und Lehrplanwerk (1988). Berlin: Volk und Wissen
Bardy, P. und Hrzán, J. (1998): Zur Förderung begabter Dritt- und Viertkläßler in Mathematik. In: Peter-Koop, A.: Das besondere Kind im Mathematikunterricht der Grundschule. Offenburg: Miltenberger, S. 7-24
Baroody, A.J. (1987): Children's mathematical thinking. New York: Teachers College Press
Baruk, S. (1989): Wie alt ist der Kapitän? Über den Irrtum in der Mathematik. Basel: Birkhäuser
Bauersfeld, H. (1983): Subjektive Erfahrungsbereiche als Grundlage einer Interaktionstheorie des Mathematiklernens und -lehrens. In: Bauersfeld, H. u.a.: Lernen und Lehren von Mathematik. Köln: Aulis, S. 1-56
Bauersfeld, H. (1985): Ergebnisse und Probleme von Mikroanalysen mathematischen Unterrichts. In: Dörfler, W. und Fischer, R. (Hrsg.): Empirische Untersuchungen zum Lehren und Lernen von Mathematik. Wien: Hölder-Pichler-Tempsky, S. 7-25
Bauersfeld, H. u.a. (1970): Alef 1. Wege zur Mathematik. Handbuch zum Lehrgang. Hannover: Schroedel
Baumert, J. u.a. (2001): PISA 2000 - Basiskompetenzen von Schülerinnen und Schülern im internationalen Vergleich. Opladen: Leske & Budrich
Bedürftig, T. und Murawski, R. (2001): Zählen. Grundlage der elementaren Arithmetik. Hildesheim: Franzbecker
Beha, K. und Mitrowann, U. (Hrsg.) (1992): Mathematik Sonderschule 1. Offenburg: Miltenberger
Besuden, H. (1978): Cuisenaire-Stäbe als Hilfsmittel zur Förderung induktiven Schließens. In: Der Mathematikunterricht, 24, H. 4, S. 26-37.
Besuden, H. (1998): Wider das unnatürliche Zählen im Anfangsunterricht. Oldenburger Vor-Drucke 355
Bigalke, H.G. (1976): Zur „gesellschaftlichen Relevanz" der Mathematik im Schulunterricht - Aufgaben und Ziele des Mathematikunterrichts. In: Zentralblatt für Didaktik der Mathematik, 8, H. 1, S. 25-34
Bigalke, H.G. und Hasemann, K. (1978): Zur Didaktik der Mathematik in den Klassen 5 und 6, Band 2. Frankfurt/M.: Diesterweg
Borneleit, P. (o.J.): Lehrplanerarbeitung und Schulbuchentwicklung in der DDR. In: Henning, H. und Bender, P. (Hrsg.): Didaktik der Mathematik in

den alten Bundesländern - Methodik des Mathematikunterrichts in der DDR. Tagungsband, Universitäten Magdeburg und Paderborn

Bos, W. u.a. (Hrsg.) (2003): Erste Ergebnisse aus IGLU. Schülerleistungen am Ende der vierten Jahrgangsstufe im internationalen Vergleich. Münster: Waxmann

Bower, G.H. und Hilgard, E.R. (1983): Theorien des Lernens, Band 1. Stuttgart: Klett-Cotta

Breidenbach, W. (1956): Rechnen in der Volksschule, 3. Auflage. Berlin: Schroedel

Brown, J., Collins, A. und Duguid, R. (1989): Situated Cognition and the Culture of Learning. In: Educational Researcher, 18, S. 32-42

Bruner, J.S. (1972): Der Prozess der Erziehung. Berlin: Berlin-Verlag

Caluori, F. (2003): Die numerische Kompetenz von Vorschulkindern - Theoretische Modelle und empirische Befunde. (unveröffentlicht)

Christiani, R. (Hrsg.) (1994): Auch die leistungsstarken Kinder fördern. Frankfurt/M.: Cornelsen

Clements, D.H. und Sarama, J. (2000): Young children's ideas about geometric shapes. In: Teaching children mathematics, H. 8, S. 482-488

Damerow, P. (1990): Frühgeschichte des mathematischen Denkens. In: Beiträge zum Mathematikunterricht 1990, S. 29-38

Dehaene, S. (1999): Der Zahlensinn oder warum wir rechnen können. Basel: Birkhäuser

De Moor, E. (1991): Geometry instruction in the Netherlands (ages 4-14) - The realistic approach. In: Streefland, L. (Hrsg.): Realistic mathematics education in primary school Utrecht: CD-ß Press

De Moor, E. und Van den Brink, J. (1997): Geometrie vom Kind und von der Umwelt aus. In: mathematik lehren, H. 83, S. 14-17

Ebeling, A. (1996): Unsere Mathe-Ecke im 1. Schuljahr. In: Die Grundschulzeitschrift, Heft 96, S. 24-25

Eggert, D. und Bertrand, L. (2002): RZI - Raum-Zeit-Inventar. Dortmund: Borgmann.

Erikson, E. (1966): Identität und Lebenszyklus. Frankfurt/M: Suhrkamp

Faust-Siehl, G. (2001a): Konzept und Qualität im Kindergarten. In: Faust-Siehl, G. und Speck-Hamdan, A. (Hrsg.): Schulanfang ohne Umwege. Frankfurt/M.: Arbeitskreis Grundschule, Bd. 111, S. 53-79

Faust-Siehl, G. (2001b): Die neue Schuleingangsstufe in den Bundesländern. In: Faust-Siehl, G. und Speck-Hamdan, A. (Hrsg.): Schulanfang ohne Umwege. Frankfurt/M.: Arbeitskreis Grundschule, Bd. 111, S. 194-252

Fischbein, E. (1990): Introduction. In: Nesher, P. und Kilpatrick, J. (Hrsg.): Mathematics and Cognition: A Research Synthesis by the International Group for the Psychology of Mathematics Education. Cambridge: Cambridge University Press, S. 1-13

Floer, J. und Möller, M. (1985): Der Zahlenraum bis 100 und die Entdeckung des Stellenwertsystems. In: Floer, J. (Hrsg.): Arithmetik für Kinder. Frankfurt/M.: Arbeitskreis Grundschule, S. 68-100

Fraedrich, A.M. (1991): Flächenauslegen in der 1./2. Klasse. In: Grundschule, 23, H. 2, S. 20-24

Franke, M. (2000): Didaktik der Geometrie. Heidelberg, Berlin: Spektrum

Franke, M. (2003): Didaktik des Sachrechnens in der Grundschule. Heidelberg, Berlin: Spektrum

Franke, M. (o. J.): Der Mathematikunterricht in der Grundschule (Klassen 1 bis 4) und die Ausbildung von Grundschullehrern in der DDR. In: Henning, H. und Bender, P. (Hrsg.): Didaktik der Mathematik in den alten Bundesländern - Methodik des Mathematikunterrichts in der DDR. Tagungsband, Universitäten Magdeburg und Paderborn.

Franke, M., Edler, S., Kettner, B., Kilian, A., Ruwisch, S. (1998): Kinder bearbeiten Sachsituationen in Bild-Text-Darstellung. In: Journal für Mathematik-Didaktik, 19, S. 89-122

Freudenthal, H. (1983): Didactical phenomenology of mathematical structures. Dordrecht: Kluwer

Fricke, A. (1964): Operatives Denken im Rechenunterricht als Anwendung der Psychologie von Piaget. In: Piaget, J. u.a.: Rechenunterricht und Zahlbegriff. Braunschweig: Westermann, S. 73-104

Fricke, A. und Besuden, H.: (1973): Mathematik in der Grundschule, Stuttgart: Klett

Fritz, A., Ricken, G. und Schmidt, S. (Hrsg.) (2003): Rechenschwäche. Weinheim: Beltz

Fuchs, M: (2002): Zahlen sind unsere Freunde - Anregungen zum Fördern mathematisch begabter Erstkläßler. In: Grundschulunterricht, H. 7-8, S. 19-24

Fuson, K.C. (1982): An analysis of the counting-on solution procedure in addition. In: T.P. Carpenter-J.M. Moser-T.A. Romberg (Eds.): Addition and Subtraction: A Cognitive Perspective, Hillsdale, N.J., 67-81, 1982

Fuson, K.C. (1988): Children's counting and concepts of numbers. New York: Springer

Gallin, P. und Ruf, U. (1993): Sprache und Mathematik in der Schule. Ein Bericht aus der Praxis. In: Journal für Mathematik-Didaktik, 14, S. 3-33

Galperin, P.J. (1972): Zum Problem der Aufmerksamkeit. In: Lompscher, J. (Hrsg.): Probleme der Ausbildung geistiger Handlungen. Berlin: Volk und Wissen, S. 15-23

Ganser, B. u.a. (2000): Rechenstörungen – Unterrichtspraktische Förderung. Donauwörth: Auer

Gelman, R. und Gallistel, C.R. (1978): The child's understanding of number. Cambridge: Harvard University Press

Gerster, H.-D. (1981): Schülerfehler bei schriftlichen Rechenverfahren – Diagnose und Therapie. Freiburg: Herder

Gerster, H.-D. (1994): Arithmetik im Anfangsunterricht. In: Abele, A. und Kalmbach, H. (Hrsg.): Handbuch zur Grundschulmathematik, Band 1. Stuttgart: Klett

Grassmann, M. (1999): Die Entwicklung von Zahl- und Größenvorstellungen als wichtigem Anlegen des Sachrechnens. In: Grundschulunterricht, 46, H. 4, S. 31-34

Grassmann, M. u.a. (1995): Arithmetische Kompetenz von Schulanfängern - Schlußfolgerungen für die Gestaltung des Anfangsunterrichts. In: Sachunterricht und Mathematik in der Primarstufe, 23, 314-321

Gray, E.; Pitta, D; Tall, D. (1997): The nature of the object as an integral component of numerical processes. In: Proceedings of the 21st Conference of the International Group for the Psychology of Mathematics Education, Lahti, Finnland, vol. 1, 115-130

Greeno, J.G. (1989): Situations, mental models, and the generative knowledge. In: Klahr, D. und Kotowsky, K. (Hrsg.): Complex information processing: The impact of Herbert A. Simon. Hillsdale, NJ: Erlbaum, S. 285-318

Grissemann, H. und Weber, A. (1982): Spezielle Rechenstörungen - Ursachen und Therapie. Bern: Huber

Grüssing, M. (2002): Entwicklung mathematischer Kompetenzen im Grundschulalter. In: Beiträge zum Mathematikunterricht 2002, S. 199-202

Haase, H. (1898): Zur Methodik des ersten Rechenunterrichts. Langensalza: Beyer & Söhne

Hasemann, K. (1986): Mathematische Lernprozesse - Analysen mit kognitionstheoretischen Modellen. Braunschweig: Vieweg

Hasemann, K. (1988): Kognitionstheoretische Modelle und mathematische Lernprozesse. In: Journal für Mathematik-Didaktik, 9, 95-161

Hasemann, K. (1993): Beispiele Babylonischer Mathematik. In: Mathematik in der Schule, 31, S. 167-171

Hasemann, K. (1995): Individuelle Unterschiede. In: mathematik lehren, H. 73, S. 12-16

Hasemann, K. (1999): Zur Entwicklung geometrischer und physikalischer Begriffe bei Kindern. In: Henning, H. (Hrsg.): Mathematik lernen durch Handeln und Erfahrung. Oldenburg: Bültmann & Gerriets, S. 145-150

Hasemann, K. (2001): „Zähl' doch mal!" - Die numerische Kompetenz von Schulanfängern. In: Sache - Wort - Zahl, 34, S. 53-58

Hasemann, K. und Mangel, H.-P. (1999): Individuelle Denkprozesse von Schülerinnen und Schülern bei der Einführung der Bruchrechnung im 6. Schuljahr. In: Journal für Mathematik-Didaktik, 20, 1999, 138-165

Hasemann, K. und Stern, E. (2002): Die Förderung des mathematischen Verständnisses anhand von Textaufgaben - Ergebnisse einer Interventionsstu-

die in Klassen des 2. Schuljahres. In: Journal für Mathematik-Didaktik, 23, S. 222-242
Hasemann, K. und Stern, E. (2003): Textaufgaben und mathematisches Verständnis - Ergebnisse eines Unterrichtsversuchs im 2. Schuljahr. In: Grundschulunterricht, H. 2, S. 2-5
Hefendehl-Hebeker, L. (1999): Erleben, wie arithmetisches Wissen entsteht. In: Selter, C. und Walther, G. (Hrsg.): Mathematikdidaktik als design science. Leipzig: Klett, S. 105-111
Hengartner, E. (Hrsg.) (1999): Mit Kindern lernen. Zug: Klett und Balmer
Hengartner, E. und Röthlisberger, H. (1995): Standorte und Denkwege von Kindern. In: Beck, E. : Eigenständig lernen. Konstanz: UVK, S. 109-132
Hentig, H. von (1968): Systemzwang und Selbstbestimmung. Stuttgart: Klett
Hudson, T. (1983): Correspondences and numerical differences between disjoint sets. In: Child Development, 54, S. 84-90
Ifrah, G. (1992): Universalgeschichte der Zahlen. Frankfurt/M.: Campus
Käpnick, F. (1998a): Mathematisch begabte Kinder. Frankfurt/M.: Lang
Käpnick, F. (1998b): Mathematisch begabte Grundschulkinder: Besonderheiten, Probleme und Fördermöglichkeiten. In: Peter-Koop, A.: Das besondere Kind im Mathematikunterricht der Grundschule. Offenburg: Miltenberger
Käpnick, F. (2000a): Rechenwege, 1. Schuljahr. Berlin: Volk und Wissen
Käpnick, F. (2000b): Rechenwege, 1. Schuljahr. Lehrerband. Berlin: Volk und Wissen
Käpnick, F. (2001): Mathe für kleine Asse - Klasse 3 / 4. Berlin: Volk und Wissen
Käpnick, F. und Fuchs, M. (2003): Mathe für kleine Asse - Empfehlungen zur Förderung mathematisch interessierter Kinder im 1. und 2. Schuljahr. Berlin: Volk und Wissen
Karmiloff-Smith, A. (1992): Beyond moludarity. A developmental perspective on cognitive science. Cambrigde, MA: Messachusetts Institute of Technology
Kintsch, Walter (1988): The role of knowledge in discourse comprehension: A construction-integration model. - In: Psychological Review, 95, S. 163-182
Kohlberg, L. (1974): Zur kognitiven Entwicklung des Kindes. Frankfurt/M.: Suhrkamp
Kohlberg, L. (2000): Die Psychologie der Lebensspanne. Frankfurt/M.: Suhrkamp
Kool, M. (1998): Zoals de ouden zongen. In: Tijdschrift voor nascholing en onderzoek van het reken-wiskundeonderwijs. Panama-Post, Nr. 2/3, Freudenthal Instituut

Krampe, J. und Mittelmann, R. (1987, 1999): Spielen im Mathematikunterricht. Heinsberg: Dieck
Krauthausen, G. und Scherer, P. (2001): Einführung in die Mathematikdidaktik. Heidelberg: Spektrum
Krauthausen, G. (1995): Die „Kraft der Fünf" und das denkende Rechnen. In: Müller, G.N. und Wittmann, E.C. (Hrsg.): Mit Kindern rechnen. Frankfurt/M.: Arbeitskreis Grundschule, S. 87-108
Krauthausen, G. (1997): Die nächste Welle? Neue Trends zum Computereinsatz im Grundschulalter. In: Grundschulunterricht, Heft 4, S. 14-17
Kruckenberg, A. (1935): Handbuch für den Rechenunterricht der Volksschule. Halle/Saale: Schroedel
Kruckenberg, A. und Oehl, W. (Hrsg.) (1960): Die Welt der Zahl - Rechenfibel für Volksschulen. Hannover: Schroedel
Krummheuer, G. (2003): Wie wird Mathematiklernen im Unterricht der Grundschule zu ermöglichen versucht? In: Journal für Mathematik-Didaktik, 24, S. 122-138
Kühnel, J. (1919): Neubau des Rechenunterrichts, Band 1. Leipzig: Klinkhardt
Kühnel, J. (1954): Neubau des Rechenunterrichts, 8. Auflage. Bad Heilbrunn: Klinkhardt
Kutzer, R. (1976): Zur Kritik gegenwärtiger Didaktik der Schule für Lernbehinderte - Aufgezeigt an den Befunden der Überprüfung rechendidaktischer Entscheidungen. Dissertation, Universität Marburg
Kutzer, R. (1998): Mathematik entdecken und verstehen. Kommentarband 1. Frankfurt/M.: Diesterweg
Kutzer, R. (1999): Überlegungen zur Unterrichtssituation im Sinne strukturorientierten Lernens. In: Probst, H. (Hrsg.): Mit Behinderungen muss gerechnet werden. Solms-Oberbiel
Laux, J. und Bigalke, H.-G. (Hrsg.) (1971): Einführung in die Mathematik, 1. Schuljahr. Frankfurt/M.: Diesterweg
Lenz, H. (1976): Grundlagen der Elementarmathematik, München: Hanser
Leuschina, A. M. (1962): Rechenunterricht im Kindergarten. Berlin: Volk und Wissen
Lorenz, J.H. (1983): Rechenschwäche - Ihre Symptomatik anhand von Fallbeispielen. In: Bauersfeld, H. u.a.: Lernen und Lehren von Mathematik. Köln: Aulis, S. 107-171
Lorenz, J.H. (1987): Lernschwierigkeiten und Einzelfallhilfe. Göttingen: Verlag für Psychologie
Lorenz, J.H. (1992): Anschauung und Veranschaulichungsmittel im Mathematikunterricht - Mentales visuelles Operieren und Rechenleistung. Göttingen: Hogrefe

Lorenz, J.H. (1994): Arithmetische Anregungen. In: Christiani, R. (Hrsg.): Auch die leistungsstarken Kinder fördern. Frankfurt/M.: Cornelsen, S. 89-105
Lorenz, J.H. (2003): Lernschwache Rechner fördern. Berlin: Cornelsen
Lührs, R. (1991): 1,2,3, und du bist frei. Münster: Coppenrath
Maier (1990): Didaktik des Zahlbegriffs. Hannover: Schroedel
Maringer, A. (1996): Die Entwicklung von Raumbegriffen. Eine empirische Untersuchung mit Kindern im Vor- und Grundschulalter. Hausarbeit im Rahmen der ersten Staatsprüfung für das Lehramt an Grund- und Hauptschulen. Osnabrück
Mehler, J. und Bever, T.G. (1967): Cognitive capacity of very young children. Science, 158, S. 141-142
Menniger, K. (1958): Zahlwort und Ziffer. Eine Kulturgeschichte der Zahl. Göttingen: Vandenhoeck & Ruprecht
Milz, I. (1993): Rechenschwächen erkennen und behandeln. Dortmund: Borgmann
Moser Opitz, E. (1999): Mathematischer Erstunterricht im heilpädagogischen Bereich: Anfragen und Überlegungen. In: Vierteljahresschrift für Heilpädagogik und ihre Nachbargebiete, 68, Heft 3, S. 293-307
Moser Opitz, E. (2001): Zählen, Zahlbegriff, Rechnen. Bern: Haupt
Müller, G. (1991): Mit der Umwelt muss man rechnen. In: Gesing, H. und Lob, R.E. (Hrsg.): Umwelterziehung in der Primarstufe. Heinsberg: Dieck, S. 225-240
Müller, G.N. und Wittmann, E.C. (2002): Das kleine Zahlenbuch, Bd. 1: Spielen und Zählen. Seelze: Kallmeyer
Oehl, W. (1966): Die Welt der Zahl, Lehrer-Ausgabe. Hannover: Schroedel
Oehl, W. und Palzkill, L. (1971): Die Welt der Zahl - Neu, 1. Schuljahr. Hannover: Schroedel
Oerter, R. und Montada, L. (1987): Entwicklungspsychologie. München – Weinheim: Psychologie Verlags Union
Padberg, F. (1992): Didaktik der Arithmetik. Mannheim: BI
Padberg, F. (1997): Einfuehrung in die Mathematik I - Arithmetik. Heidelberg: Spektrum
Padberg, F., Danckwerts, R. und Stein, M. (1995): Zahlbereiche. Eine elementare Einfuehrung. Heidelberg: Spektrum
Papy, F. und G. (1990): Taximetry. In: International Journal for Mathematical Education in Science and Technology, 1, S. 339-352
Peter-Koop, A. (Hrsg.) (1998): Das besondere Kind im Mathematikunterricht der Grundschule. Offenburg: Miltenberger
Peter-Koop, A. und Selter, C. (Hrsg.) (2002): Leistungsstarke Kinder im Mathematikunterricht. In: Die Grundschulzeitschrift, H. 160

Piaget, J. (1964): Die Genese der Zahl beim Kind. In: Piaget, J. u.a.: Rechenunterricht und Zahlbegriff: Die Entwicklung des kindlichen Zahlbegriffes und ihre Bedeutung für den Rechenunterricht. Braunschweig: Westermann

Piaget J. (1967): Psychologie der Intelligenz. Stuttgart: Klett

Piaget, J.; Inhelder, B. (1971): Die Entwicklung des räumlichen Denkens beim Kinde. Stuttgart: Klett

Piaget, J.; Inhelder, B.; Szeminska, A. (1975): Die natürliche Geometrie des Kindes. Stuttgart: Klett

Piaget, J.; Szeminska, A. (1975): Die Entwicklung des Zahlbegriffs beim Kinde. Stuttgart: Klett

Polya, G. (1980): Schule des Denkens. Bern: Francke

Preiß, G. (2002): Entdeckungen im Zahlenland. (unveröffentlicht)

Radatz, H. (1980): Fehleranalysen im Mathematikunterricht. Braunschweig: Vieweg

Radatz, H. (1994): Geometrische Aktivitäten. In: Christiani, R. (Hrsg.): Auch die leistungsstarken Kinder fördern. Frankfurt/M.: Cornelsen, S. 131-151

Radatz, H.; Rickmeyer, K. (1991): Handbuch für den Geometrieunterricht an Grundschulen. Hannover: Schroedel

Radatz, H., Schipper, W. (1983): Handbuch für den Mathematikunterricht an Grundschulen. Hannover: Schroedel

Radatz, H. u.a. (1996): Handbuch für den Mathematikunterricht 1. Schuljahr. Hannover: Schroedel

Radatz, H. u.a. (1998): Handbuch für den Mathematikunterricht. 2. Schuljahr. Hannover: Schroedel

Rasch, R. (2001): Zur Arbeit mit problemhaltigen Textaufgaben im Mathematikunterricht der Grundschule. Hildesheim: Franzbecker

Rickmeyer, K. (2001): „Die Zwölf liegt hinter der nächsten Kurve und die Sieben ist pinkrot": Zahlenraumbilder und bunte Zahlen. In: Journal für Mathematik-Didaktik, 22, S. 51-71

Rinkens, H.-D. und Hönisch, K. (1998a): Welt der Zahl, 1. Schuljahr. Hannover: Schroedel

Rinkens, H.-D. und Hönisch, K. (1998b): Welt der Zahl, 1. Schuljahr. Praxisbegleiter. Hannover: Schroedel

Rinkens, H.-D. und Hönisch, K. (1998c): Welt der Zahl, 2. Schuljahr. Hannover: Schoedel

Rowlands, S. und Carson, R. (2002): Where would formal academic mathematics stand in a curriculum informed by ethnomathematics? A critical review of ethnomathematics. Educational Studies in Mathematics, 50, S. 79-102

Schipper, W. (1982): Stoffauswahl und Stoffanordnung im mathematischen Anfangsunterricht. In: Journal für Mathematik-Didaktik, 3, S. 91-120

Schipper, W. (1998): „Schulanfänger verfügen über hohe mathematische Kompetenzen". Eine Auseinandersetzung mit einem Mythos. In: Peter-Koop, A. (Hrsg.): Das besondere Kind im Mathematikunterricht der Grundschule. Offenburg: Miltenberger, S. 119-140

Schipper, W. (2002): Thesen und Empfehlungen zum schulischen und außerschulischen Umgang mit Rechenstörungen. In: Journal für Mathematik-Didaktik, 23, S. 243-261

Schipper, W. u.a. (1985): Üben im Mathematikunterricht der Grundschule. NLI-Berichte, Band 26. Hannover: Berenberg

Schmidt, R. (1982): Ziffernkenntnis und Ziffernverständnis der Schulanfänger. In: Grundschule, 14, S. 166-167

Schmidt, R. u.a. (1975): Denken und Rechnen 1. Braunschweig: Westermann

Schmidt, R. (Hrsg.) (1986): Denken und Rechnen 1 Niedersachsen. Braunschweig: Westermann

Schmidt, S.; Weiser, W. (1982): Zählen und Zahlverständnis von Schulanfängern. In: Journal für Mathematik-Didaktik, 3, H. 3/4, S. 227-263

Schmidt, S.; Weiser, W. (1986): Zum Maßzahlverständnis von Schulanfängern. Journal für Mathematik-Didaktik, 7, S. 121-154

Schulz, A. (1998): Förderung „rechenschwacher" Schüler im Rahmen einer integrativen Lerntherapie - ein Erfahrungsbericht. In: Peter-Koop, A. (Hrsg.): Das besondere Kind im Mathematikunterricht der Grundschule. Offenburg: Miltenberger, S. 83-98

Schütte, S. (Hrsg.) (2000): Die Matheprofis 1. Ein Mathematikbuch für das 1. Schuljahr. München: Oldenbourg

Schütte, S. (Hrsg.) (2001): Die Matheprofis 2. Ein Mathematikbuch für das 2. Schuljahr. München: Oldenbourg

Schütte, S. (Hrsg.) (2002): Die Matheprofis 3. Ein Mathematikbuch für das 3. Schuljahr. München: Oldenbourg

Seiler, T.B. (1973): Die Bereichsspezifität formaler Denkstrukturen – Konsequenzen für den pädagogischen Prozess. In: Frey, K. und Lang, M. (Hrsg.): Kognitionspsychologie und naturwissenschaftlicher Unterricht. Bern usw.: Huber, S. 249-285

Seiler, T.B. (2001): Begreifen und Verstehen. Mühltal: Verlag Allgemeine Wissenschaft

Selter, C. (1993): Die Kluft zwischen den arithmetischen Kompetenzen von Erstkläßlern und dem Pessimismus der Experten. In: Beiträge zum Mathematikunterricht 1993, S. 350-353

Selter, C. (1994): Eigenproduktionen im Arithmetikunterricht der Primarstufe. Wiesbaden: Deutscher Universitäts Verlag

Selter, C. (1995): Die Fiktivität der „Stunde Null" im arithmetischen Anfangsunterricht. In: Mathematische Unterrichtspraxis, 16, H. 2, S. 11-19

Selter, C. und Spiegel, H. (1997): Wie Kinder rechnen. Leipzig: Klett

Sesiano, J. (1990): Aufnahme und Fortführung der arabischen Algebra im europäischen Mittelalter. In: Scholz, E: (Hrsg.): Geschichte der Algebra. Mannheim: BI, S. 129-150

Skemp, R. (19979): Intelligence, learning, and action. Chichester: Wiley

Sophian, C. (1988): Limitations on preschool children's knowledge about counting: Use counting to compare two sets. In: Development Psychology 24/5, 634-640

Spiegel, H. (1996): Spiegeln mit dem Spiegel. Leipzig: Klett

Spiegel, H. und Selter, C. (2003): Kinder & Mathematik. Was Erwachsene wissen sollten. Seelze: Kallmeyer

Steinbring, H. (2000): Mathematische Bedeutung als eine soziale Konstruktion - Grundzüge der epistemologisch orientierten mathematischen Interaktionsforschung. In: Journal für Mathematik-Didaktik, 21, S. 28-49

Steinweg, A.S. (2002): Zu Bedeutung und Möglichkeiten von Aufgaben zu figurierten Zahlen. In: Journal für Mathematik-Didaktik, 23, S. 129-151

Stern, E. (1992): Die spontane Strategieentdeckung in der Arithmetik. In: Mandl, H. und Friedrich, H.F. (Hrsg.): Lern- und Denkstrategien - Analyse und Intervention. Göttingen: Hogrefe, S. 101-123

Stern, E. (1997): Erwerb mathematischer Kompetenzen: Ergebnisse aus dem SCHOLASTIK-Projekt. In: Weinert, F.E. und Helmke, A. (Hrsg.): Entwicklung im Grundschulalter. Weinheim: Beltz

Stern, E. (1998): Die Entwicklung des mathematischen Verständnisses im Kindesalter. Lengerich: Pabst Publisher

Stern, E. (2003): Früh übt sich - Neuere Ergebnisse aus der LOGIK-Studie zum Lösen von Textaufgaben. In: Fritz, A., Ricken, G. und Schmidt, S. (Hrsg.) (2003): Rechenschwäche. Weinheim: Beltz, S. 116-130

Treffers, A. (1987): Three Dimensions. A Model of Goal and Theory Description in Mathematics Instruction - The Wiskobas Project. Dordrecht: Reidel

Treffers, A. (1991): Didactical background of a mathematics program for primary education. In: Streefland, L. (Hrsg.): Realistic mathematics education in primary school. Utrecht: CD-ß Press

Van den Brink, F.J. (1989): Realistisch rekenonderwijs aan jonge kinderen. OW&OC, no. 10, Universiteit Utrecht

Van den Heuvel-Panhuizen, M. (2003): The learning paradox and the learning miracle: Thoughts om primary school mathematics education. In: Journal für Mathematik-Didaktik, 24, S. 96-121

Van Hiele, P.M. (1957): De problematiek van het inzicht. Gedemonstreed an het inzicht van schoolkinderen in meetkunde-leerstoff. Dissertation, Universität Utrecht

Van Hiele, P.M. (1976): Wie kann man im Mathematikunterricht den Denkstufen Rechnung tragen? In: Educational Studies in Mathematics, 7, S. 157-169
Van Hiele, P.M. (1981): Struktuur. Purmerend: Musses
Van Hiele-Geldorf, D. (1957): De didaktiek van de meetkunde in de eerste klaas van het V.H.M.O.. Dissertation, Universität Utrecht
Van Luit, J.E.H.; van de Rijt, B.A.M.; Pennings, A.H. (1994): Utrechtse Getalbegrip Toets. Doetinchem: Graviant
Van Luit, H. und van de Rijt, B. (1995): Rekenhulp voor kleuters. Doetichem: Graviant
Van de Rijt, B.A.M., van Luit, J.E.H. und Hasemann, K. (2000): Zur Messung der frühen numerischen Kompetenz. In: Zeitschrift für Entwicklungspsychologie und Pädagogische Psychologie, 32/1, S. 14-24
Van Luit, J.E.H., van de Rijt, B.A.M. und Hasemann, K. (2001): Osnabrücker Test zur Zahlbegriffsentwicklung. Göttingen: Hogrefe
Vygotsky L.S. (1969): Denken und Sprechen. Berlin: Akademie-Verlag
Weber, K. (1987): Ziele, Inhalt und Prozeßkonzeption des Mathematikunterrichts nach den neuen Lehrplänen der Klassen 1 bis 3. In: Unterstufe, 34, S. 65-77
Weber, K. (1988): Der Lehrplan Mathematik der zehnklassigen allgemeinbildenden polytechnischen Oberschule. Berlin: Volk und Wissen
Weis, V. und Bauersfeld, H. (1973): Neue Mathematik und Rechenfertigkeit. In: Westermann Pädagogische Beiträge, 25, S. 127-135
Wielpütz, H. (1994): Zur Unterrichtskultur für einen differenzierten Umgang mit Mathematik. In: Christiani, R. (Hrsg.): Auch die leistungsstarken Kinder fördern. Frankfurt/M.: Cornelsen, S. 83-88
Wielpütz, H. (1998): Das besondere Kind im Mathematikunterricht – Anmerkungen aus der Sicht einer reflektierten Praxis, Beobachtung und Beratung. In: Peter-Koop, A.: Das besondere Kind im Mathematikunterricht der Grundschule. Offenburg: Miltenberger, S. 41-58
Winter, H. (1975): Allgemeine Lernziele für den Mathematikunterricht? In: Zentralblatt für Didaktik der Mathematik, H. 3, S. 106-116
Winter, H. (1984): Entdeckendes Lernen im Mathematikunterricht. In: Grundschule, 16, H. 4, S. 26-29
Winter, H. (1985): Sachrechnen in der Grundschule. Bielefeld: CVK
Winter, H. (1991): Entdeckendes Lernen im Mathematikunterricht, 2. Auflage. Braunschweig: Vieweg
Winter, H. (1998): Mathematik als unersetzbares Fach einer Allgemeinbildung. In: Mitteilungen der Mathematischen Gesellschaft Hamburg, S. 75-83
Wittenberg, A.I. (1968): Vom Denken in Begriffen: Mathematik als Experiment des reinen Denkens. Basel: Birkhäuser

Wittmann, E.C. (1975): Grundfragen des Mathematikunterrichts. 3. Auflage Braunschweig: Vieweg
Wittmann, E.C. (1982): Mathematisches Denken bei Vor- und Grundschulkindern. Braunschweig: Vieweg
Wittmann, E.C. (1993): Wider die Flut der „bunten Hunde" und die „grauen Päckchen": Das Konzept des aktiv-entdeckenden Lernens und des produktiven Übens. In: Wittmann, E.C. und Müller, N.: Handbuch produktiver Rechenübungen, Band 1. Stuttgart: Klett, S. 157-171
Wittmann, E.C. (1998): Standard Number Representations in the Teaching of Arithmetic. In: Journal für Mathematik-Didaktik, 19, S. 149-178
Wittmann, E.C. (1999): Konstruktion eines Geometriecurriculums ausgehend von Grundideen der Elementargeometrie. In: Henning, H. (Hrsg.): Mathematik lernen durch Handeln und Erfahrung. Oldenburg: Bültmann & Gerriets, S. 205-223
Wittmann, E.C. und Müller, G.N. (1993): Handbuch produktiver Rechenübungen, Band 1. Stuttgart: Klett
Wittmann, E.Ch. und Müller, G.N. (1995a): Handbuch produktiver Rechenübungen, Band 2. Stuttgart: Klett
Wittmann, E.C. und Müller, G.N. (Hrsg.) (1994a): Das Zahlenbuch. Mathematik im 1. Schuljahr. Stuttgart: Klett
Wittmann, E.C. und Müller, G.N. (Hrsg.) (1994b): Das Zahlenbuch. Mathematik im 1. Schuljahr. Lehrerband. Stuttgart: Klett
Wittmann, E.C. und Müller, G.N. (Hrsg.) (1995b): Das Zahlenbuch. Mathematik im 2. Schuljahr. Stuttgart: Klett
Wittmann, E.C. und Müller, G.N. (Hrsg.) (1997): Das Zahlenbuch. Mathematik im 2. Schuljahr. Lehrerband. Stuttgart: Klett
Wittmann, E.C. und Müller, G.N. (Hrsg.) (2000a): Das Zahlenbuch. Mathematik im 1. Schuljahr. Stuttgart: Klett
Wittmann, E.C. und Müller, G.N. (Hrsg.) (2000b): Das Zahlenbuch. Mathematik im 2. Schuljahr. Stuttgart: Klett
Wittmann, J. (1929): Theorie und Praxis eines analytischen Unterrichts in der Grundschule und Hilfsschule: Entwurf einer Gestaltung des Anschauungsunterrichts, des ersten Rechen-, Lese- und Schreibunterrichts als eines wirklichkeitsnahen Gesamtunterrichts nach den Grundsätzen einer analytischen Psychologie. Kiel: Psychologisches Institut der Universität
Wittmann, J. (1939): Ganzheitliches Rechnen. Dortmund: Crüwell
Wynn, K. (1990): Children's understanding of counting. In: Cognition, 36, 155-193
Wynn, K. (1992): Evidence against empiricist accounts of the origins of numerical knowledge. In: Mind and language, 7, S. 315-331
Zur Oeveste, H. (1987): Kognitive Entwicklung im Vor- und Grundschulalter. Göttingen: Verlag für Psychologie

Index

A

Abbildung 43, 45f, 145, 156
Abstraktion 51, 60, 87ff, 114, 140
Abzählen 8, 19, 129
Abziehen 51, 94f
Aktiv-entdeckendes Lernen 61f, 73, 125f
Anschlussfähigkeit 17, 53
Argumentieren 54, 101, 137, 137, 146
Anzahl 3, 22, 26, 40, 78, 129, 155, 160
Aufteilen 113, 116f
Auszählen 8, 19, 129

B

Bandornament 153
Begriff
    euklidisch 15, 138f
    projektiv 15, 138f
    topologisch 15, 57, 138f
Begriffsbildung 48, 90, 123ff, 144
Bündeln / Bündelung 64, 107f, 132

C

Codierungsaspekt 68f
Computer 133
Cuisenaire-Stäbe 82, 86, 91, 130

D

Darstellen 54, 101, 137
Darstellung 23ff, 40, 51f, 150, 187
    enaktiv 50f, 108
    ikonisch 51, 108, 122, 124f
    symbolisch 50f, 94, 108
Denken 22, 33, 35, 141, 180
    logisch 50
    räumlich 138
    reversibel 11, 13, 50, 92
Denkentwicklung 143f, 146
Denkhandlung 50f, 80, 86, 94, 184
Didaktische Stufenfolge 163, 165

Division mit Rest 118f
Divisor 117
Dreieck 19f, 143, 146, 149, 153
    epistemologisch 89, 117

E

Egozentrismus 138
Einmaleins 119
Eins-plus-eins-Tafel 102f
Eins-zu-eins-Zuordnung 10f, 15, 21, 28, 30ff, 44ff, 62, 66, 123, 173
EIS-Prinzip 50f
Entdecken 54, 101, 125, 137, 146
Entwicklung
    kognitiv 9ff, 15, 50, 63
    natürlich 9ff, 17, 33, 60, 138
Ergänzen 51, 91

F

Falten 20, 142, 145
Fehler / Fehleranalyse 99, 121, 132f
Fibonacci 78
Figur 19f, 143ff, 151ff, 157
Figurierte Zahlen 76, 148, 157f
Fläche / Flächeninhalt 148ff, 160, 163

G

Ganzheit 23, 61f, 73f, 125
Geld / Geldwert 20, 160, 162ff, 171
Generalisierung 124f
Gewicht 11, 20, 160, 163
Gleichheit / Gleichheitszeichen 76, 94, 110
Gleichmächtigkeit 45f, 58, 72, 160
Größen 20, 68, 159ff

H

Halbschriftliches Rechnen 109
heuristische Strategie 34, 99ff, 122
Horizontale 139ff
Hort 16

Hunderterfeld 60f, 84f, 109
Hundertertafel 84f, 106, 109, 187ff

I

IGLU-E 60
Invarianz 10ff, 19ff, 58, 123

K

Kalender 167
Kantenmodell 152
Kapitänsaufgabe 173
Kardinalzahl 5, 8, 12, 25, 44ff, 67ff, 77, 83, 91, 114, 123, 160, 191
Klassifikation 10ff, 19ff
Kindertagesstätten 16
Knoten 147, 152
Körper 19f, 143ff, 148ff, 163
Körperschema 22
Kognitive Fähigkeiten 15f, 18
Kognitive Struktur 50f
Kombinatorischer Aspekt 114f
Kongruenz 145, 154, 156, 160
Kontext 170, 182ff
Koordinate 148, 156ff
Korrespondenz 12, 33
Kraft der Fünf 85, 95, 97f, 100
Kreis 139, 150
Krippe 16
Kugel 19f

L

Länge 20, 160ff
Lernen 9f, 48f, 144
Lernprozess 187
Lernschwierigkeit 128, 119ff
Lerntheorie 48ff
Lernvorausetzung 30, 119ff
Lernziel 54, 101, 146
Lösungsschema 173, 186ff

M

Mächtigkeit von Mengen 21, 24f, 72, 77, 126
Maßbezeichnung 161f
Maßeinheit 161ff, 171
Maßzahl 68f, 83, 162, 164
Material 51f, 60f, 79ff
   künstlich 80
   natürlich 80
   (un)strukturiert 80, 86f, 91

Mathematisieren 54, 71, 123, 169, 171
Menge 19, 45, 58, 114
   endlich 12, 45, 160
   konkret 21, 58, 60, 123
Mengenlehre 56, 71, 123
Mengenschätzung 3
Mentales Bild 20, 36, 52, 126, 141, 178, 180f, 184, 192
Mentales Modell 36ff
Messen 128, 147f, 161ff
Meter 22, 160ff
Mira-Spiegel 156
Montessori 27, 60, 150
Motorische Fähigkeit 22
Multiplikand 113
Multiplikator 113, 115f
Muster 19, 24f, 127, 134f, 142, 148, 152f, 157
Mustererkennen 22, 34f, 60f, 82

N

Nachfolger 42ff, 121
Naturerklärung 138
Natürliche Zahlen 41ff, 160
Niveautheorie 142ff
Normalverfahren 109f
Null 46ff, 71, 73, 77ff, 118

O

Operatives Prinzip 58, 100
Operationsverständnis 172
Operator / Operatoraspekt 68, 83, 116
Orientieren 70, 85 147
Ordinalzahl 70, 85
Ordnen 19ff, 61ff, 82, 121, 131, 160
Ordnungszahl 7, 25, 58, 67ff, 83

P

Parallel 139, 146
Parkett 148, 153f
Peano-Axiome 42ff
PISA 60
Präferenz 60, 97
Prinzipien vorher / nachher 7
Produktives Üben 101

Q

Quader 19f, 146, 149

Index

Quadrat 19f, 139, 143, 149, 153
Quotient 117

R

Raum- / Lagebeziehung 19f, 126f, 147
Raumvorstellung 20
Rechengeld 52, 164
Rechengeschichte 170, 174, 185
Rechenrahmen 86f, 187
Rechenstrich 84, 111f, 187, 189f
Rechenweg 97f, 110ff
Rechenzahlaspekt 68f, 77ff
Rechteck 146, 149, 153, 160
Rechts / Links 66f, 132
Reifung 9
Reihenfolge 10f, 14f, 25, 28, 30ff, 66f, 82
Repräsentanten 38, 163
Rückwärtszählen 92, 98f, 180

S

Sachrechnen 169, 171
Sachaufgabe 49, 159, 169ff, 180, 182ff
Schätzen 107f
Schlüsselwort 173, 182, 189
Schuleingangsstufe 17
Senkrecht 144, 146, 149
Sequenz 7
Seriation 14f
Simultane Zahlerfassung 3, 21, 32, 39, 62, 73, 82, 95, 127
Situierte Kognition 174f
Spiele 23f, 104ff
Spiegel / Spiegeln 142, 145, 147 154ff
Spiegelschrift 131, 154ff
Spiralprinzip 74, 144f
Sprache / Sprechen 22, 51, 54, 89f, 130f, 142ff, 148, 157, 171, 189, 192
Standardmenge 46f, 58
Stellenwertsystem 69, 73, 95, 107, 121
Strategie 34f
Struktur-niveauorientierter Unterricht 124f
Subitizing 3
Subjektive Erfahrungsbereiche 50
Symbol 40, 89
Symmetrie 142ff, 148, 154ff

T

Textaufgabe 170
Textverständnis 172
Transfer 20

U

Uhr 68, 164, 167
Umkehroperation 91f, 100, 118
Umstrukturieren von Wissen 11, 49

V

Veranschaulichung 52, 60ff, 122, 126, 157, 187ff
Vergleichen 12, 19ff, 28, 30, 62, 163, 171
Verinnerlichung 50ff, 124f, 130
Verstehen / Verständnis 48f, 141, 159, 177, 187
Verteilen 113, 117
Volumen 11, 20, 160, 163
Vorgänger 121

W

Wahrnehmen / Wahrnehmung 33, 35, 141ff
Weiterzählen 11, 44, 92, 98f, 180
Wissensnetz 48f, 52, 75
Wissensrepräsentation 36, 48
Wissensstrukturen 36
Würfel 19f, 146, 149

Z

Zählen 8, 42, 60ff, 162, 168
 abkürzend 9
 asynchron 8
 in Schritten 9, 62f
 mit / ohne Zeigen 28, 30, 62
 resultativ 9
 rückwärts 9, 25, 35, 37, 63f, 127, 168
 synchron 8
Zählendes Rechnen 63, 81, 92, 98f, 129
Zählfertigkeit 8f, 28, 126ff
Zählklassen 4
Zählkompetenz 9
Zählprinzipien 5, 8, 41, 64
Zählprozedur / Zählstrategie 34f, 37f, 64f

Zählzahl 7, 48, 58, 67ff, 83
Zahlaspekt 68ff, 75f, 123, 131, 158f
Zahlbegriff 44, 47, 69
Zahlbegriffsentwicklung 9ff, 17, 25, 25ff, 60f, 126, 131, 162
Zahlbild 9, 18f, 22, 25f, 60, 65, 82, 126, 149
Zahldarstellung 60, 65f, 121
Zahlensatz 92ff, 117, 164, 171f
Zahlenstrahl 60, 83, 90, 108ff, 187ff
Zahlwort 4, 19, 28, 30, 62, 95, 121
Zahlwortreihe 3f, 7f, 35, 42, 60, 129
Zahlzeichen 24, 26, 131
Zahlzerlegung 72, 76, 92ff, 100, 124f, 132ff
Zehnerübergang 85, 95ff, 100
Zehn-Minuten-Rechnen 104
Zeichen 40, 77, 89f
Zeichnen 20
Zeit / Zeitspanne 20, 160, 163f, 167f
Ziffer 25f, 61, 63, 74f, 108, 121f, 126, 131
Zollstock 161
Zwanzigerfeld 85f, 95f
Zwanzigerreihe 84